강사의 시작부터
강의력을 높이는
노하우까지

강의,
콘텐츠가
답이다!!

강사의 시작부터 강의력을 높이는 노하우까지

강의, 콘텐츠가 답이다!!

© 김현주, 최효석 2019

발행일 초판 1쇄 2019년 6월 10일

글 김현주, 최효석
기획 김유진
디자인 이진미
편집 김유민
펴낸이 김경미
펴낸곳 숨쉬는책공장
등록번호 제2018-000085호
주소 서울시 은평구 갈현로25길 5-10 A동 201호(03324)
전화 070-8833-3170 팩스 02-3144-3109
전자우편 sumbook2014@gmail.com
페이스북 / soombook2014 트위터 @soombook

값 15,000원 | ISBN 979-11-86452-40-0
잘못된 책은 구입한 서점에서 바꿔 드립니다.

이 도서의 국립중앙도서관 출판예정도서목록(CIP)은
서지정보유통지원시스템 홈페이지(http://seoji.nl.go.kr)와
국가자료공동목록시스템(http://www.nl.go.kr/kolisnet)에서
이용하실 수 있습니다.(CIP제어번호: CIP2019016367)

강의, 콘텐츠가 답이다!!

강사의 시작부터 강의력을 높이는 노하우까지

김현주
최효석
지음

숨쉬는
책공장

들어가는 말

대학을 졸업하고 인테리어 디자인을 배웠다. 디자인 사무실에서 실장으로 일하다 출산과 동시에 경력이 단절되었다. 아이들을 키우고 아이들의 미래를 좇으며 살다가 무언가 시작하고, 배워 봐야겠다는 생각에 여성인력개발센터의 문을 두드렸던 것이 이 모든 일의 시작이었다.

개근상을 받을 정도로 강사 과정을 열심히 이수했다. 이후 여성인력개발센터에서 연결해 주는 강의를 몇 번 했지만 한 달에 한 번 강의하기도 쉽지 않았다. 강의 프로그램을 열심히 만들어 여기저기 이메일로 제안서를 보내고, 학교에 직접 찾아가 자료를 돌리기도 했다. 그러나 강의를 기획하고 프로그램을 만들면서 무언가 부족함을 느꼈다. 나를 강사로 채용할 이유가 있을까? 내 프로그램이 다른 강사들과 다른 것이 무엇인가? 내가 생각해도 나는 다른 강사들과 비교해서 특별한 것이 없었다. 나만의 콘텐츠가 없는 것이었다.

나만의 콘텐츠를 만들기 위해 다양한 수업을 들으러 다녔다. 강의를 하기는커녕, 강의를 들으러 다니며 많은 비용과 시간을 썼지만 왠지 하나도 힘들지 않았고 모든 배움이 즐겁기만 했다. 2015년 한 해를 보내고 2016년이 되니 강의가 늘어났다. 2017년은 전년도보다 2배 이상 강의가 늘어났으며, 작년에는 600시간 강의를 했다.

지금 시대는 배워야만 사는 시대다. 강사는 무자본, 무점포에 정년도 없다. 누구나 도전할 수 있는 것이 강사라고 할 수 있다. 하지만 누구나 강의를 시작한다고 성공하는 것은 아니다. 강의가 많다는 것은 그만큼 강사도 많다는 것이다. 수없이 많은 강사들 중 강의를 지속적으로 할 수 있는 강사가 되기 위해서는 시대의 트렌드를 읽어 가며 자신만의 콘텐츠를 만들어 갈 수 있어야 한다. 내가 대체 가능한 사람이라면, 내 강의를 누군가 대신할 수 있다면 내가 밀려나는 것은 시간문제다. 하지만 나만의 콘텐츠를 가지고 있다면 후속 강의가 이어지고 지속 가능한 강의를 할 수 있는 것은 당연한 일이 된다.

《강의, 콘텐츠가 답이다!!》는 한 달에 2시간도 강의가 없던 초보 강사였던 내가 나만의 콘텐츠를 만들고 지속 가능한 강사가 될 수 있었던 과정과 방법을 담았다. 처음 출판 제안을 받았을 때 내 경험과 노하우를 솔직하게 전달하면 되겠다고 생각하며 시작했지만 쓰면 쓸수록 어깨가 무거워졌다. 이 책이 많은 사람들에게 도움이 되었으면 좋겠다는 바람 때문이었다. 그래서 최선을 다해 쓰려고 노력했다. 《강의, 콘텐츠가 답이다!!》가 강의를 준비하면서, 강의를 하면서 마주할 장애물과 시행착오를 조금이나마 줄일 수 있는 책이 되었으면 좋겠다.

2019년 6월
김현주

아무런 준비 없이 강의업계에 우연히 들어오게 되었다. 기업 사내 강사 출신은커녕 회사에 다녀 본 적도 없고, 교육학과 같은 관련 전공자도 아닌 상태에서 말 그대로 '야생'에 던져졌다. 다른 사람들처럼 처음에는 강사라는 직업의 좋은 면만 보고 쉽고 편한 직업이라고 생각했다. 인터넷을 보니 어느 유명한 명강사는 한 번에 2~3시간 특강하고 수백만 원을 번다고 했다. 아르바이트로 하루 8시간을 꼬박 일해도 손에 들어오는 건 7만 원 내외이고, 또래 직장인들의 연봉을 일급으로 나누면 하루 20만 원도 안 되는데 말만 조리 있고 재미있게 좀 하면 그렇게 많은 돈을 벌 수 있겠다는 생각에 무척 고무되었다.

물론 그것이 환상이었다는 것을 깨닫는 데는 오랜 시간이 걸리지 않았다. 처음 1년 동안은 거의 수입이 없는 수준으로 닥치는 대로 일했다. 주변 이야기를 들어 보면 그것도 짧은 편이었다. 보통 2~3년은 거의 수입 없이 불려 다니는 경우도 많았고 3년차 이상 되어도 꾸준히 일감을 확보하지 못하는 경우가 많았다. 지금 나는 강사들을 교육하는 강사이면서, 교육 회사를 운영하는 기업체의 대표이면서, 교육 사업 전문 컨설턴트로서 왕성한 활동을 하고 있다. 하지만 지금도 여전히 생존을 위해 노력하고 늘 고민한다. 그만큼 강의업이 쉽지 않다는 것을 여전히 느낀다.

강의업이 이렇게 치열한 가장 큰 이유는 진입장벽이 낮은 편이라 도전하는 사람들이 많기 때문이다. 그래서 경쟁이 치열할 수밖에 없고 그만큼 수익성이 떨어지는 것이다. 실제로 돈을 받지 않고도 경험을 위해 강의를 하겠다는 강사들이 주변에도 많이 있다. 이와 같은 상황에서 경쟁력을 얻을 수 있는 것은 바로 콘텐츠다. 수많은 강의들 속에서 비싼 비용을 들이며 꼭 들어 보고 싶은 강의를 만들기 위해서는 그 콘텐츠의 품질에 월등함이 있어야만 한다. 강사는 평생 공부해야 하는 직업이다. 강사는 다른 강사들과 차별화된 콘텐츠를 만들기 위해서 다른 사람이 모르는 분야에 대해 알고 있어야 하고, 아는 분야에 대해서도 훨씬 더 잘 알아야 한다.

강의업은 긴 여정을 거쳐야 한다. 단순히 어떻게 시작해야 하는가에 그치지 않고 긴 인생의 로드맵의 관점에서 내가 어디를 향해 어떻게 가야 하는지에 대해 충분한 준비를 하고 나아가야 한다.《강의, 콘텐츠가 답이다!!》가 그 방법을 모두 알려 줄 수는 없지만 적어도 여러분의 그 긴 여정에 지도와 나침반과 같은 역할은 해 줄 수 있기를 기대해 본다.

2019년 6월
최효석

차례

6장   강사의 말하기와 글쓰기, 알리기

<부록> 선배 강사의 실패에서 배우다

1장

강사는
어떤 일을 하는
사람인가?

1 평생 배우고 평생 가르쳐야 하는 시대

배움은 본성이다

갓 태어난 아기는 본능적으로 운다. 보호자는 아기의 울음이 무엇을 의미하는지 고민하며 그 부족함을 채워 주려고 노력한다. 우리가 태어나서 가장 먼저 배우는 것은 울면 나의 배고픔이 충족되고, 누군가가 나를 만족시켜 준다는 사실이다. 성장하면서 우리는 필요를 채우기 위해 우는 대신 다른 방법들을 습득하고 사용하기 시작한다. 떼를 쓰다가, 점차 명료한 언어로 내 의사를 전달하려 노력하며, 협상을 배우기도 하고 욕구를 참는 법도 익힌다. 그리고 언젠가는 보호자가 되어 아기의 울음소리를 듣고 이 아기가 원하는 것이 무엇인지를 터득해야 하는 순간을 맞기도 한다.

산다는 것은 배움의 연속이다. 무언가를 궁금해하고 알고 싶은 호기심이 자연스러운 것처럼, 배움 또한 삶을 따라 자연스럽게 행해지는 일이다. 하지만 우리가 '배움'을 말할 때 떠오르는 기억은 이 내용과 조금 다르다.

학교에서 일방적으로 배웠던 공부는 '배움'을 낯선 것으로 생각하게 만들었다. 주입식 교육으로 배워야 할 것을 스스로 찾지 못한 채 주는 것만을 받아들여야 했던 탓에 삶의 자연스러운 일부인 배움이 유리되었다. 우리가 학교에 갇혀 있었던 것처럼 배움이라는 개념도 학교라는 공간에 갇혀 버렸다. 학교를 졸업하면 배움도 졸업이며, 학생 신분을 벗어나면 학습 또한 필요치 않다고 여겼기에 다시 배우려는 시도가 어렵고 왠지 쑥스러워지기까지 하는 것이다.

그런데 '배움'에 부정적이었던 많은 사람들이 직장을 다니다가, 가정을 꾸렸던 중에, 은퇴를 한 뒤에 다시 무언가를 배워야겠다고 쭈뼛쭈뼛 나서고 있다. 왜일까?

우리가 지금껏 알고 있던 것만으로는 삶을 꾸려 나가기가 어려운 때가 왔기 때문이다. 아기의 울음소리가 분명하게 무언가를 요구하고 있는 것처럼, 우리도 삶을 계속하기 위해 배우기를 원하고 있다. 특정한 시기와 특정한 공간에서만 배울 수 있다는 생각은 이제 버리자. 배움은 우리의 본성이며 우리의 삶이다.

평생 배우다

왜 우리는 계속해서 배워야 할까? 왜 학창 시절에 배운 지식만으로는 살아갈 수 없는 것일까?

세상이 변하는 속도는 인류가 자연스럽게 진화하며 받아들일 수 있는 속도를 넘어선 지 오래다. 느린 변화의 시계에 맞춰진 과거의 지식으로는 현재를 살아갈 수 없다는 말이다. 과거의 지식으로 현재를 살아간다면, 몸은 현재에 있지만 사고는 과거의 틀에서 벗어나지 못하므로 변화에 뒤처지고 변화에서 늦게 된다. 새로운 것을 배우지 않아도 된다는 생각은 사실상 더 이상 성장하지 않겠다는 선언과도 같다.

이전에는 첨단이었던 플로피 디스크가 지금은 사용조차 되지 않는다. 심지어 이동 저장 매체인 CD나 USB 등이 중앙컴퓨터에 저장된 정보에 어디서든 접속할 수 있는 클라우드 서비스로 대체되고 있다. 이러한 변화는 단순히 이 저장 매체에서 저 저장 매체로 넘어가는 것이 아니라, 정보 저장의 개념 자체가 바뀌는 혁신이다. 레이 커즈와일(Ray Kurzweil)은 《특이점이 온다》에서 과학기술이 진보를 거듭하다 보면 인간의 진보를 따라잡게 되고 추월하는 순간이 온다며, 이를 '특이점'이라고 명명했다. 그는 그 시기를 2045년으로 봤으나 사실상 인공지능이 사람보다 똑똑해지는 때는 그리 먼 미래가 아닐지도 모른다.

우리는 이미 변화에 허덕인다. 무엇을 배워 보려고 결심하면 세상은 어느새 변해 있다. 겨우 알 만하면 내가 이해한 것은 쓸모없는 것이 되어 버리고 만다. 그러다 보면 새로 배울 때 두려움부터 앞선다. 두렵지 않은가?

우리는 앞으로 배우기 위해서, 배우려 할 때마다 이 두려움과 싸워야 한다. 이 두려움을 극복하기 위해서는 배움이 우리의 삶에서 계속되는 행위이며, 또한 새롭게 배울 것이 끝없다는 사실을 받아들이는 자세가 필요하다. '배움엔 때가 있고, 끝이 있다고 생각하는 자세'에서 '평생 배우려는 자세'로 바꿔야 한다. 한 번 배운 기술로 평생을 먹고살 수 있으리라 여겼던 시대가 있었다. 하지만 지금의 변화하는 사회에서는 뼈를 묻으리라 여겼던 회사가 사라지기도 하고 아예 직업이 없어지기도 하며, 전혀 다른 직종이 등장하기도 한다. 우리가 이 변화의 두려움을 극복할 때마다, 배움의 태도는 새롭게 다듬어지고 변화를 예측해 앞서 나갈 수도 있다.

인공지능이 우리보다 똑똑해진대도 어떤가? 이미 계산기는 우리 대다수보다 계산을 잘한다. 하지만 계산기는 삶을 살지 못한다. 그 편리함을 맛보고 사는 것은 우리다. 끊임없이 배우는 인간이야말로 이 변화의 시대 속에서 살아가는 존재다. 그래서 무엇을 배울까 고민하는 것은 이제 어떻게 살 것인지를 고민하는 것이다. 삶을 살아가는 것은 배움의 연속이자 배움 그 자체가 된다. 어렵지 않다. 이것은 사실 설레는 일이다. 배움에 대한 두려움 대신 배움으로 바뀔 삶에 대한 설렘을 갖자.

그런가 하면 무엇인가를 배우고 학습한다는 것은 기억과 연관이 깊다. 다음에 나오는 '학습 효율성 피라미드'에서 보는 것처럼, 수동적인 방법보다 적극적으로 참여하는 방법이 학습 내용을 기억하는 데 더 효율적이다. 수업을 듣는 것만으로는 5%의 기억이 남지만, 다른 사람을 가르치면 90%의 내용을 지속적으로 기억할 수 있다. 그러므로 가르치는 활동을 통해 우리는 배운 것을 복습하고 실천하면서 배움을 여러 차례, 여러 방식으로 되새기게 된다. 따라서 강사들은 자신의 지식을 청중에게 전달하면서 동시에, 그 지식을 가장 많이 학습하는 주체가 된다. 강의를 통해 배우는 것은 청중뿐만 아니라 강사 자신이기도 한 셈이다.

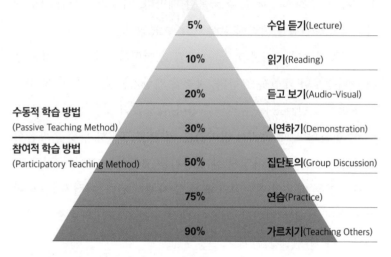

학습 효율성 피라미드(Learning Pyramid)

평균 기억율
(Average Retention Rates)

5%	수업 듣기(Lecture)
10%	읽기(Reading)
20%	듣고 보기(Audio-Visual)
30%	시연하기(Demonstration)
50%	집단토의(Group Discussion)
75%	연습(Practice)
90%	가르치기(Teaching Others)

수동적 학습 방법
(Passive Teaching Method)

참여적 학습 방법
(Participatory Teaching Method)

출처: National Training Laboratories, Bethel, Maine

서로 가르치는 시대

우리 사회에 고령화 시대에 접어든 '샌드위치 세대'라 불리는 이들이
등장했다. 이들은 1955년부터 1963년 사이에 태어난 베이비붐 세
대로 부모에 대한 봉양과 자녀에 대한 양육을 당연시하면서 자녀들
에 의존하지 않으려 한다. 부모를 모시는 마지막 세대이자, 자식에
게 버려지는 첫 번째 세대라 해서 샌드위치 세대라 불린다. 이들은
상대적으로 교육 수준이 높고 경제력과 소비력을 함께 갖추고 있다.

이들이 장년, 노년기에 들어서면서 이들의 요구에 맞게 1999년 평생교육법이 제정되면서 평생학습 정책이 시행되기 시작했다. 또한 결혼 후 경제 활동 인구에서 제외되었던 경력 단절 여성을 중심으로 한 학습 정책들도 시행되고 있다. 노인복지관, 사회복지관, 50플러스센터, 여성인력개발센터 등 다양한 기관에서 평생학습 프로그램을 운영하고 있다.

그렇다고 평생교육의 대상이 베이비붐 세대만인 것은 아니다. 교육 현장에 가 보면, 베이비붐 세대는 물론, 돈과 시간을 모두 갖춘 은퇴연령층, 취업에 고민이 많은 청년층 등 모든 연령층이 교육에 참가할 수 있는 다양한 학습 여건이 조성되어 있다. 무언가를 배울 필요를 느끼고 찾아본다면 지자체의 프로그램만으로도 충분히 체계적인 교육을 받을 수 있다.

평생교육에 대한 정부의 지원은 계속해서 확대되고 있다. 하지만 정부가 일방적으로 교육을 장려한다고 해서 교육의 장이 넓어지기는 어렵다. 교육의 선순환이 이뤄지고 있다는 점에서도 그 이유를 찾을 수 있다. 평생교육의 1세대 수혜자들이 이미 교육자가 되어 가르치기 시작했다. 뿐만 아니라, 후배 강사들을 교육해 새로운 일자리도 창출하고 있다.

평생교육에 관심을 갖고 참여하는 이들은 이미 은퇴를 한 사람, 출산과 자녀양육 등의 이유로 경력 단절을 경험한 사람, 직장을 다니고 있지만 이직을 원하거나 실무와 가까운 교육이 필요한 사람 등 폭이 무척이나 넓다. 뿐인가. 그들은 배움에 그치지 않고 교육을 공급하는 활동까지 하고 있다. 실제로 여러 교육 기관에서 인기 있는 교육 과정 중 하나가 강사양성 과정이다. 이러한 교육의 선순환은 개인이 일생 동안 터득한 경험과 지식을 사장하지 않고 사회에 환원할 수 있다는 점에서 긍정적 의미가 있다.

과거에는 교육이 학교의 전유물로 여겨졌으며, 교수자 또한 교사들만으로 한정되어 있었다. 교사 자격증이 있어야 학생들을 교육할 수 있는 자격이 주어졌다. 하지만 지금은 '강사'라는 이름으로 교사 자격증이 없어도 학교에서 학생들을 가르칠 수 있다. 사회가 복잡해지고 빠르게 변화하면서 배울 것이 계속해서 늘어나는 지금, 교사에게만 모든 교육을 맡길 수 없게 된 것이다.

빠르게 변하는 시대를 살아가기 위해 우리는 계속 배워야 한다. 그래서 지금 이 평생교육이라는 하나의 장(Field)에 배우고자 하는 사람들이 계속해서 유입되고 있으며, 배운 것을 바로 써먹을 수 있는 기회도 계속 만들어지는 것이다.

2 대한민국 교육 시장의 이유 있는 변화 5

그 속도를 따라잡기가 버거울 정도로 기술과 트렌드 모두 빠르게 변하고 있다. 우리가 학교 교사나 대학 교수가 아니라 일반 강사로 일할지라도 이러한 트렌드의 변화는 교육산업 전반에 영향을 크게 미치므로 그 추이를 주시해야 한다. 현재 국내 교육산업에 영향을 미치는 메가트렌드는 크게 전통 교육 방식의 변화, 에듀테크의 부상, 실버 세대의 증가, 주 52시간 근무제 확립, 프리랜서 시대 도래 등을 꼽을 수 있다. 각각의 이슈들은 개별적으로도 구분되지만 모두가 연결되는 주제이기도 하다. 이제 이 변화의 흐름을 같이 이해해 보고자 한다.

전통 교육 방식의 변화

교육을 하는 사람이나 받는 사람 모두 '현재의 교육은 잘못되었다'라고 말하는 이유는 무엇일까? 그것은 아마도 시대는 하루가 다르게 변해 가는데 교육은 100년 전 모습을 그대로 유지하고 있다는 뿌리 깊은 고정 관념 때문일 것이다. 사실 교육 현장에서는 이런 위기의식을 가지고 변화를 위해 많은 노력을 하고 있다. 그럼에도 불구하고 많은 사람들이 오늘날의 교육이 낡고 비효율적이라고 생각하는 이유는 교육의 변화 속도가 시대의 변화 속도를 따라잡지 못하기 때문이다.

'전통적 교육(Traditional Education)'이라고 하면 과거 학교의 모습을 먼저 떠올리기 쉽다. 줄을 맞춰 배열한 책상들이 있는 직사각형의 교실들이 복도를 따라 줄줄이 놓여 있고 그런 층들이 건물을 이루고 있는 폐쇄적인 모습 말이다. 실제로 초기 학교의 건축 양식은 감옥의 양식과 유사하다. 제한된 공간에 최대한 많은 대상을 집어넣고 '관리의 효율성'을 원칙으로 운영하는 점이 같다. 건물만 그런 것이 아니다.

교육 내용 역시 일방적이고 획일화된 내용이 대부분이었다. 흔히 우리 문화의 큰 문제 중 하나로 '토론 문화의 부재'를 꼽는데 그동안 학교에서 토론 교육이 제대로 이루어지지 못했다. 실제로 필자(최효석, 이하 '최')가 학교에 다니던 시절을 떠올려 봐도 토론 교육은 없었다. 교과서를 읽고 교사가 설명하는 이야기를 받아 적고 암기한 내용을 잘 기억해서 문제를 푸는 것이 평가의 전부였다. 그러다 보니 그 시절 '공부를 잘 하는 아이'들의 특징은 '암기를 잘하는 학생'이었다. 아무리 음악이나 체육을 잘하거나 친화력이 좋아도 암기를 못하면 공부를 못하는 학생이 되던 시절이었다. 세계적인 첼리스트나 올림픽 메달리스트 또는 세일즈의 천재가 될 수 있을 인재들도 암기를 못하면 공부를 못하는 학생으로 낙인찍혔다.

그런데 이러한 현상이 먼 과거의 일인 것만은 아니다. 2016년 11월, EBS 다큐프라임 '시험—서울대 A+의 조건'에서 밝힌 교육과 혁신연구소의 이혜정 소장의 연구 결과는 꽤 충격적이었다. 그에 따르면 한국의 최고 학교에서 가장 좋은 점수를 받는 상위 1% 학생들이 공통적으로 말하는 비결은 "말을 문장의 형태로 적어야 된다는 것, 요점 정리를 하면 안 된다는 것, 키워드를 적어서는 안 된다는 것"이라고 한다. 교수가 말한 걸 그대로 따라 적을수록 높은 성적이 나왔고, 일반 학생, 상위 1% 학생 모두 학점이 낮을수록 비판적 사고력이 높다는 결과가 나왔다. 그는 결론적으로 노트 필기를 열심히 하고 성적이 높을수록 비판적 사고력 대신 수용적 사고력이 높았다는 결론을 냈다. 이에 이혜정 소장은 "너의 어떠한 생각도 가져서는 안 되고, 네 생각이 아무리 좋아도 교수님과 다르면 버려야 되고 교수님의 말씀을 단 한마디도 빼놓지 않고 적어야 좋은 성적을 받을 수 있다. 이게 서울대 교육이라고 얘기할 수 있을까?"라고 지적했다.

이처럼 무비판적이고 수용적인 학습을 이끄는 교육이 지금까지는 유효했다. 하지만 앞으로는 달라질 것이다. 그 이유는 다음과 같다.

첫째, 인터넷을 비롯한 ICT(Information & Communication Technology)의 발달로 앞으로는 직접 외우는 능력 자체의 의미가 더 크게 희석될 것이다. 필요한 정보는 언제든지 검색할 수 있기 때문에 암기가 필요한 직무가 크게 줄어들 수밖에 없기 때문이다. 둘째, 기술과 문화가 점점 복잡해지면서 사회에서는 하나의 답이 정해진 문제보다는 정답이 주어지지 않는 문제들이 점점 늘어나게 될 것이다. 이에 따라 미래에는 지식 자체를 외우는 것이 아닌, 주어진 정보를 어떻게 활용하는지, 즉 문제 해결 능력이 핵심 역량으로 부각될 것이다. 셋째, 이렇게 복잡성이 증가하는 시대에서는 천재적인 1명보다도 여러 명이 협업하는 스타일의 문제 해결 방법이 늘어날 수밖에 없다. 그렇기 때문에 혼자 수학 문제를 풀듯이 주어진 문제를 해결하는 것이 아니라, 서로 협업하고 소통하는 커뮤니케이션 능력의 비중이 암기력보다 중요해질 것이다.

에듀테크의 부상

오늘날 모든 산업은 ICT와 융합해 새로운 시대로 들어서고 있다. 광고(Advertisement), 금융(Finance) 등의 전통적 산업이 기술(Technology)과 결합해 애드테크(Adtech: Advertisement+Technology)와 핀테크(Fintech: Finance+Technology)로 진화한 것처럼 교육(Education)도 기술(Technology)과 결합해 에듀테크(Edutech; Education+Technology)의 시대로 접어들었다. 이 기술의 정점에는 오늘날 우리가 4차 산업혁명이라 부르는 인공지능, IoT, VR/AR 등의 신기술이 포함되어 있다.

　지난 2016년 일어났던 알파고 쇼크는 기술에 관심이 없던 사람들에게까지 충격을 주기에 충분했다. 인간은 인공지능을 이길 수 없을 것이라는 비관론이 퍼졌다. 하지만 한편으로는 기계와 공생해서 그들의 강점을 활용해 더욱 성장하자는 긍정론이 다시 주류가 되기 시작했다. 인간의 기억 능력이 컴퓨터라는 저장 매체를 이길 수는 없다. 따라서 인류가 기계와 공생하기 위해서는 단순한 감각이나 경험을 위주로 진행되었던 전통적 방식의 교육에 변화를 주어 이제는 기술을 이용해 도약하지 않을 수 없게 되었다. 이러한 새로운 교육 방식은 아날로그 방식으로 진행하던 교육과는 비교할 수 없는 생산성을 지닌다.

현재 교육과 기술을 결합한 에듀테크에서 말하는 주요 키워드들은 다음과 같다. 무크(MOOC: Massive Open Online Course), 나노디그리(Nanodegree), 플립 러닝(Flipped Learning), 마이크로 스쿨(Micro School), 대안 교육(Alternative Education), 인공지능(AI: Artificial Intelligence), 게이미피케이션(Gamification), 소셜 러닝(Social Learning) 등이다. 이 가운데 대중화가 된 기술도 있고 아직 검증단계인 기술도 있지만, 중요한 것은 교육 트렌드가 기술을 떠나서는 존재하기 어렵게 되었다는 점이다.

실버 세대의 증가

한국은 대표적인 저출산 고령화 국가다. 2018년 통계청이 발표한 <2018년 6월 인구동향>에 따르면 한국은 합계출산율이 0.9명대로 떨어져서 세계 최하위의 출산율을 기록했다. 출산율이 떨어지면 미래 청년 세대가 부족해진다. 그러면 자연히 노동 생산력이 감소되는데, 이는 국가 경제의 활력을 떨어뜨리는 큰 요인이다. 또 다른 문제는 이들이 부양해야 하는 부모 세대의 평균 연령이 증가하고 있다는 점이다.

이러한 사회의 급격한 변화 앞에서 교육 업계가 주목해야 할 부분은 크게 두 가지다. 첫째, 학령 인구의 감소로 영유아 교육과 청소년 교육의 수요가 급격히 줄어들 것이라는 사실이다. 반면 은퇴 인구의 증가를 통해 실버 세대라는 새로운 큰 시장이 나타나게 되었다.

과거 우리 부모 세대에는 30년을 일하면 은퇴했다. 하지만 지금은 어떤가. 30년씩 두 가지 직업으로 일하다 은퇴하는 시대다. 우리 자녀 세대는 20년씩 세 가지 직업으로 일하고 은퇴하게 될지도 모른다. 100세 시대를 맞아 60세도 청년이라 불리는 요즘, 50대에 은퇴하고 남은 반평생을 쉬면서 보낼 수는 없다. 이 시기의 첫 번째 은퇴자들을 대상으로 경력전환 교육을 해 또 다른 직업을 찾도록 해야 한다. 이것은 개개인을 위한 취업 문제가 아닌, 사회적 문제 해결의 관점에서 고민해야 하는 일이다.

실버 세대는 여러 차원에서 강점이 많다. 그들은 30년 가까이 다양한 경험을 하면서 풍부한 직무 관련 경험을 쌓았다. 또한 오랜 사회생활로 곳곳에 다양한 네트워크를 가지고 있다. 하지만 기업들은 여전히 그들의 체력과 최신 기술에 관한 실무 능력에 대해 고민한다. 그러나 이는 충분히 개선될 수 있다. 지금의 60대는 과거 60대의 건강 상태와 새로운 정보를 받아들이는 이해도에서 큰 차이를 보인다.

그럼 실무 능력은 어떻게 극복해야 할까? 이 지점이 바로 교육이 풀어야 하는 숙제다. 그들이 지닌 역량을 오늘날의 현장에서 필요한 기술로 바꿔야 한다. 여기에 굉장히 큰 기회가 있다. 현재의 인구 피라미드를 보면 앞으로 실버 세대는 밀레니엄 세대가 은퇴할 때까지 지속적으로 증가할 것이다. 따라서 이들을 대상으로 한 교육에 큰 기회가 있으리라 예상할 수 있다.

주 52시간 근무제 확립

'주 52시간 근무제'는 지난 2018년 2월 국회를 통과했다. 이에 따라 2018년 7월 1일부터 종업원 300인 이상의 사업장과 공공기관은 주당 법정 근로 시간을 이전 68시간에서 52시간으로 단축하게 되었다. 하루 최대 8시간 근무에 휴일 근무를 포함한 연장 근로를 총 12시간까지만 법적으로 허용하게 되었다. 이러한 정책에 따라 기업 교육을 담당하는 인사부서나 교육부서에서도 큰 변화가 생겼다. 특히 주 52시간 근무제는 기업 교육을 주로 하고 있는 교육컨설팅 회사나 기업교육 강사들에게는 굉장한 이슈이며, 대체로 다음과 같은 변화가 예상된다.

첫째, 단기적으로는 기존 HRD(Human Resources Development, 인적자원개발) 컨설팅 회사들은 상당한 위기에 직면했다. 기업들이 일할 시간도 없다고 아우성치는 현 상황에서, 기존과 같은 숙박 교육이나 주말 교육은 현실적으로 불가능한 데다가 1일 또는 1박 2일의 집합 교육 역시 부담이 매우 커졌다. 업무 시간 내에 교육을 실시해야 하기 때문이다. 또한 기업은 상황이 좋지 않을 때 가장 먼저 복지비, 그 다음으로 교육비를 줄인다. 단기적으로는 기업 교육을 전문으로 하는 기업과 강사들은 큰 고전을 겪으리라 예상된다.

둘째, 이에 대한 대안으로 나오는 것이 마이크로 러닝(Micro Learning)이나 모바일 러닝(Mobile Learning)이지만, 이것은 근본적인 해결책이 되지 못한다. 애초에 이러닝(E-learning)과 워크숍(Workshop)은 목적과 주제가 같을 수 없다. 그것을 억지로 끼워 맞추려 해서 정착이 안 되고 있는 것이 현 상황이다. 콘텐츠는 정보이고 행동은 경험이라 이것을 같이 진행해야 하는데[플립 러닝, 블렌디드 러닝(Blended Learning) 등] 오프라인 교육 시간을 없애고 이러닝만 듣게 할 때 교육 성과가 나올 리 만무하다.

셋째, 주 52시간 근무제가 점차 정착될수록, 짧은 시간 동안 많은 성과를 낼 수 있는 밀도 있는 교육이 살아남게 될 것으로 예상된다. 3시간이면 마칠 수 있을 내용을 8시간 동안 하고, 비숙박으로 할 수 있는 과정을 숙박 과정으로 편성해서 과도한 비용과 시간을 쏟는 식의 밀도 낮은 교육들은 점점 경쟁력을 잃을 것이다. 따라서 강의 콘텐츠는 더욱 알차게 구성되고 플립 러닝이 필수적으로 도입될 수밖에 없을 것이다. 플립 러닝은 '거꾸로 학습'이라는 의미의 교육 방식으로 교육생이 교육 시간 전에 교수자가 제공한 자료를 미리 학습하고 강의실에서는 토론과 과제풀이를 하는 형태를 띤다.

넷째, 공식 학습(Formal Learning)이 제약을 받으면서 비공식 학습(Informal Learning)이나 일터 학습(Workplace Learning)의 비중이 크게 늘 것이다. 모여서 받는 수업형 집합 교육이 적어지는 대신, 사무실에서 경력자나 선배에게 지도받거나, 스스로 업무를 익히면서 배우는 교육이 늘어날 것이다. 이런 일터 학습의 경우 핵심은 조직문화다. 업무를 통해 스스로 성장할 수 있는 문화를 구축하는 것이 중요해질 텐데, 그런 관점에서 조직문화·조직개발 전문가들의 역할이 강사의 역할을 대체할 가능성이 높아지리라 예상된다. 마찬가지로 강사도 더 이상 정보를 제공하는 데 그치는 것이 아닌, 조직문화를 변화시키는 전문가의 역할을 담당해야 할 것이다.

프리랜서의 시대

미래학자인 토마스 프레이(Thomas Frey)는 "10년 후 한 사람이 8~10개의 일을 하는 프리랜서의 시대가 올 것"이라고 예측했다. 현재 나라마다 조금씩 다르기는 하지만, 세계적으로 약 5% 정도의 인력이 프리랜서 형태로 일하고 있다. 미국에서는 IT 시장 인력 중 약 60%가 단기 계약직 혹은 프리랜서로 일하고 있다고 한다.

시대가 변하면서 노동의 형태가 빠르게 변하고 있다. 과거처럼 첫 직장에서 30년씩 근속하는 경우는 거의 볼 수 없다. 최근 실리콘 밸리는 한 회사에 오래 머물수록 현실에 안주하는 것이라는 인식이 퍼져서, 미국 경제 웹진인 <비즈니스 인사이더(Business Insider)>의 2017년 조사 결과에 따르면 우버, 드롭박스, 테슬라, 페이스북, 에어비앤비 등 대부분의 유명 IT 회사들의 평균 근속년수가 3년 미만인 것으로 나타났다.

이들처럼 회사를 자주 바꾸기도 하지만, 첫 직장에서 어느 정도 일을 배우고 나서 바로 창업을 하는 경우도 많다. 최근 급격히 증가하고 있는 스타트업 창업이 대표적인 사례인데, 1인 기업 혹은 프리랜서의 경우도 이런 사례로 볼 수 있다.

프리랜서가 늘어나는 이유는 다양하다. 요즘 청년 세대는 기성세대의 조직문화 자체를 거부하는 모습을 보이는 한편, 자신의 성장에 걸맞은 높은 수익을 얻고 싶은 바람도 갖고 있다. 또한 원하는 시간에 원하는 장소에서 유동성 있게 일하는 것을 선호하는데, 이런 문화들이 요즘과 같은 프리랜서의 시대가 만들어지는 이유 중 하나다.

청년 세대뿐만 아니라, 은퇴 세대에게도 프리랜서는 중요한 선택지가 될 수 있다. 우선 은퇴 세대를 채용할 수 있는 기업 자체가 많지 않은 상황에서 일자리를 희망하는 은퇴 세대는 점점 더 늘고 있다. 그렇기 때문에 이들은 취업보다는 자신의 경험과 네트워크를 바탕으로 스스로 일을 만들어 낼 가능성이 크다. 이 역시 프리랜서 시대 도래의 이유 중 하나다.

3 당신은 왜 강사가 되고 싶은가?

강사는 누구인가?

강사는 누구인가? 우리는 먼저 이 질문에 대한 답을 찾은 뒤에 이 일을 시작해야 한다. 내 업의 본질을 스스로 찾지 않으면 잘못된 방향으로 갈 수밖에 없기 때문이다. 강사는 누구이며 강사는 무슨 일을 하며 어떤 가치를 만드는 일을 하는가?

이 질문에 대한 스스로의 답을 찾는 것이 이 직업을 선택하고 시작하는 첫 번째 단계다. 이 질문에 대한 고민 없이 뛰어들었다가 길을 잃는 사람들이 너무도 많다. '몸 쓰는 일은 체력이 부족해서', '강의가 일하는 시간에 비해 돈이 되니까', '다른 사람을 가르치는 일을 하고 싶어서', '나이 들어서도 선생님 소리 들으며 대우받을 수 있어서', '정년 없이 일할 수 있으니까' 등의 이유는 개인의 동기는 될지언정 이 일을 하는 목적이 될 수도 없고, 또 되어서도 안 된다.

TED의 유명 강사 사이먼 사이넥(Simon Sinek)은 그의 히트 강연인 <나는 왜 이 일을 하는가(Start with why)>를 통해 소비자가 제품을 구매할 때는 제품의 속성이나 특징보다도 그 브랜드의 철학이나 추구하는 가치인 'WHY'를 보고 선택한다고 말했다. 이는 강의와 같은 지식 서비스 산업에서도 마찬가지다. 우리가 교육 소비자의 입장에서, 교육을 통해 더 나은 세상을 만들고자 하는 사람과 개인 빚을 청산하고 부동산을 구입하기 위해 강의하는 사람 중 누구의 교육을 듣고 싶겠는가. 강사가 되고 싶다면, 이 'Why'에서부터 강의 콘텐츠를 기획하고 브랜딩 전략도 수립해야 한다. 그렇기에 자신이 왜 이 일을 해야 하는지에 대한 질문에 먼저 답해야 한다.

"당신은 왜 강사가 되고 싶은가?"

강사의 의미

강사, 교사, 교수, 선생 등 가르치는 일을 하는 사람을 지칭하는 어휘는 많다. 사전적 의미의 강사(講師)는 학교나 학원 등에서 위촉을 받아 강의를 하는 사람을 말한다. 현장에서의 분류는 다음과 같다.

우선 '교사'란 보통 어린이집에서부터 유치원, 초등학교, 중학교, 고등학교 등 미성년 교육을 담당하는 교육자를 말한다. 공교육뿐만 아니라 사교육에서도 그렇다. '교수'란 대학과 같은 고등교육기관에서 강의와 연구를 하는 교육자를 말하고, '선생'은 교사와 교수를 포함해 특별한 소속이 없더라도 지식이나 지혜를 전달하는 이를 통칭한다. '강사'는 특정 기관에 소속되지 않고 자율 계약으로 다양한 기관에 출강하는 교육자를 주로 말한다. 교육 회사나 학원 같은 곳에 소속되어 일하는 강사도 많이 있지만 그 경우 강사 외에도 다른 호칭이 더러 쓰이는 데 반해, 기관이나 기업에 출강하는 교육자는 '강사'라는 호칭으로 주로 불린다.

필자(최)는 '강사'라는 말이 '교수'나 '선생'처럼 직업적 분류가 아닌 가치적 분류로 사용되기를 희망한다. 강사라는 호칭이 출강처에 따라 바뀌기보다는 그 사람의 직업적 정체성을 표현하는 수단이 되기를 기대하기 때문이다.

개인마다 이 일을 시작하려는 혹은 시작한 동기는 다양할 것이다. 경제적이거나 경력적인 목적도 있겠지만, 아무래도 강사의 길을 선택한 근본 이유는 다른 사람을 성장시키는 일에 보람을 느끼기 때문일 것이다. 그들을 키우고 성장시키는 방법에는 여러 가지가 있지만, 그중에서도 강사는 자신의 전문 지식과 삶을 통해 축적해 온 경험을 전해 주고자 할 것이다. 이러한 내용을 정리하면 강사라는 업을 이렇게 정의 내릴 수 있다.

자신의 지식과 경험을 통해 개인과 조직을 성장시키는 일을 돕는 사람

이 명제를 두고 어휘들이 갖는 의미를 곱씹어 보자.

먼저 강사는 다른 사람의 성장을 위한 도구로 '지식'을 사용한다. 당연히 교육생보다 더 많이 알거나 그들이 모르는 것을 알고 있어야 한다. 그러기 위해서는 자신이 강의하는 분야에서 누구보다 월등한 실력을 가지고 있어야 한다. 이것은 기본이다. 만약 요리에 소질이 전혀 없는데 식당 창업을 한다거나, 운동에 재능이 없는데 프로 스포츠 무대에 오른다고 한다면 가당키나 하겠는가.

그런데 특정 분야에 탁월한 전문성이 보이지 않는데 강사로 활동하겠다는 사람도 없지 않다. 물론 미적 감각이 없어도 화가로 활동할 수는 있다. 다만 그 사람이 그린 그림을 당장 사겠다는 사람을 찾기는 어렵다. 마찬가지로 강사라는 직함은 자신이 스스로 부여해 생기는 것이 아니라 고객이 인정해 줌으로써 생기는 것이다.

'경험'은 어떠한가. 지식만 전달하는 강사는 반쪽짜리 교육자다. 세상의 지식은 이미 책과 인터넷에 다 나와 있다 해도 과언이 아니다. 유튜브나 MOOC를 통해서 하버드나 MIT 같은 세계 명문 대학의 강의를 공짜로 볼 수 있고, 전 세계에서 쏟아져 니오는 최신 논문이나 책들도 이제는 국경 없이 읽어 볼 수 있는 시대다. 그런 시대에 기존에 있는 이론만 잔뜩 전달하는 식으로는 교육생들의 니즈를 채울 수 없다. 강사가 가지고 있는 고유하고 풍부한 경험을 통해 '교육생들에게 맞는' 내용을 제시해야 한다. 책에 있는 내용이나 어디서든 얻을 수 있는 정보만 읊는다면 그건 강사의 존재와 역할을 스스로 필요 없게 만드는 일이다. 생명력 있는 강의는 숫자가 아니라 통찰력에서 나온다. 머리가 좋아서 책은 달달 외우고 있지만 인생의 경험이 부족한 강사들의 강의가 지식은 잘 전달해도 영감은 주지 못하는 이유는 그 강사의 통찰력이 낮기 때문이다. 이렇듯 지식과 경험은 강사의 경쟁력을 받쳐 주는 양쪽의 날개와도 같다.

고객에 따른 강사의 역할

'개인과 조직'은 강사의 고객이다. 개인과 조직으로 나눠 보는 것은 B2C(Business to Consumer, 기업이 물품 및 서비스를 소비자에게 직접 제공하는 거래)와 B2B(Business to Business, 기업과 기업 간 거래)의 차이일 수도 있 겠고, 조직을 개인의 집합으로 보느냐 아니면 하나의 유기적 생명체로 보느냐의 차이에서 비롯한 것이다.

예를 들어, 강의를 공개 과정으로 열면, 각 개인이 수강을 한다. 자신의 비용과 시간을 투자해 강사의 지식과 노하우를 배우고자 하는 것이다. 이들은 강의를 들으면서 투자한 비용과 시간 이상의 성장을 바란다. 기업 및 기관 교육 같은 경우, 공개 과정과 마찬가지로 수강하는 개개인의 역량 강화도 목적이 되지만, 궁극적으로는 교육생들이 모여 있는 조직인 기업과 기관의 성장에 얼마나 기여했는가가 중요한 포인트가 된다. 여기서 대부분의 강의 최종 성과는 해당 기업의 수익성에 귀결된다. 대부분의 기업 교육이 해결해야 할 문제점은 크게 세 가지다. 비용을 줄이거나, 속도를 높이거나, 품질을 향상시키는 것이다. 조직 활성화를 위한 워크숍을 하거나 퍼스널 이미지 메이킹을 하는 것들도 근원적인 목표를 타고 올라가면 커뮤니케이션 비용을 줄여서 업무 생산성을 올리거나 서비스 품질 개선을 통한 고객 만족도 향상을 목표로 한다. 따라서 강사는 이러한 기업의 목표와 니즈를 파악하고 과정을 설계해야 한다.

또한 강사는 '돕는 사람'이 되어야 한다. 그동안의 공교육을 비판할 때 '주입식 교육' 또는 '암기식 교육'이라는 말이 빠지지 않고 나온다. 우리나라 교육은 오랫동안 '돕는다'는 개념보다는 '전달' 하거나 '가르치는' 개념에 가까웠다. '성장을 돕는다'는 말은 티칭(Teaching)의 의미보다는 좀 더 쉽게 이해하고 해결할 수 있도록 돕는 퍼실리테이션(Facilitation)의 개념이다. 하지만 앞으로의 교육은 이렇게 '돕는' 쪽으로 변할 것이고 변해야 한다.

　학습의 목표가 문제 풀이를 잘하는 것이고 그것을 통해 시험에서 좋은 점수를 얻는 것이라면 문제 풀이 요령을 알려 주는 방식의 교육이 유효하다. 하지만 앞으로의 교육은 정답이 있는 문제보다는 정답이 없는 문제, 혼자서 해결해야 하는 문제보다는 협업을 통해 해결해야 하는 문제, 결과보다는 과정이 더 중요한 문제가 중시될 것이다. 그렇다면 이론을 전달하고 정답을 찾는 요령을 알려 주는 교육은 시대를 다해 가고 있다고 볼 수 있다. 따라서 강사의 역할은 교육생들이 문제를 스스로 해결해 나갈 수 있도록 '돕는' 역할이 되어야 한다. 강사는 지식 전달자가 아닌 촉진자가 되어 학습자의 학습 경험을 가이드해 주는 역할을 해야 한다.

　강의를 평가하기 위해 강사가 교육생들을 대상으로 강의 만족도를 평가하는 경우가 있다. 그런데 이를 측정하기 위해서는 정밀한 평가 수단이 필요하다. 올바른 정답을 찾기 위해서는 질문을 바르게 해야 한다. 5점 만점에서 점수를 매기게 하는 만족도 평가는 사실 인기투표에 가깝다. 2시간 내내 교육생들을 웃게 하고 즐겁게 해 점수도 잘 받아도, 강의 전후로 개인과 조직이 변한 것이 없다면 그것은 강의가 아니라 '엔터테인먼트'에 가깝다. 연예인이 아닌 강사가 되고 싶다면 때론 단순하게 측정된 만족도 평가를 넘어서는 교육을 해야 한다.

4 강사는 무엇을 멀리해야 할까?

두려움 멀리하기

강사업은 직업 분류상 '교육 서비스업'에 속한다. 교육업인 동시에 '지식 서비스'를 공급하는 일이다. 최근 여러 제품들이 온라인 거래와 같은 비대면 거래로 많이 판매되고 있지만 서비스업은 주로 판매자가 소비자를 직접 대면해 경험재를 판매한다. 그런 관점에서 온라인 교육은 콘텐츠 비즈니스라고 보는 것이 맞을 수 있겠다.

강사의 일이 어려운 부분이 여기에 있다. 제품은 거의 동일한 품질 수준을 유지하며 제공하면 되지만, 강의는 사람과 사람이 만나 그 복잡 미묘한 상황에 맞춰 최대한의 만족을 만들어 내야 한다. 또한 강사업은 감정노동의 대표적인 직업군 중 하나로 강사는 제대로 된 강의를 하기 위해서는 무엇보다 감정을 잘 조절하며 교육생들과 교감할 수 있어야 한다.

강사로서 주로 느끼는 부정적인 감정 중에 우선 '두려움'을 살펴보자. 두려움은 보통 자신감 또는 자존감 부족에서 발현된다. 강의를 하다 보면 청중들이 내 강의를 마음에 들어 하지 않으면 어떡하지? 내가 말하는 내용이 틀리면 어떡하지? 등 걱정이 계속된다. 어떤 때는 교육생들로부터 열렬한 호응을 받다가도, 또 어떤 때는 교육생들 대부분이 내 이야기를 무시하고 고개를 푹 숙인 채 스마트폰만 보고 있을 때도 있다. 그럴 때에는 강사인 내가 문제인지 교육생들이 문제인지 혼란스럽다. 또한 좋지 않은 평가를 계속 받다 보면 자신감이 점점 없어지고, 그러다 보면 남들 앞에서 말을 하는 것 자체가 두렵기만 하다. 말을 해야 하는 직업으로 살아가는데 말하는 것이 두렵다니 얼마나 비극적인 일인가. 이러한 두려움은 대놓고 말은 못해도 강사라면 누구나 한 번쯤 가졌을 법한 감정이다.

필자(최)가 초보 강사였을 때의 이야기다. 총 3회의 공개 교육이었는데 불과 3명만 등록한 강의였다. 남는 돈도 거의 없는 강의였지만 경험을 쌓자는 생각에 개강을 했다. 열심히 하자고 다짐했다. 그런데 첫 시간을 마치고 내 마음 속에는 불안감이 가득했다. 인원이 적을수록 한 사람 한 사람과 호흡하며 유연하게 진행해야 하는데, 어떻게 해야 할지 막막해서 너무 두려웠다. 잠도 제대로 못 자고 그다음 교육에는 2시간이나 미리 강의실에 가서 심호흡을 가다듬고 있었다. 텅 빈 강의실을 서성이면서 '차라리 교육생들이 오지 않았으면 좋겠다'라고 생각했을 정도였다. 실제로 그날은 교육생들이 모두 회사에서 급한 일이 있다고 결석을 했는데 그 상황이 다행이라고 생각했다.

또 한 번은 모 기업체의 신입 사원 교육을 맡았는데 첫날부터 대놓고 딴짓을 하는 불성실한 교육생들이 있었다. 그래도 준비한 것을 열심히 강의했지만, 마치 허공에 대고 대화하는 기분이었다. 그날 밤 집에 와 누웠는데 잠이 오지 않았다. 내 자신이 한없이 부끄러웠고, 그 지옥 같은 시간을 다시 보내고 싶지 않았다. 그래서 그다음 시간에는 교육생들에게 내 감정을 솔직하게 이야기했다.

주변 강사들의 이야기를 들어 보면, 더 나쁜 상황들이 비일비재하다. 교육생과 강의 중에 언성을 높이고 싸우는 일도 다반사고, 강의 중에 했던 표현을 문제 삼아 일방적으로 인터넷에 게시하며 명예 훼손을 하는 경우도 여럿 있다.

중요한 것은 잘잘못을 따지는 것이 아니다. 이런 상황이 발생했을 때 강사가 어떻게 받아들이고 풀어 가느냐가 중요하다. 설사 교육생이 강의에 집중을 하지 않아도, 강의 평가에 나쁜 점수를 주어도, 나 스스로 당당하고 부끄러움이 없다면 크게 개의치 않아도 된다. 나쁜 감정을 버리고 부끄럽지 않게 최선을 다해 강의하는 것, 그리고 어떤 상황에서도 당당히 대응할 수 있도록 완벽히 연습하는 것만이 두려움에서 벗어날 수 있는 가장 좋은 방법이다.

열등감 멀리하기

강사는 다른 사람을 가르치는 일을 한다. 그렇기에 강사는 남들보다 더 뛰어나야 한다는 강박관념을 갖기 쉽다. 그러다 보면 외모, 학벌, 경력 등 모든 면에서 앞서야 내가 당당할 수 있다고 생각하게 된다. 그래서 40대가 가까운 나이에도 "해외 유학이라도 가야 할까?", "박사 과정에라도 진학을 해야 할까?", "성형이라도 할까?"와 같은 질문이 끊이지 않고 나온다. 열등감은 누구나 가지고 있는 자연스러운 감정이다. 연예인 같은 외모로, 유명한 대기업에서 일한 경력이 있고, 명문대 출신의 석·박사 학위까지 갖추었다고 열등감에서 완전히 벗어날 수 있을까? 단언컨대 그렇지 않다. 나보다 앞선 나와 비교할 수 있을 누군가가 있다면 비교하는 마음과 그로 인한 열등감은 절대 끝나지 않는다.

필자(최)는 30대 후반의 남성이고 평범한 외모에 크지 않은 키와 뚱뚱한 몸매를 지녔다. 지방대를 졸업하고 박사 학위도 없다. 자격증도 없고 심지어 기업에서 근무해 본 경력도 없다. 하지만 적어도 내 분야에서는 대한민국에서 최고라고 생각한다. 국내 최고의 대기업을 대상으로 경영 수업을 하고, 세계적인 컨설팅 회사 직원이나 세계 명문대에서 박사 학위를 받은 사람들을 대상으로 강의를 한다.

필자(최)라고 불이익을 당하지 않았겠는가. 연예인 같은 외모로 미소만 날려도 계약을 따내거나 강의 경력서가 아닌 다른 경력서로 사업을 따내는 강사도 있다. 하지만 강사라면 성형에 쓰는 백만 원, 대학원에 쓰는 천만 원, 유학에 쓰는 수억 원의 비용을 자신의 성장을 위해 쓰는 것이 훨씬 낫다. 이런 점을 알면서도 결국 그렇게 하고 마는 이유는 무엇일까? 결국 자신의 자존감을 채우는 문제로 접근하기 때문이다. 하지만 그렇게 얻은 자존감은 오래 지속되기 어렵다.

스트레스 멀리하기

강사들의 주된 스트레스로는 여느 직업과 마찬가지로 대인관계에서 겪는 갈등, 피로 누적, 금전적 고민, 진로와 성장에 대한 고민 등이다. 우선 대인관계 스트레스는 강사로서는 필연적이라는 것을 먼저 인정해야 한다. 강사업은 사람과 사람이 만나 행하는 직업이며, 긴 시간 동안 강사와 교육생이 같이 호흡해야 하므로 굉장한 정신적 피로를 동반한다. 또한 강사는 자신의 감정이 바닥나 있어도 늘 가면을 쓰고 친절하고 당당한 모습을 유지해야 하는데 이 역시 무척이나 힘들다. 이것을 해결하는 좋은 방법은 강의 현장에서 자신의 감정을 아끼는 것이다. 늘 퍼 주기만 하면 이 감정의 저금통은 금방 고갈되어서 빚이 되어 버린다. 또한 감정의 잔고를 채워 줄 관계를 주변에 많이 만드는 것도 도움이 된다.

관계에서 비롯하는 문제와 더불어 가장 큰 고민은 먹고사는 문제일 것이다. 아무리 준비를 잘하고 의욕이 있어도 불러 주는 곳이 없으면 생계에 문제가 생길 수밖에 없다. 떨어지는 통장 잔고를 보면서 당장의 생활비를 고민하는 것도 누구에게 밝히기 어려운 자존심 상하는 고민이겠지만, 나를 불러 주는 곳이 없다는 사실에 떨어지는 자존감 역시 큰 스트레스다. 필자(최)도 당연히 그런 시절이 있었고 지금도 강의를 지속하기 위해 늘 고민한다. 그런데 스타 강사라 불리는 강사들도 돈 걱정 없이 자기 일을 100% 즐기면서 한다고 말할 수 있을까? 만약 그렇다면 그렇게 날마다 쉴 새 없이 정신없는 일정을 소화하지는 않을 것이다. 강의가 적으면 적은대로, 많으면 많은 대로 고민은 있기 마련이니 어떠한 환경에서도 마음을 잘 다스리는 것이 중요하다.

일이 많은 것도 문제가 될 수 있다. 피로 누적은 강사들에게 치명적일 수 있기 때문이다. 1~2시간 하는 특강이 아닌 하루 8시간 풀

타임으로 진행하는 워크숍은 체력에 큰 무리를 준다. 아무것도 하지 않고 꽉 끼는 정장에 딱딱한 구두를 신고 있어도 힘든데 말이다. 또한 부르는 곳은 어디라도 가야 하는 강사업의 특성상 전국구로 움직이는 강사도 있다. 이 역시 체력이 엄청나게 소모된다. 또한 프리랜서 강사의 경우, 일하는 만큼 돈을 벌기 때문에 강의 제안을 거절하기가 쉽지 않다.

그러다 보니 일과 삶의 균형을 뜻하는 워라밸(Work-life balance)은 강사들에게 남의 이야기로만 들리기 쉽다. 현실을 생각할 때 평일 오전과 오후, 저녁 시간과 주말에도 일개미처럼 강의만 하는 늪에 빠지게 된다. 하지만 필자(최)의 경험을 보면 과로로 인한 스트레스의 유일한 해결책은 휴식 외엔 없다. 자신의 건강이 일해서 30만 원 버는 것보다 더 가치 있고 중요하다는 것을 인정하면 된다. 성격 자체가 일 중독자였던 과거 필자(최)의 경우 병치레를 달고 살았다.

이후 변화를 주기로 결심했다. 그렇다고 거창한 목표를 세운 것도 아니다. 되도록 야근하지 않기, 퇴근 후엔 1~2시간이라도 좋아하는 취미를 즐기기, 업무와 관련 없는 친구들과 만나 시간 보내기, 무조건 하루 8시간은 자기, 주말에는 어떠한 일이 있어도 일하지 않고 가족들과 시간 보내기, 주말에 강의를 나갈 경우 주중에 하루는 쉬기와 같은 목표였다. 물론 모두 성실하게 지키지는 못하고 지금도 여전히 과로하지만 이런 목표를 설정하고 도전하는 과정만으로도 스트레스 해소에 많은 도움이 되고 있다. 일단 일을 줄이고 잠만 푹 자도 과로에 의한 스트레스를 줄일 수 있다고 믿는다.

5 그 강사의 '처음'은 어땠을까?

초보 강사 시절을 지나 이제는 각 분야에서 안정된 강의 활동을 하고 있는 강사들을 만나 그들의 이야기를 들어 봤다. 누구나 '처음'을 지나가지 않고서 숙련된 직업인이 될 수 없다. 다만 그 '처음'을 먼저 지나온 사람들의 이야기를 들어 본다면 좌충우돌을 줄일 수 있을 것이다.

인터뷰 공통 질문

Q1 자기소개와 현재 하고 있는 강의에 대해 말씀해 주세요.

Q2 어떤 계기로 강의를 시작하게 되었나요?

Q3 초창기 때 가장 어려웠던 점과 그것을 극복한 방법을 말씀해 주세요.

Q4 지금까지 성장하는 데 가장 중요하게 생각했던 원칙이나 비결은 무엇인가요?

Q5 성공적인 강의를 위해 가장 중요한 것은 무엇이라고 생각하나요?

Q6 예비 강사나 초보 강사들에게 가장 하고 싶은 말은 무엇인가요?

강석일 강사

Q1 자기소개와 현재 하고 있는 강의에 대해 말씀해 주세요.

저는 100% 강의업에 종사하는 것이 아니라, 비슷하면서도 다른 면이 많은 '행사 진행' 일을 하고 있습니다. 그중에서도 주로 정부의 정책 홍보 행사나 스타트업 관련 행사, 비영리단체의 행사를 맡고 있습니다. 덧붙여 스타트업이 데모데이에서 더 나은 발표를 할 수 있도록 피치덱(Pitch deck, 회사의 비즈니스 모델을 설명하는 자료) 작성 코칭도 진행하고 있습니다.

Q2 어떤 계기로 강의를 시작하게 되었나요?

첫 직장이 스타트업의 창업을 돕는 기관이었습니다. 거기서 창업 교육과 행사, 캠프 등을 기획하고 운영하는 일을 맡았는데, 이 과정에서 스타트업 씬에 대한 이해를 높일 수 있었습니다. 간혹 프로그램 진행을 제가 직접 맡을 때가 있었는데, 그때의 기분은 정말, 말로 형언할 수 없을 정도로 좋더군요. 가치 있는 일을 하는 사람들을 하나의 기획 방향으로 이끌고 가는 기분 좋은 경험이었습니다. 이 일을 아예 전업으로 하면 좋겠다는 생각이 들어 퇴사하고 프리랜서로서의 삶을 시작했습니다.

Q3 초창기 때 가장 어려웠던 점과 그것을 극복한 방법을 말씀해 주세요.

누구나 마찬가지겠지만, 처음에는 빈약한 포트폴리오 때문에 고객을 확보하기가 어려웠습니다. 그래서 재능기부 형태로도 어떻게든 경력과 경험을 쌓으려고 노력했어요. 가급적이면 '행사를 한다'는 개념보다는 스타트업, 소셜 벤처, 사회적 기업이라는 '테마를 중심으로 활동'하려고 노력했습니다. 작은 행사부터 시작해 업계에 대한 이해와 인맥이 자연스럽게 늘어났고, 그에 맞춰 점점 큰 행사에서 역할을 맡을 수 있었습니다. 진행 비용도 당연히 늘어났고요.

Q4 지금까지 성장하는 데 가장 중요하게 생각했던 원칙이나 비결은 무엇인가요?
'그 업계의 가족이 되는 것'이라고 표현하고 싶습니다. '사회자' 또는 '강사'라는 이름은 어떤 역할을 수행하는 사람을 지칭하는 것에 불과합니다. 저는 '행사 스킬을 업그레이드하는 것'보다 스타트업 씬을 이해하고, 정부의 정책 내용을 좀 더 깊이 이해하고, 비영리단체가 세상에 가치를 전하는 목적에 대해 더 깊이 이해하려고 노력했습니다. 그 결과 단순한 진행자로 섭외되는 것이 아니라, 내용을 이해하고 맥락을 디자인할 수 있는 '토크 콘서트'류를 이끄는 진행자로 섭외되었고, 데모데이에 나서는 팀들에게 피치덱의 작성과 발표를 코칭하는 역할도 맡게 되었습니다.

Q5 성공적인 강의를 위해 가장 중요한 것은 무엇이라고 생각하나요?
어느 행사든 강의든 '기획 목적의 이해'가 가장 중요하다고 생각합니다. 보통은 강사가 아닌 어떤 기획자가 자신이 의도하는 교육 목적을 달성하기 위해 해당 분야의 전문가를 섭외해 교육생들과 만나게 하는데요. (행사의 경우에도 마찬가지죠.) 이 기획자가 생각하는 것은 무엇이고, 어떤 학습 목적과 기대 효과를 바라고 있는지 파악하는 것이 중요하다고 생각합니다. 그것을 달성하기 위해 섭외된 것이니까요.

Q6 **예비 강사나 초보 강사들에게 가장 하고 싶은 말은 무엇인가요?**

자신만의 카테고리를 갖는 것이 중요합니다. 이미 자리 잡고 유명해진 사람들과의 싸움에서는 지기가 쉽겠죠. 분야를 나누고 나누어 더 이상 경쟁자가 없는, 오로지 나만 존재하는 어떤 작은 시장을 발견하는 것부터가 시작입니다.

김선아 강사

Q1 자기소개와 현재 하고 있는 강의에 대해 말씀해 주세요.

LG U+ 홈 상품(인터넷/TV/IoT) 고객센터에서 전사 교육을 담당하는 전문 강사 김선아입니다. 저는 부산에서 전국의 LG U+ 홈 고객센터 직원에게 필요한 교육 체계를 디자인하고 강의 활동을 하고 있습니다. 특히 고객센터의 허리 역할을 맡은 팀장급 리더들에게 필요한 리더십, 코칭, 스피치, 문제 해결, 마인드 등을 주제로 직급별 성장 교육을 진행합니다.

Q2 어떤 계기로 강의를 시작하게 되었나요?

고객센터에 입사하고 3개월 뒤, (부산 지역 특성상) 상담사의 표준어 교육을 제안받았습니다. 처음에는 쉬는 날 교육 준비를 해야 한다는 생각에 여러 핑계를 대며 거절하다가, 울며 겨자 먹기로 꼬박 밤을 새워서 자료를 준비했습니다. 성우를 꿈꿨을 당시 발음이나 성량 조절을 연습했던 덕분에 한결 수월했습니다. 생각했던 것 이상으로 참석자들의 반응이 좋았고, 그때부터 강사라는 꿈을 꾸게 되었습니다.

Q3 초창기 때 가장 어려웠던 점과 그것을 극복한 방법을 말씀해 주세요.

처음 강사가 됐을 때, 강사는 전달력만 좋으면 된다고 생각했습니다. 그런데 시간이 지난 뒤 돌아보니 제가 선배가 만들어 놓은 강의만 하고 있더라고요. 아바타처럼요. 그래서 저만의 강의 내용을 만드는 것에 대해 선배에게 조언을 구하니, 선배는 모든 것을 강의에 쓸 수 있도록 스위치를 항상 켜 두라고 했습니다. 선배는 책을 읽거나, TV를 보거나, 길을 걷다가 광고를 봐도 항상 사진을 찍고 메모를 해 두는 습관이 있었고 그것을 바탕으로 강의 콘텐츠를 만들었습니다. 선배의 이야기를 듣고 저도 콘텐츠 확보의 스위치를 항상 켜 두고, 메모하는 습관을 들였습니다. 그러면서 저만의 것을 이야기할 수 있는 내용이 점점 많아지더라고요.

Q4 지금까지 성장하는 데 가장 중요하게 생각했던 원칙이나 비결은 무엇인가요?

'배운 것은 반드시 해 보기'였습니다. 책을 읽거나, 강연을 듣거나, 새로운 것을 배울 때마다 직접 시도해 봤습니다. 지난 10년을 돌아보면 성공보다는 실패가 많지만, 그때마다 실패의 원인을 찾고, 새로운 돌파구를 모색하면서 '누군가의 것'을 '나의 것'으로 소화해 냈습니다. 새로운 것을 계속 배우는 것은 정말 중요합니다. 하지만 "그것이 정말 나의 것인가?"라는 질문에 어떤 대답을 할 수 있을까요? 중요한 건 배움을 실천하는 것입니다. 머리로 안 것을 직접 해 보는 것이죠.

Q5 성공적인 강의를 위해 가장 중요한 것은 무엇이라고 생각하나요?

강의를 할 때는 잠시 '나'를 내려놓는 것이 좋습니다. 강사는 앞에 나서는 사람, 주목받아야 하는 사람이라고 오해하기 쉽습니다. 하지만 강사는 강의 현장에서 주인공이 아닙니다. 학습자가 주인공이죠. 관점을 바꾸면 강의 내용은 물론이고, 강의의 모든 것을 학습자 중심으로 바꿀 수 있습니다. 성공적인 강의는 학습자가 강사가 있었는지 조차 모를 만큼 스스로 학습에 몰입하는 강의입니다.

Q6 예비 강사나 초보 강사들에게 가장 하고 싶은 말은 무엇인가요?

강의 테크닉이나 지식은 시간이 지나면 어느 정도 채워집니다. 하지만 '초심을 지키는 마음'은 계속 노력해서 잡고 있지 않으면 안 됩니다. 지금 가지고 있는 초심, 즉 열정, 노력, 겸손한 태도는 워낙 연약해서 한 번의 공격에도 무너지기 십상입니다. 그 적은 바로 나 자신입니다.

선배들이 후배 강사들에게 가장 부러운 것이 '초심'입니다. 그만큼 지키기 어렵다는 뜻입니다. 자신이 정한 올바른 강사의 길을 굳건히 지킬 수 있도록, 지금 이 마음을 처음과 같이 항상 지켜 가길 바랍니다.

박경란 강사

Q1 자기소개와 현재 하고 있는 강의에 대해 말씀해 주세요.

초중고생들을 대상으로 공부를 어떻게 하면 스스로 할 수 있는지를 고민하는 자기주도 학습과 진로와 진학을 주제로 강의하는 강사 박경란입니다. 전국에 있는 청소년들과 만나면서 흔들리는 사춘기에 학습에 대한 동기와 꿈을 찾아가는 로드맵을 그릴 수 있도록 도와주고 있습니다.

Q2 어떤 계기로 강의를 시작하게 되었나요?

평소에 청소년들에게 관심이 많았습니다. 공부에 대한 학생들의 부담은 예전이나 지금이나 성적이죠. "누구나 다 잘할 수는 없지만 방법을 안다면 못할 것도 없지 않을까?"라는 생각에 자기주도 학습에 대한 자격증을 취득하고 학교에서 강의를 시작하게 되었습니다.

Q3 초창기 때 가장 어려웠던 점과 그것을 극복한 방법을 말씀해 주세요.

처음에 강의를 시작했을 때는 개인이나 소그룹을 대상으로 강의를 했기 때문에, 학교에서 많은 학생들을 만나는 것이 무척 부담스러웠습니다. 소심한 제 성격 때문인지 덩치 큰 고등학생들과의 만남은 더욱 긴장되었지요. 이것을 극복하는 방법은 오직 연습뿐이었습니다. 실제로 교실에서 강의하는 것처럼 몇 번이고 연습하면서 극복할 수 있었습니다.

Q4 지금까지 성장하는 데 가장 중요하게 생각했던 원칙이나 비결은 무엇인가요?

샘물이 고이면 썩는다고 하죠? 배움 또한 그렇다고 생각합니다. 좋은 배움을 나만 가지고 있으면 그것은 고인 샘물과 다를 게 없어요. 그래서 배움은 나누는 것이고 함께하는 것이라고 늘 생각합니다. 평소에 배우는 걸 좋아하는 전 무엇인가를 배우면 항상 청소년들과 수업하는 과정에 어떻게 접목해서 알려 줄까 고민합니다.

Q5 성공적인 강의를 위해 가장 중요한 것은 무엇이라고 생각하나요?

청소년들과 만나기 위해서는 한없는 사랑이 있어야 합니다. 만일 강의를 할 때 방해하는 학생이 있다면 그 친구는 관심을 받고 싶은 거예요. 그런 친구에게 싫은 소리를 하는 것보다는 쉬는 시간에 잠시라도 말을 걸어 주고 관심을 보이면, 다음 시간부터는 아주 집중을 잘하죠. 청소년 대상 강의에서 가장 중요한 건 학생들에 대한 사랑과 관심, 그리고 소통이라 생각합니다.

Q6 예비 강사나 초보 강사들에게 가장 하고 싶은 말은 무엇인가요?

무엇보다 자신이 강의하는 부분에 대한 확실한 실력을 가지는 것이 중요해요. 그러면 내가 강의하는 내용에 여유가 생기거든요. 그러기 위해서는 독서하는 시간을 꼭 갖기를 바랍니다. 그리고 어느 부분에서 무언가를 놓치고 갈 때에 독서가 등불 역할을 해 줍니다. 나무와 숲을 같이 볼 수 있게 말입니다. 그리고 어느 순간 내가 아이들에게서 더 많은 걸 배운다는 사실을 알게 된답니다.

박정아 강사

Q1. 자기소개와 현재 하고 있는 강의에 대해 말씀해 주세요.

저는 '긍정아쌤'이라는 휴먼브랜드로 활동하고 있는 CS 강사 박정아입니다. 홈플러스테스코와 신라호텔에서 사내 강사로 8년 동안 재직하다가, 현재 프리랜서 강사로 6년째 활동하고 있습니다. 기업 및 공공기관 등에서 CS 교육을 하고 있고, 강남의 강사아카데미에서 서비스 강사양성 과정, SMAT(서비스경영자격), CS리더스관리사 자격 강의를 하고 있으며, 대학교에서 관광서비스경영실무라는 전공 과목을 맡아 진행하고 있습니다.

Q2. 어떤 계기로 강의를 시작하게 되었나요?

홈플러스 고객서비스센터에서 아르바이트로 근무하던 중 고객으로부터 칭찬VOC를 많이 받아 친절사원으로 추천되는 경우가 종종 있었습니다. 어느 날 회사에서 사내 강사의 갑작스러운 공석으로 내부에서 강사를 채용한다는 공고가 떴고 CS팀의 팀장님 추천으로 스물두 살 때 처음 강의를 시작하게 되었습니다.

Q3. 초창기 때 가장 어려웠던 점과 그것을 극복한 방법을 말씀해 주세요.

가장 어려웠던 점은 어린 제가 부모님 나이 정도 되는 분들을 대상으로 강의해야 한다는 점이었습니다. 어느 누구도 제 말에 귀 기울여 주지 않았고, 그것을 극복하기 위해 지식을 쌓는 일과 다양한 경험을 쌓는 노력을 했습니다. 회사 일이 끝나고 인천에서 서울까지 날마다 고속버스를 타고 와서 강의를 들으며 30여 개의 자격증과 수료증을 취득했습니다. 그리고 서비스 현장에서 직원들의 일을 직접 도와주면서 현장의 소리를 듣고자 노력했습니다.

Q4 **지금까지 성장하는 데 가장 중요하게 생각했던 원칙이나 비결은 무엇인가요?**

성장을 하는 데 정답은 없습니다. 자신만의 페이스가 가장 중요하다고 생각하는데요. 그래서 저는 목표를 높게 잡지 않으려 했습니다. 목표를 높게 잡고, 높은 곳에 있는 사람들만을 바라보게 되면 어느새 자신을 존중하지 못하게 되면서 열등감만 깊어짐을 알았습니다. 그래서 '작은 성공 경험을 많이 쌓는 것!' 이것이 저의 성장 원칙이자 비결이었습니다. 작은 것들에 성실한 사람들이 자신의 자존감을 지켜 내면서 큰일도 해낼 수 있다고 봅니다.

Q5 **성공적인 강의를 위해 가장 중요한 것은 무엇이라고 생각하나요?**

성공적인 강의를 위해 가장 중요한 것은 '청중 분석'입니다. 매번 강의를 하면서 가장 어려운 부분인데요. 청중 분석을 얼마나 철저하게 했느냐에 따라 뜬구름 잡는 이야기를 하지 않게 됩니다. 내가 하고 싶은 이야기보다 '청중이 듣고 싶은 이야기'를 하는 것이 핵심인 거죠. 청중 분석을 잘했을 때 청중들은 강사가 자신들에 대해 조사를 많이 했음에 감동하고 이 강의를 잘 들었을 때 더 도움이 되겠다는 생각에 동기 부여가 되어 강의에 대한 몰입이 높아집니다.

Q6 예비 강사나 초보 강사들에게 가장 하고 싶은 말은 무엇인가요?

　　강사의 세계로 들어오는 순간 가장 중요한 것은 '강사'라는 나의 '업'을 대하는 자세입니다. 어떤 일이 나의 업이 되는 순간 어느 것 하나도 의미 부여를 하지 않을 수 없습니다. 강의를 하는 것은 누구나 할 수 있지만 '강사로 사는 일'은 결코 쉬운 일은 아닙니다. 강사는 누군가의 삶을 뒤바꿀 수도 있는 교육자라는 사명을 꼭 지켜 내시길 바랍니다.

Q1 **자기소개와 현재 하고 있는 강의에 대해 말씀해 주세요.**

강사를 하기 전에 《동아일보》와 《중앙일보》의 <이코노미스트>, <포브스코리아> 등에서 20여 년 동안 언론인으로 활동했습니다. 현재 기업, 금융 회사, 공공 부문 직장인들을 대상으로 각종 보고서 작성, 보도자료 쓰기 등을 강의하고 있습니다.

쓴 책으로는 《단어의 사연들》, 《일하는 문장들》, 《백우진의 글쓰기 도구 상자》, 《안티 이코노믹스》, 《한국경제 실패학》 등이 있습니다.

Q2 **어떤 계기로 강의를 시작하게 되었나요?**

"네가 하고 싶은 일보다는 사회가 너에게서 원하는 일을 하라." 기회가 있을 때마다 학생들에게 들려주는 말입니다. 이는 제가 인생 후반기의 진로를 글쓰기 강사로 잡을 때 생각한 지침이었습니다. 저는 인생 후반기에 하고 싶은 일이 많았습니다. 경제의 주요 이슈에서 얻은 깊은 지식을 바탕으로 날카로운 견해를 글과 말을 통해 대중과 공유하는 일을 하고 싶었습니다. 하지만 사회가 저에게 원한 것은 글쓰기 지도였습니다. 제가 그동안 쌓은 커리어들은 글을 통한 의사소통이라는 점에서 일맥상통했고, 그 점이 제가 지금 글쓰기 강사로 활동하게 된 뒷받침이 되었습니다.

Q3 초창기 때 가장 어려웠던 점과 그것을 극복한 방법을 말씀해 주세요.

처음에 제 인지도가 무척 낮았습니다. 그동안 기자로 쌓은 인맥은 글쓰기 영역에서 거의 도움이 되지 않았고요. 처음에는 지인들에게 소개받아 한두 군데씩 강의하는 곳을 늘려 나갔습니다. 그러나 그런 식으로는 기업의 교육 담당자들에게 저를 알릴 수 없었습니다. 다행히 강사 네트워크인 CCC와 함께했고, 그때부터 제 강의 영역을 더 확장해 나갔습니다.

Q4 지금까지 성장하는 데 가장 중요하게 생각했던 원칙이나 비결은 무엇인가요?

자기만의 콘텐츠와 교수법을 개발하는 게 가장 중요하다고 생각합니다. 특히 저는 저만의 콘텐츠를 책 《일하는 문장들》에 담아 많은 분들과 교류하기 시작했습니다.

저도 물론 초기에 교수법을 갖추지 못한 상태에서 강의에 나섰습니다. 수강자의 만족도가 낮을 수밖에 없었고요. CCC 강사들의 강의를 들으면서 교수법의 기본을 배우고 제 강의에 적용하면서 교수법을 더 업그레이드했습니다.

Q5 성공적인 강의를 위해 가장 중요한 것은 무엇이라고 생각하나요?

수강자 만족도에 신경을 써야 합니다. 수강자의 만족도는 재미난 얘기보다는 '충실한 학습'으로 높아집니다. 우선 자신이 말하는 내용이 수강자들에게 제대로 전해지는지 모니터하면서 강의를 진행해야 합니다. 또한 수강자가 무엇을 원하는지 정확히 파악해야 합니다.

Q6 예비 강사나 초보 강사들에게 가장 하고 싶은 말은 무엇인가요?

강사 경쟁력의 핵심은 남다른 콘텐츠입니다. 자신의 콘텐츠를 어떻게 차별화할 것인지 궁리하고 준비해야 합니다. 그 과정의 기본은 기존 콘텐츠를 섭렵하는 일입니다. 저는 글쓰기 분야의 책을 두루 읽고 강의에 참고하거나 활용했습니다. 또 신문을 읽거나 책을 읽을 때에도 정보 전달 커뮤니케이션 측면에서 한 번 더 궁리했습니다. 강의하는 과정에서도 강의 콘텐츠를 업그레이드할 수 있습니다. 강의 자료를 준비하는 동안에는 생각하지 못한 것이 강의하는 도중이나 수강자와의 상호 작용에서 떠오를 때가 있습니다.

Q1 자기소개와 현재 하고 있는 강의에 대해 말씀해 주세요.

안녕하세요? 하브루타 토론과 스토리텔링으로 강의하는 우미영입니다. 도서관, 평생학습관에서 독서 강좌를 진행하고, 청소년진로직업체험센터, 중학교에서 자유학기제 강사로 활동하고 있습니다. 하브루타 토론은 어린이 또는 학부모님을 대상으로 하며, 스토리텔링 강의에서는 창의력과 진로에 도움을 주는 콘텐츠로 다양한 연령대의 학습자들을 만나고 있습니다.

Q2 어떤 계기로 강의를 시작하게 되었나요?

둘째 아이의 어린이집 입학과 동시에, 뭔가 배워야겠다는 생각이 간절했습니다. 제게 맞는 일을 찾다가 경기도일자리재단의 '독서지도사 강사양성 과정'을 듣게 되었습니다. 처음에는 아이 교육에 도움이 될까 싶어 신청했는데, 강의를 듣다 보니, 앞에 서 있는 강사가 참 멋있어 보이기 시작하더군요. '나도 해 보고 싶다'라는 바람이 지금의 저를 만들었습니다.

Q3 초창기 때 가장 어려웠던 점과 그것을 극복한 방법을 말씀해 주세요.

'내가 아는 것은 이미 다른 사람도 다 알고 있겠지?'라는 생각 때문에 새로운 것을 더 많이 알아야 한다는 부담감이 무척 컸습니다. 이러한 불안감을 내려놓을 수 있었던 계기는 평생학습에 대한 이해 덕분이었습니다. 강사는 새로운 지식이나 정보만을 전달하는 역할이 아니라, 그들의 '길라잡이'가 되어 주는 역할을 해야 한다는 것을 알고 난 뒤부터 조바심과 불안감이 조금씩 사라졌습니다. 강사와 교육생은 일방적인 수직적 관계가 아닌 상호관계라는 점도 차차 알게 되었고요.

Q4 지금까지 성장하는 데 가장 중요하게 생각했던 원칙이나 비결은 무엇인가요?

"세 사람이 길을 가면 그중에는 반드시 스승으로 삼을 만한 사람이 있다."《논어》에 나오는 유명한 말이죠. 평생학습 현장에 설 때마다 항상 느낍니다. 강의의 기본만 꺼내 놓으면 하브루타나 스토리텔링을 통해 그곳은 항상 풍성한 지혜의 향연이 열린다는 걸요. 늘 강의를 통해 저 자신도 배우게 되고요. 때문에 겸손해질 수밖에 없습니다.

Q5 성공적인 강의를 위해 가장 중요한 것은 무엇이라고 생각하나요?

누적 반복이라는 학습의 기본 원리를 적용해, 강의를 반복해서 철저히 준비하는 것이 중요하다고 생각합니다. 그리고 강의 현장에서는 여러 가지 변수에 대해 열린 마음으로 풀어 가는 것이 최선이겠지요. 하브루타, 스토리텔링 강의는 강사 원맨쇼로 이루어지는 것이 아니라, 강의 대상자들의 적극적인 참여가 반드시 필요하기 때문입니다. 강사가 준비한 앙상한 나무줄기에 강의 대상자들이 풀어놓은 다양한 나뭇잎과 열매들이 하나의 나무를 이루는 모습, 그것이 저에게는 성공적인 강의입니다.

Q6 **예비 강사나 초보 강사들에게 가장 하고 싶은 말은 무엇인가요?**

지금은 누구나 강사가 될 수 있고, 누구나 한 번쯤 강사가 될 기회를 얻을 수 있는 평생학습 시대입니다. 자신이 좋아하는 것, 흔히 말해서 어떤 분야의 '덕후'가 되는 것이 소중한 자산이 되고, 그것이 함께 나눌 수 있는 콘텐츠로 성장하게 됩니다. 그래서 저는 예비 강사나 초보 강사의 영역을 매우 넓게 생각합니다. '나는 강사와 전혀 무관한데?'라고 생각하는 분들도 도전해 보시라 권하고 싶습니다. 마음속 장바구니에만 넣어 둔 취미, 운동, 관심사들을 당장 배우면서 그때그때 '나라면 어떻게 전달할까?' 생각하는 겁니다. 그리고 이를 글이나 영상 등 기록으로 남겨 보면 강사 마인드가 바로바로 충전될 거예요.

인터뷰 6

한만희 강사

Q1 **자기소개와 현재 하고 있는 강의에 대해 말씀해 주세요.**

웃음치료 강사로 13년째 활동하고 있는 한만희입니다. 저는 보건복지부 산하 한국노인인력개발원을 통해 선발된 시니어 전문 강사이기도 합니다. 시니어 강의는 주로 은퇴 이후 제2의 직업을 시작한 70, 80대를 대상으로 한 소양을 주제로 진행됩니다. 이들에게 고령화 사회에 대한 이해를 높여 대처 능력을 기르게 하며, 자기 스트레스 관리법과 자존감 향상, 근면, 성실과 정직이라는 기본 직업 소양을 전달하고 있습니다.

Q2 **어떤 계기로 강의를 시작하게 되었나요?**

인생의 고비로 여겼던 시기에 웃음치료를 접하고 정신적으로 큰 도움을 받았습니다. 그러면서 제가 사람들과 만나고 대화하며 힘을 얻는 외향적인 성향과 잘 맞는다고 판단해, 웃음치료를 본격적으로 배우고 강사로 활동하게 되었습니다. 강의 연차가 쌓이며 저 자신도 고령이 되어 가고 사회 전체도 고령화됨을 의식하고 있던 중, 시니어 대상 강사 모집 공고를 보고 응시했는데 감사하게도 발탁되어 현재 열심히 활동하고 있습니다.

Q3 **초창기 때 가장 어려웠던 점과 그것을 극복한 방법을 말씀해 주세요.**

초창기 웃음치료로 시니어 강의를 할 때 대상자와 눈높이를 맞추는 부분이 가장 까다로웠습니다. 웃음치료 강의는 의식적으로 웃는 작업, 운동으로서의 웃음을 위해서 유머를 필수적으로 사용해야 하는데, 어르신들에게 통하는 유머로 재편성하는 과정이 쉽지 않았던 겁니다. 이 부분은 육체적으로 반응이 느려지는 시니어와 계속해서 대면하면서 경험적으로 극복해야 했습니다. 가급적이면 발표 형식의 강의는 지양하지만 필요한 경우 프레젠테이션의 글자 크기를 키운다거나, 대상자들이 확실히 이해했는지 확인하며 강의 속도를 늦추는 등 발전시켜 나갔습니다.

Q4 지금까지 성장하는 데 가장 중요하게 생각했던 원칙이나 비결은 무엇인가요?

개인적으로 꼭 지키고 싶은 것은 교만하지 말아야 한다는 점입니다. 시니어를 대상으로 강의하며 겸손한 모습을 유지해야 한다고 늘 되뇝니다. 또한 유머를 사용하면서 자칫 경박한 방향으로 갈 수 있는데 이런 부분에도 늘 신경을 씁니다. 그러기 위해서 겸손이 필수적입니다. 강의 대상자들이 강의를 듣는 시점에 경제, 건강, 또는 가정 내에서 불편함을 겪고 있을 수 있으므로 그러한 내용을 희화하거나 배제해 버리는 식으로 간다면 그것은 대상자들의 상태를 파악하는 부분에 강사가 소홀했다고 볼 수 있습니다. 늘 대상자와 눈높이를 맞추고 겸손한 태도로 접근해 건강한 즐거움을 강의해야 합니다.

Q5 성공적인 강의를 위해 가장 중요한 것은 무엇이라고 생각하나요?

웃음치료의 이론과 실기를 효과적으로 전달하기 위해서는 이론과 실제의 균형 감각을 유지해야 합니다. 이론만 알려 줘도 안 되고, 웃기기만 해서도 곤란하죠. 제 경우엔 이론에 대한 명확한 이해는 물론 간단한 마술로 이목을 집중하고 분위기를 환기하는 기술, 레크리에이션을 통해 자연스러운 화합을 이루고 유머와 함께 계속해서 강의 시간 동안 대상자들이 행복하다고 느끼도록 합니다. 다시 말하면, 사람들을 집중시키는 본인만의 강점을 강화해, 강의 내용에 접목시키는 기술을 터득해야 합니다. 또한 계속해서 새로운 정보를 습득하며 갈무리하는 노력을 통해 대상자들에게 알찬 내용을 전달하는 노력 역시 빼놓을 수 없겠습니다.

Q6 예비 강사나 초보 강사들에게 가장 하고 싶은 말은 무엇인가요?

강의는 강사와 강의 대상자들이 에너지를 주고받는 것입니다. 강의 대상자들이 지루해한다면 그 부정적인 에너지가 강사에게 전달되어 진이 빠지고 맙니다. 이는 다시 힘 빠지는 강의로 이어지겠죠. 함께 신나는 강의로 계속해서 긍정적인 에너지 교환을 이뤄 내기 위해 내용 전달을 많이 해야 한다는 강박으로 강의를 진행하기보다 대상자들이 계속 흥미를 느끼고 집중할 수 있는 강의로 꾸려 가야 합니다. 저는 강의 시간 동안 평소의 고민을 내려놓고 즐겁게 참여할 수 있는 강의를 목표로 합니다. 강사가 전달하는 강의의 성격은 모두 다르지만, 강사가 늘 밝은 모습과 태도를 유지하면 청중에게 긍정적인 에너지로 전달됩니다.

2장

강의를
시작하기 전에
해야 할 필수 점검

1 나의 경력과 능력을 객관적으로 보는 눈을 기르자

내부 역량과 외부 환경 분석

전략을 수립하기 위해서는 먼저 내부 역량과 외부 환경을 분석해야 한다. 여기서 내부 역량이란 자신의 강점과 약점을 파악하는 것인데 기술적인 면일 수도 있고 경력적인 면일 수도 있다. 외부 환경은 시장의 상황과 경쟁자에 대한 분석, 이를 통한 기회와 위협 요인을 파악하는 것이다. 기업의 경영 전략 분석부터 청소년들의 진로 교육에 이르기까지 같은 프레임워크로 진행된다. 강사로서 성공적으로 시장에 안착하기 위해서는 이러한 객관적인 분석이 필요하다. 시장과 레벨에 따른 전략이 각기 다르기 때문이다. 단거리 달리기 선수가 마라톤 경기에 뛰기 어렵고, 피겨 스케이팅 선수가 아이스하키 경기를 뛰기 어려운 것처럼 말이다.

　　마케팅에서는 기본적인 전략 도구로서 STP(Segmentation, Targeting, Positioning) 전략이라는 기법을 사용한다. STP 전략이란 시장을 세분화하고(Segmentation), 이에 따라 표적 시장을 선정하며(Targeting), 그 표적 시장에 적절한 포지셔닝 전략을 세우는 것(Positioning)인데, 위 도구를 바탕으로 강사의 STP 전략을 세워 보자면 다음과 같다.

'내가 잘하는 일'과 '내가 하고 싶은 일'의 관계

우선 자신이 활동할 '시장'을 구분하고 정의 내려 본다. 이 단계에서 필요한 것은 내가 잘할 수 있는 분야와 하고 싶은 분야의 교집합을 찾는 것이다.

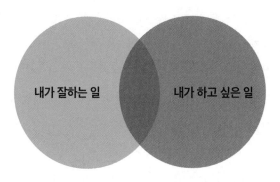

자신이 잘할 수 있는 분야는 대개 경력상 가장 많이 경험한 분야다. 인사 담당자 출신이었다면 채용이나 인사 관리 분야, 프로그래밍 개발자라면 개발 분야겠다. 디자이너의 경력이 있다면 디자인이 그 사람의 강점이겠고, 아나운서나 성우 출신이라면 스피치 분야의 전문가로 나서기 쉽다.

여기서 중요한 것은 본인이 어필하는 분야가 자신이 생각하기에 강점인 분야가 아니라, 고객이 인정하는 분야여야 한다는 점이다.

종종 강사 본인이 주장하는 강점과 고객이 느끼는 강사의 강점이 불일치하는 경우가 있다. 예를 들면, 변호사로 20년 경험을 쌓고 이제는 공인중개사로 새로운 경험을 시작한 사람이 있다고 하자. 이런 경우 많은 사람들이 이 사람을 공인중개사라기보다는 법조인으로 보기 쉽고 그의 법조인으로서의 전문성을 더 높이 평가하게 된다. 강사들 중에서 자신의 퍼스널 브랜드를 만들어 사람들에게 각인시키려는 시도를 하는 강사들이 있다. 브랜드 네임을 만드는 것 자체는 좋지만 그 강사가 어떻게 포지셔닝 되는지는 고객의 인지에 따라 달라진다는 점을 고려해야 한다. 따라서 내가 잘하는 것과 하고 싶은 것 사이의 교집합 내에서 내가 활동할 분야를 찾는 것이 중요하다.

물론 자신이 지금까지 해 오던 일을 정리하고 자기가 좋아하는 일에 도전할 수 있다. 예를 들어 의사 출신인데 요가 강사로 제2의 인생을 시작한다거나, 외교관 출신인데 식당을 창업한다거나, 아나운서 출신인데 여행 작가로 데뷔할 수도 있다. 누구도 이러한 결정을 평가하거나 비판할 수 없다. 자신의 인생은 스스로 결정하는 것이기 때문이다. 하지만 비즈니스 관점에서 보면 얘기가 달라진다. 고객은 강사의 지식과 경험, 즉 전문성을 배우기 위해 돈을 지불한다. 따라서 비즈니스의 관점에서 봤을 때는 자신이 하고 싶은 분야보다는 잘하는 분야에서 시작하는 것이 타당하다.

또한 자신이 '잘하는 분야'라는 것도 강사가 주장하는 것이 아닌 고객이 평가하는 강점인데 이는 직접 보고 배운 전문성에서 비롯하기 쉽고 그것은 강사의 백그라운드로 평가되기도 한다. 강사가 해당 분야에 오랜 경력이 없더라도 교육생들이 강의를 직접 듣고 강사가 해당 분야에 전문성이 있고 강의력이 있다고 생각하면 그 자체로 강점이 된다. 하지만 강사의 강의를 직접 듣거나 추천을 받지 않는 한, 그 강사의 전문성을 평가할 수 있는 것은 사실상 이력이 유일하다. 그렇기 때문에 퍼스널 브랜드로서의 자신을 널리 알리기까지는 자신의 경력상 가장 대표할 수 있는 분야를 강의 콘텐츠로 만드는 전략이 유리하다.

내가 개척할 강의 분야를 선정한 뒤에는 검증단계가 필요하다. 이 검증단계에서는 크게 시장성과 경쟁력을 점검한다. 우선 강사가 선택한 콘텐츠가 좋으나 그 강의를 들을 교육생의 수, 즉 시장의 크기가 충분하지 않으면 지속적인 수익을 창출하기 어렵다. 예를 들어 식품회사의 품질 관리 업무에 대한 강의를 하는 강사라면 분야는 명확하지만 강의를 들을 교육생의 수가 너무 제한적이기 때문에 그 콘텐츠만 가지고는 확장성이 부족하다. 이런 경우 대상 기업을 식품회사에서 제조업에 속한 다른 회사들로 확장하거나 품질 관리라는 콘텐츠를 SCM(Supply Chain Management, 공급망 관리)을 비롯한 다른 내용으로 확장시키면 교육의 대상을 넓힐 수 있다.

그러나 이러한 시장성보다 더 중요한 것이 바로 경쟁력이다. 경쟁력은 경쟁 강도(Level of Competitiveness)로 결정된다. 경쟁 강도는 얼마나 많은 대체재가 있느냐를 말하는 것으로 여기서는 같거나 비슷한 주제의 강의를 하는 강사가 얼마나 많은가를 의미한다. 예를 들어 25년 간 직장생활을 마치고 이를 바탕으로 '업무력'이라는 주제로 강의를 만든 예비 강사가 있다고 하자. 우선 '업무력'이라는 주제 자체가 너무 광범위하다. 그래서 이 강의를 하는 강사들이 많고,

고객의 입장에서는 25년의 직장생활 자체로는 큰 매력을 느낄 수 없어 굳이 이 강의를 선택해야 할 이유가 없다. 또 대학을 갓 졸업하고 대기업에 취업을 한 신입 사원이 대학생들을 대상으로 취업 강의를 한다고 해 보자. 한 해에 대기업에 취업하는 사람이 수만 명인 터라 대기업 취업 외에 이 강사만의 차별성이 없다면 고객들이 이 강사를 찾을 이유가 없다.

차별화 전략

이때 유일한 전략은 차별하다. 차별화는 여러 층위에서 일어나는데 대상의 차별화, 내용의 차별화, 방법의 차별화, 가치의 차별화, 비용의 차별화 등으로 다양하다.

대상의 차별화는 STP 전략에서 말하는 부분(Segment)을 쪼개서 경쟁이 덜한 상태로 만드는 것이다. 예를 들어 영어 학원을 하려는 예비 창업자가 있는데 강남구 역삼동에 영어 학원이 2,000개가 있다고 해 보자. 그럼 이 학원의 경쟁 학원은 무려 2,000개나 되는 상황이다. 하지만 타깃을 줄여서 영어 학원이 3개밖에 없는 우리 아파트 단지만을 타깃으로 삼아 사업을 시작한다면 경쟁 강도는 2000:3으로 확 줄어들게 된다. 그렇게 3개의 학원 중에서 1위를 한 이후에 옆 단지, 건너 마을 등으로 확장하는 바텀-업(Bottom-up) 방식이 처음부터 동에서 1등을 하겠다는 전략보다 효과적이다.

한 기획력 강사가 있다. 이 강사는 신입 사원부터 대리급 교육, 승진자 교육, 임원 예정자 교육, 임원 교육 등 모든 분야를 커버할 수 있다고 자부한다. 또 다른 강사는 오직 신입 사원에 특화된 기획력 교육에만 집중한다고 한다. 만약 당신이 기업의 교육 담당자인데 신입 사원을 대상으로 한 기획력 교육을 실시한다고 하면 누구를 섭외할 것인가? 이것이 내용의 차별화다.

우리는 넓고 보편적인 서비스보다는 특정 분야에 전문성을 가지고 있는 희소성 있는 서비스에 본능적으로 끌리게 되어 있다. 이러한 변수는 다양하게 적용할 수 있다. 교육의 방법, 가치, 비용 등 소비자가 참고할 수 있는 모든 비교 요소들이 구매 결정에 영향을 미치는 요인이 된다.

예를 들어 실습 위주로 운영되는 학원들 가운데 토론을 위주로 운영되는 곳이 유일하게 한 군데 있다고 하자. 교육 방법에 차별화를 둔 이 학원은 적어도 토론식 교육을 선호하는 학부모들에게는 가장 지지받는 곳이 될 것이다. 비슷한 내용에 비슷한 가격을 가지고 있는 상담 프로그램이 있다고 해 보자. 하지만 같은 비용에도 월등히 높은 품질로 고객의 가치를 제고하는 교육이 있을 수 있고(가치적 차별화), 같은 품질의 교육임에도 경영 혁신을 통해 비용을 획기적으로 줄여서 고객을 만족시키는 교육도 있을 수 있다(비용의 차별화). 결국 '차별화'는 '고객이 상품(서비스)을 선택하는 이유'다. 하지만 대부분의 강사들은 이러한 차별화보다는 남들보다 열심히 하기만 하면 된다는 자세로 임하고 있다.

이러한 내용들은 필자(최)가 수많은 강사와 교육 회사를 컨설팅하면서 지적한 공통적인 문제다. 머리로는 '전문점'이 낫다는 것을 알지만, 행동은 '백화점'식으로 하고 있는 강사와 교육 회사가 적지 않다.

2 이력서에 자격증과 수료증만 쌓이면 능사일까?

현재 공개 교육 시장을 떠받치는 주요 고객은 강사들이다. 강사를 가르치는 교육 시장이 매우 크다. 그 이유는 강사라는 직업이 끊임없이 공부해야만 하는 직업이기 때문이다. 또한 그만큼 많은 과정을 듣고 수료해 콘텐츠도 만들며 자신의 이력을 채워야 하는 강사들도 많이 있기 때문이다.

강사를 포함해 강의를 선택하는 고객들이 강의를 고를 때 가장 중요한 부분은 가격이 아니다. 수백만 원짜리 강의를 들어도 그것을 수천만 원 이상의 가치가 있다고 생각하면 그건 저렴한 강의다. 반면 무료 강의라도 아무런 도움이 되지 않으면 시간을 낭비했다고 불평한다. 그런데 교육의 품질을 측정하는 데 절대적인 평가 기준이 있는 것은 아니다. 강의는 당연히 잘해야 하지만, 강의 평가에는 워낙 많은 변수가 작용하기 때문이다. 요리를 가장 잘하는 식당과 돈을 가장 많이 버는 식당이 반드시 일치하지 않는 것과 같은 원리다.

강사 평가는 오롯이 강의의 결과로

교육 소비자들은 '어떤 내용을 배우느냐'보다 '어떤 강사에게 배우느냐'를 더 중요하게 생각한다. 여기서 강사를 판단하는 기준은 '강사가 해당 분야에 얼마만큼의 전문성을 가지고 있느냐'와 '강사의 이력과 경력이 이 강의의 주제와 얼마나 매칭되는가' 하는 부분이다. 이력과 경력은 해당 강사가 그만큼 해당 분야에서 경험이 많다는 것을 의미하고 어느 정도 콘텐츠를 정리했으리라는 것을 의미하기 때문이다. 하지만 문제는 그렇지 않은 경우다. 명문대를 나오고 글로벌 대기업을 나왔는데도 강의는 별로인 경우가 있다. 강의 경력이 20년이 넘었는데도 과거의 교육 방식 그대로 유지하며 발전이 없는 강사도 있다.

공공기관이나 학교에서는 강사의 학력과 경력에 따라 강의료를 책정하기도 한다. 학사와 석사와 박사의 시간당 강사료가 다르고, 5년 이하 경력자와 10년 이하 경력자와 10년 이상 경력자의 강의료가 또 다르다. 예산 운영의 형평성을 위한 것이지만 문제가 적지 않다. 마치 전자제품을 무게로 달아서 파는 것처럼 강의료를 책정하고 있기 때문이다. 5년 차 강사가 15년 차 강사보다 항상 강의를 못할까? 20년 차 강사는 3년 차 강사보다 늘 월등한 결과를 보여 줄까? 그렇지 않다.

강사 평가는 오롯이 강의의 결과로 이루어져야 할 것이다. 하지만 강의를 직접 들어 보지 못한 사람들은 불가피하게 이력만 보고 판단할 수밖에 없는 경우도 생긴다. 또한 정말 꾸준한 노력과 좋은 실력이 있다면 그에 상응하는 경력은 자연스레 생기는 것이니, 그 내용이 이력서에 담기게 된다. 그런데 이력서에서 그처럼 노력한 흔적이 보이지 않는데 노력했다고 말할 수도 없는 노릇이다.

자격증 수집가들에 대하여

문제는 이러한 현실 속에서 아무런 문제의식이나 철학 없이 단순히 스펙을 높이기 위한 수단으로만 자격증을 '수집'하는 경우다. 필자 (최)의 주변에도 20대의 나이에 수십 개의 자격증을 가지고 있는 강사들이 제법 있다. 그런데 대부분은 공신력을 확신할 수 없는 민간 자격증인 경우가 많다. 더구나 자격증이 그 분야의 전문성을 늘 대변한다고 보기도 어렵다. 그럼에도 불구하고 그들은 그 자격증들을 얻기 위해 막대한 시간과 비용을 투자했다. 무엇보다 이해하기 힘든 점은 수많은 자격증을 가지고도 그들이 늘 열등감을 느끼고 있다는 점이다. 목이 마르다고 바닷물을 마시면 더 갈증이 나듯이 '간판'을 위한 자격증 수집을 하다 보면 스스로의 빈곤을 더 느끼게 되는 상황이라고 할까. 이러한 강사들의 심리를 이용해 무분별한 민간 자격증을 남발하는 교육 업체들의 문제도 크다. 결국 자신의 문제를 '간판'으로 탈피해 보고자 하는 강사들의 결핍과 이를 이용해 수익을 내려는 교육 회사들의 욕망이 어우러져 저품질의 민간 자격증을 남발하는 생태계가 만들어졌다.

진짜 실력을 위해 준비해야 하는 것

그렇다면 이러한 현실과 상황 속에서 강사들은 어떤 길을 찾아야 할까? 다행인 것은 사회 분위기가 점점 '간판'보다는 실력 중심으로 평가 기준이 바뀌어 가고 있다는 점이다. 특히 강사나 어떤 사람을 평가하는 데에 학벌이나 출신 등이 미치는 영향은 점점 더 줄어들고 있다. 또한 유튜브와 같은 소셜미디어의 발전으로 강사들에 대한 정보를 어렵지 않게 찾을 수 있기 때문에 고객들이 강사의 퍼스널 브랜드를 보고 강의를 의뢰하는 경우도 점점 많아지고 있다.

다시 원점으로 돌아가서, 그렇다면 실력과 간판 중에 무엇이 더 중요한가. 당연히 실력이 더 중요하다. 그 실력이 만들어 낸 결과로 이루어진 경력이 최선이다. 그런 관점에서 자격증은 목표가 아니라 수단이 되어야 한다. '진짜 실력'을 쌓기 위해 할 수 있는 방법을 몇 가지 알아보자.

1) 대학원 진학

대학원 진학은 가장 대중적이고 대학원 졸업은 고객들에게 확실한 신임을 줄 수 있는 방법이다. 이력의 가장 큰 축 중 하나가 학력이니만큼 대학원을 가고자 하는 사람들이 많다. 대학원 진학을 고려할 때 유의할 점은 다음과 같다.

첫째, 본인의 연구 분야를 명확히 정하고 학업의 목표를 분명히 해야 한다. 단순히 지금 없는 석·박사 학위를 따기 위해서 지리상으로 가깝거나 학비가 저렴하거나 학교의 이름을 보고 선택하면 생산성 있는 학교생활을 하기 어렵다. 분야에 따라 다르지만 기업 강사의 경우, 보통 교육대학원이나 경영대학원에 많이 진학한다. 전공 분야에 따라 심리학이나 상담학을 전공하는 경우도 많다. 상담 및 심리학은 주로 일반대학원에 속해 있는데 교육대학원에 소속된 학교도 있다. 교육대학원의 경우 평생교육 혹은 교육공학 전공으로 진학을 하는 경우가 많고, 경영대학원의 경우 인사조직(HR/OD)이나 MBA 과정으로 진학하는 경우가 많다.

평생교육(Lifelong Education) 전공의 경우, 일반 시민들을 대상으로 한 평생교육 기관 경영 및 교육 방법에 대한 것을 배운다. 즉, 기업이나 직장인을 대상으로 한 직무 교육과는 다소 거리가 있으며 교양 및 시민 교육, 교육 단체 운영 등의 일을 하려는 사람에게 적합하다.

교육공학(Educational Technology)은 '어떻게 교육할 것인가'를 다루는 학문 분야로서 교육 연구, 교수 설계, 교수법, 교육 기획 등을 연구하는 분야다. 실제 자신이 커리큘럼을 기획하고 강의까지 같이 하는 기업 강사라면 가장 밀접하게 연관된 전공이라고 할 수 있다.

경영대학의 인사조직 전공은 크게 인적자원관리(Human Resource Management)와 조직개발(Organization Development)로 나눌 수 있는데, 전자는 조직의 인사부서에서 실행하는 채용, 평가, 인사, 노무, 교육 등의 내용을 다루고, 후자는 조직심리학의 관점에서 하나의 유기체로서의 조직이 어떻게 관계하고 성장하는지를 다루는 학문이다. 기업의 교육 담당자들이 하는 HRD(Human Resources Development) 업무를 다루는 곳이 이 전공이며 조직개발의 경우 조직문화 컨설턴트나 관련 주제를 강의하는 사람에게 적합한 과정이다. MBA(Master of Business Administration)는 우리말로 '경영전문 석사'로 불리는데 '경영학 석사(Master of Business)'가 이론적인 연구에 중심을 두고 있다면, MBA는 실무 능력 향상을 통해 잠재적인 인재를 양성하는 데 목표를 둔다.

청소년을 대상으로 하는 강사의 경우 교사 자격증 소지자를 우대하는 경우가 많다. 그래서 교육학과로 대학원에 진학하기도 한다. 학생들을 대상으로 한 강의는 교수법이나 청소년에 대한 이해가 필요하기 때문에 관련 청소년학과에 진학하기도 한다.

강사들이 가장 고려하는 교육대학원과 경영대학원의 차이는 이렇게 정리할 수 있다. 교육대학원은 교육 그 자체를 어떻게 만들고 강의하는지 초점을 두고 있다. 반면 경영대학원의 HR(Human Resources) 전공은 교육 자체보다는 개인이나 조직의 성장 전략에 포커스를 두고 있는 것이라고 보면 된다.

물론 그 외에도 자신이 강의하는 전문 분야에 따른 전공을 선택하는 것도 좋다. 하지만 특정 분야에 대해 강의한다는 것은 이미 강의에 대한 콘텐츠는 준비가 되었다는 것을 의미하기 때문에, '무엇을 강의할지'에 대한 일반대학원보다 '어떻게 강의를 할지'를 다루는 교육대학원으로의 진학이 강사에게는 조금 더 도움이 된다.

이렇듯 대학원 진학이라는 흔한 선택에서도 굉장히 세부적인 전공과 연구 분야를 살펴야 한다. 우선 대학원 진학이 자신이 가려는 방향과 맞는지 진지하게 생각해 봐야 한다. 회사를 차릴 생각은 없고 전문 강사로 일할 계획인데 MBA를 선택하거나, 회사에 다녀본 경험이 없는데 HR을 전공하려 한다면 다시 한 번 생각해 보는 것이 좋다.

다른 어떤 선택보다도 대학원 진학은 투자를 많이 해야 한다. 국내 대학원도 졸업까지 기천 만 원이 필요하고, 해외 유학의 경우는 생활비와 기회비용까지 고려하면 수억 원이 든다. 그런 투자를 충분한 고려 없이 선택할 수는 없지 않겠는가. 큰 투자를 하고 석·박사 학위를 따고도 현실에서 큰 변화가 없어서 후회하는 강사들이 의외로 많다. 그런 우를 범하진 말아야 하겠다.

2) MOOC

세상이 정말 좋아졌다. 인터넷만으로 전 세계 명문 대학의 강의를 다 들을 수 있으니 말이다. 심지어 유튜브 강의와는 다르게 요즘의 MOOC(Massive Open Online Courses, 온라인 대중 공개 수업)는 수료증(Certificate)을 발급해 주는 것을 넘어서 마이크로 마스터(Micro-Master) 학위와 온라인 수강만으로도 취득할 수 있는 정규 석사 학위(Master's Degree)를 제공해 준다. MOOC는 교육 수요자 입장에서는 세계 최고 명문 대학의 강의를 무료나 매우 저렴한 비용으로 시간과 장소의 제약 없이 들을 수 있다는 장점이 있다. 또한 공급자 입장에서도 동일한 콘텐츠로 무한대의 매출을 올릴 수 있으니 새로운 사업 모델로 점점 키워 가는 중이다.

실제로 제레미 리프킨(Jeremy Rifkin)은 2014년에 발표한 미래학의 베스트셀러《한계비용 제로사회(The Zero Marginal Cost Society)》에서 "가까운 미래에 MOOC를 통해 모든 사람이 무료로 고등교육을 받을 수 있는 사회가 올 것"이라고 예견했다. MOOC 외에도 유튜브와 같은 소셜미디어를 통해 여러 무료 강의가 이루어지고 있지만, 대학의 경우 인터넷을 활용한 유료 강의 모델로 사업화를 확대해 가고 있으며 그 비용도 점점 더 커지고 있다. 그럼에도 불구하고 전통적 형태의 대학 강의에 비하면 수강자가 부담해야 하는 비용은 매우 저렴하다. 가장 큰 MOOC 사이트인 'Coursera'와 'EdX'의 경우 대다수의 강의를 무료로 제공하고 있지만 수료증을 발급받는 경우에는 100달러 이내의 수수료가 발생하고 마이크로 마스터 과정의 경우 우리 돈으로 수십만 원에서 수백만 원 정도, 온라인 석사 과정의 경우 수백만 원에서 수천만 원까지 비용이 든다. 그럼에도 불구하고 강의의 질을 고려했을 때 충분한 투자가치가 있다고 생각한다.

이렇게 좋은 프로그램들이 많지만 잘 활용하지 못하는 가장 큰 장벽은 바로 언어다. 그래서 MOOC는 강력하게 추천하지만, 그러기 위해서라도 반드시 영어를 공부해야 한다. MOOC뿐만이 아니더라도 유튜브의 해외 영상을 통해 배울 수 없는 지식이 거의 없는 세상이다. 국내에도 K-MOOC나 유튜브 국내 영상 등이 있으나 양과 질에서 격차가 크다. 지식의 폭과 깊이 자체를 늘리기 위해서라도 영어를 공부해야 하지만, MOOC와 같은 양질의 콘텐츠를 접하기 위해서라도 영어 공부는 필수다.

3) 독서

독서는 증명할 수료증이 없다. 하지만 독서를 많이 하면 수료증의 개수를 고민하지 않게 된다. 지식이 쌓여 지혜가 되고, 지혜가 모여 겸손해지기 때문이다. 참지혜를 얻으면 어느 순간 굳이 본인을 증명하지 않아도 사람들이 인정한다. 대화를 나눠 보면 은은히 피어나는 꽃의 향기처럼 교양과 지혜가 넘치는 사람들이 있다. 타고난 사람도 있지만 개발된 사람도 있다. 보통은 깊은 성찰의 과정을 통해 그러한 인격이 만들어지는 경우가 많은데 그 성찰의 재료가 되는 것이 바로 경험이다. 우리가 모든 것을 직접 경험할 수 있다면 좋겠지만 그러지는 못한다. 그럴 때는 다른 사람의 경험을 접하고 그것을 내 것으로 배우면 된다. 이러한 간접 경험으로 가장 좋은 것이 바로 독서다. 그래서 독서가 중요하다.

더욱이 다른 사람을 성장시키는 일을 하는 강사라면 그 중요성은 두 번 강조할 필요도 없다. 요리사가 음식을 잘 만드는 일, 성악가가 노래를 잘하는 일, 운동선수가 좋은 체력을 가지고 멋진 경기를 펼치는 일처럼, 강사는 해당 분야에 대한 지식을 잘 알고, 강의를 잘해야 한다. 평소 몸 관리를 하지 않는 운동선수를 프로라고 할 수 없는 것처럼, 강의의 바탕이 되는 독서를 평소에 하지 않는 사람을 강사라 말할 수 없다.

많은 강사양성 과정에서 '책(글)을 쓰세요'라는 이야기를 많이 한다. 책이나 글을 쓰는 것이 마케팅 기술 차원에서 물론 필요하지만, 그보다 앞서서 책을 많이 읽는 게 선행되어야 한다. 재료가 없는데 요리를 만들 수 없듯이, 책을 읽지 않으면서 책을 쓸 수 있을까?

운동선수들은 날마다 정해진 시간에 출퇴근하면서, 시합이 있는 날엔 경기를 하고 없는 날엔 훈련을 한다. 마찬가지로 강사는 강의가 있는 날엔 교육을 하고, 강의가 없는 날엔 공부를 해야 한다. 강사가 다른 강의를 듣거나 토론을 하는 것도 중요하다. 그러나 그에 앞서 생각의 재료를 축적하는 독서의 과정이 반드시 필요하다. 독서를 하지 않으면서 다른 강의만 듣고 다니다 보면 그것을 내재화하기 어렵다.

독서는 강사의 자기주도 학습이다

독서야말로 강사에게 필요한 최고의 자격증이다. 물론 누가 발급해 주는 자격증은 아니지만, 스스로에게 가장 떳떳하고 자랑스러운 자격증이다. 만약 당신이 특정 전공 분야의 책을 1년에 200권을 읽었다고 해 보자. 그럼 그 분야의 석ㆍ박사 대학원생보다 공부를 많이 했다고 볼 수 있다. 날마다 자신이 강의하는 분야의 논문을 서너 편씩 하루도 빠지지 않고 읽는다고 해 보자. 이건 웬만한 교수도 꾸준히 하기 어려운 일을 해낸 것이다. 이 단계가 되면 학위증, 수료증, 자격증 등이 필요하다는 생각이 들지 않는다. 자신만의 커리큘럼을 스스로 짜서 성장하는 수준에 도달했기 때문이다. 이것이 진로 강사들이 학생들에게 그렇게 강조하는 '자기주도 학습'이다.

습관처럼 민간 분야의 다양한 강의들을 수집하듯 들으러 다니는 강사들이 있다. 실제로 필자(최)가 공개 과정을 열면 수강자 중에서 가장 많은 직업군이 강사다. 이것이 앞에서 강사들이 공개 교육 시장을 떠받치고 있다고 언급한 이유다. 물론 그중에는 책만으로는 익힐 수 없는 수준 높은 워크숍들도 있다. 하지만 그렇지 않은 것들이 훨씬 많은 것이 현실이다. 그런 불필요한 교육에 시간과 비용을 쓰지 말고 정말 나에게 필요한 학습 방법을 스스로 연구해 그 목표대로 나아가면 어떨까. 또한 본인 역시 강사로서 그런 강의를 만들지 말아야 한다. 그러기 위해서는 본인에게 정말 필요한 교육 목표에 맞춰서 최선의 학습 방법을 찾아야 한다.

3 강사가 갖춰야 할 기본적인 소양과 능력

전문가의 태도란 무엇인가?

어떤 직업을 가지고 활동한다는 것은 그 분야의 전문가가 되는 것을 의미한다. 전문가는 태도 면에서 차이를 보여야 하겠지만, 실력에도 차이가 있어야 한다. 우선 태도에 대해서 한번 생각해 보자. 필자(최)는 20대 때 아마추어 밴드에서 활동한 적이 있었다. 필자를 제외한 나머지 모든 멤버들은 실용음악을 전공한 사람들이었다. 필자는 실용음악 전공은 아니지만 꽤 오래 음악 활동을 했기 때문에 다른 멤버들과 실력 차이가 엄청 크다는 생각은 하지 않았다. 그 밴드에서 나오게 된 가장 큰 이유는 음악을 대하는 태도와 철학의 차이였다. 당시 나는 직장을 다니며 남은 시간을 활용하며 취미로 음악을 하고 있었다. 하지만 다른 멤버들은 음악에 인생을 걸고 자신의 미래를 위해 음악을 하는 사람들이었다. 그런 가운데서 나오는 (태도의) 차이는 실력의 차이를 압도했다. 멤버들이 수시로 바뀌는 일이 잦은 밴드에서는 여러 종류의 사람들과 합주할 기회가 있다. 그 중에서는 실력 면에서 부족한 사람들도 더러 있기 마련이다. 그런데 실력은 노력하면 극복할 수 있지만 '일을 대하는 태도' 그 자체는 연습으로 이루어질 수 없다. 그런 사람들과 취미로 활동을 한다는 것이 결례라 생각해 밴드에서 나오게 되었다.

전문가의 태도란 바로 이런 것을 의미한다. 단순히 많이 아는 것은 전문가를 구성하는 수단이고 전문가를 완성하는 것은 바로 철학과 태도다. 앞서 언급한 사이먼 사이넥은 그의 유명한 TED 강의인 <나는 왜 이 일을 하는가>에서 라이트 형제(Wright brothers)와 새뮤얼 피어폰트 랭리(Samuel Pierpont Langley)의 사례를 통해 전문가로서의 기업가정신에 대해 말했다. 라이트 형제와 새뮤얼 피어폰트 랭리는 모두 비행기를 하늘에 띄우려 애를 썼다. 새뮤얼 피어폰트 랭리는 하버드대 교수였고 스미소니언 협회 회원이었으며 당대 최고의 석학들과 친분이 두터운 사람이었다. 최고의 인력도 채용하고 자금도 넉넉했다. 반면 라이트 형제의 팀에는 그들을 포함해 대졸자가 1명도 없었고 작은 자전거 가게를 운영해 번 자금이 전부였다. 그런데 랭리는 큰돈을 벌고 싶은 목적으로 비행기를 개발하려 했고 라이트 형제는 비행기를 통해 세상을 바꾸려는 목적과 신념에 따라 움직였다는 큰 차이가 있었다. 이들이 가진 신념의 차이는 라이트 형제가 비행에 처음 성공한 이후에도 명확히 드러났다. 랭리는 라이트 형제가 비행에 성공했다는 소식을 듣자마자 비행기 개발에 관한 것들을 바로 포기했다. 이는 랭리가 비행기 자체에 대한 철학보다는 사업성만을 가지고 비행기 개발에 접근했다는 것을 설명하는 대목이다.

그런가 하면 아마추어지만 프로 못지않거나 오히려 프로보다 더 좋은 실력을 가지고 있는 사람들이 있다. 물론 아마추어에게 프로처럼 열심히 하라고 말할 수는 없다. 하지만 프로라면 그런 아마추어들을 압도할 수 있는 진정성과 사명감을 가지고 일하지 않으면 결코 전문가로 불릴 수 없을 것이다. 프로 강사들에게 무엇보다도 필요한 것은 바로 이것이다. 실력은 좋을 수도 있고 부족할 수도 있다. 실력이 부족하면 키우면 된다. 어차피 올림픽에서 금메달을 따는 선수는 1명밖에 없다. 하지만 최선을 다하지 않고도 작은 대회에서 입상할 정도의 실력을 지녔다 해서 그처럼 열심을 하지 않는 사람을 우리는 전문가라고 부를 수 없다. 설령 그렇게 성적을 유지한다 해도 결코 롱런할 수는 없다.

　　강사가 되고자 한다면 먼저 사명을 세워야 한다. 자신이 왜 이 일을 해야 하는지 모른 채, 적당히 먹고살기 위해 강사로 나서지 말자. 자신의 인생을 걸고 전력질주를 해도 좋은 결과를 얻을 가능성과 그렇지 못할 가능성이 반반인 상황에서 단순히 자신의 흥미를 위해서 일을 한다는 것은 전문가의 자세가 아니다. 또한 전문가라면 실력을 키우는 일에 게으르면 안 된다. 전문가는 비전문가를 월등히 압도하는 실력을 가지고 있어야 한다. 그렇지 않다면 그러한 수준이 되도록 최선을 다해야 하는 것이 전문가의 자세다. 헬스 트레이너인데 고도 비만이라면 그건 직업적으로 떳떳할 수 없다. 강사라면 자신의 분야에 대해서 다른 사람들에 비해 훨씬 더 깊이 있는 지식을 가지고 있어야 하고 그것을 잘 전달할 수 있는 기술도 당연히 가지고 있어야 한다.

강사의 기본적인 소양과 능력 5가지

1) 자기 분야에 대한 전문적 지식

'자신이 알고 있는 지식과 경험을 다른 사람에게 전달해 성장시키는 일'이 교육업의 본질이다. 그러려면 깊이 있는 공부를 통해 해당 분야에 대한 이론적 이해를 갖추고 있어야 하며, 그 분야의 실무 및 강의 경험을 통해서 그 이론을 스스로 검증하고 발전시켜 끊임없이 지식을 축적해 나가야 한다.

강사라면 이론적 노력과 실무적 경험의 두 마리 토끼를 모두 놓쳐서는 안 된다. 책과 논문으로만 공부한다면 현실성이 떨어지고, 이론적 배경 없이 자신의 경험만 늘어놓으면 과학적 엄격성이 떨어지기 때문이다. 이를 위해서는 앞에서 설명했듯이 책이나 다른 온·오프라인 강의 등을 통해서 끊임없이 연구를 게을리하지 말아야 한다.

2) 뛰어난 강의 전달력

'학자'와 '강사'를 구분 짓는 가장 큰 차이는 강의 전달력에서 나온다. 학문적 연구를 통해 새로운 이론을 만드는 것은 학자들의 역할이지만, 기존의 이론을 바탕으로 교육생들에게 효과적으로 전달하는 것은 교육자인 강사의 역할이다.

따라서 강사는 주어진 콘텐츠를 교육생들에게 효과적으로 전달할 수 있는 능력을 구비해야 하며, 이것이 바로 강사만이 지닐 수 있는 가장 강력한 무기다. 강의 전달력을 얻기 위해서는 다양한 교수법을 배우고 익혀야 한다.

3) 자기만의 콘텐츠를 기획하는 능력

기존의 강의 콘텐츠를 효과적으로 가르치는 능력도 중요하지만, 자기만의 콘텐츠가 없는 강사는 성장하는 데 한계가 있다. 특정한 교수법이 콘텐츠인 경우도 있다. 퍼실리테이션 전문가, 디자인 씽킹 (Design Thinking, 디자인적 사고) 전문가, 액션 러닝 전문가와 같은 경우가 그러하다. 그런 경우를 포함해 기존의 이론을 다시 기획하고 구성하고 자신의 콘텐츠로 만드는 능력은 독보적인 강사가 되기 위해서 반드시 필요하다.

'자신만의' 콘텐츠는 차별화의 포인트이기도 하다. 비슷한 교안으로 누구나 비슷하게 할 수 있는 강의라면 그것은 그만큼 대체재가 많을 수밖에 없다. 따라서 강사는 자신만 가지고 있는 콘텐츠가 있어야 한다. 식당으로 치자면 그 식당만 가지고 있는 레시피 혹은 비법이 있어야 하는 것과 같다.

그러기 위해서는 기본적인 교육 기획에 관한 이해도 있어야 하지만, 무엇보다도 주변을 다양한 인사이트로 바라보고 그것을 강의 안으로 만들어 보는 훈련을 해야 한다. 예를 들어, 영화 한 편을 보고 그 내용으로 2시간짜리 워크숍을 바로 만들거나 각기 다른 강의 주제들을 융합해 완전히 새로운 과정으로 만드는 사람도 있다. 이런 것들이 강의 기획 능력이고 이를 발휘할 때 다른 강의들과 차별화된 나만의 강의 콘텐츠를 만들 수 있다.

4) 커뮤니케이션 능력

강사업은 기본적으로 사람과 사람 사이의 관계를 바탕으로 이루어진다. 강사와 교육생과의 관계도 있고 강사와 고객인 교육 담당자와의 관계도 있다. 이들과의 커뮤니케이션 없이 주어진 강의만 잘한다면 그건 교육이 아니다. 유튜브와 다를 바가 없다. 현장 강의의 강점은 바로 책이나 동영상이 주지 못하는 현장성에 있는데 현장성을 높이는 필수 기본 능력이 바로 커뮤니케이션 능력이다.

강의를 하다 보면 순간순간의 분위기를 맞춰야 하는 경우가 수시로 있다. 평소와 똑같은 내용으로 강의하는데도 교육생들의 집중도와 참여도에 따라 교육의 성과가 크게 차이 난다. 그렇기 때문에 강사는 실시간으로 교육생들의 니즈와 분위기를 알아채고 이를 피드백할 수 있는 능력을 지녀야 한다. 또한 교육생과의 질의응답이나 교육 담당자와의 대화 등에서 나타나는 소통 능력이 일에 영향을 많이 미친다.

강의나 영업 현장에서의 비언어적 커뮤니케이션도 중요한 요소다. 복장이나 화법, 시선 처리, 강의 매너, 강의 스타일 등 모든 것이 다 강사를 판단하는 중요한 요소다. 따라서 강사라면 언어적 커뮤니케이션뿐만 아니라 비언어적 커뮤니케이션에도 많은 관심을 가져야 한다.

5) 리더십

회사나 조직을 운영하는 사람에게만 리더십이 필요한 것이 아니다. 자신을 스스로 이끄는 셀프 리더십이 모든 사람에게 필요하다. 하지만 교육 현장에서만큼은 강사가 교육생들을 리드하는 강력한 리더가 되어야 하고 그것을 가능하게 하는 리더십을 갖추고 있어야 한다.

교육 현장에서 강사는 교육 목표를 향해 항해하는 배의 선장과 같은 역할을 한다. 교육생들은 강사의 리드에 따라 노를 젓기도 하고 지도를 보기도 하고 정비를 하기도 한다. 이러한 여정 속에서 올바른 길을 보여 주고 비전을 제시하고 달성하게 한다는 점에서 강의 중 강사의 중요한 역할 가운데 하나는 리더라고 볼 수 있다.

　　위의 다섯 가지 요인은 특정 분야를 막론하고 모든 강사에게 반드시 필요한 요소다. 따라서 자신을 스스로 어떻게 성장시킬 것인지 각자 목표를 철저하게 설계하고 실천해야 한다.

4 성인 강의와 청소년 강의의 차이점 파악하기

앞에서 설명한 바와 같이, 강의를 시작하기에 앞서 어떤 시장을 목표 시장으로 선정하고 시작할지 결정하는 것은 매우 중요하다. 교육 시장은 내용에 따라서 구분할 수도 있지만 대상의 인구통계학적 특성을 가지고 구분할 수도 있다.

교육 시장을 인구통계학적 특성으로 나눌 때 성별 다음으로 가장 큰 그룹으로 나눠 볼 수 있는 것이 연령대별 특성을 기준으로 나눈 것이다. 연령별 특성으로 보면 우선 청소년 교육 시장과 성인 교육 시장으로 나눌 수 있다. 청소년 교육 시장은 다시 세부 연령대에 따라 미취학, 초등, 중등, 고등으로 나뉜다. 이 역시 다시 학년별로 더 구분할 수 있다. 성인(만19세 이상) 시장은 크게 대학 교육과 직무 교육 시장으로 구분할 수 있다. 대학 교육 시장에서는 학과, 진로, 취업, 외국어와 관련한 교육이 많이 이뤄지고 취업준비생 시장에서는 자격증, 시험, 취업, 외국어가 주요 교육 내용이다. 직장인들을 대상

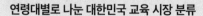
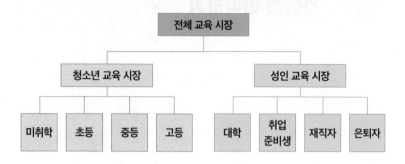

연령대별로 나눈 대한민국 교육 시장 분류

전체 교육 시장

청소년 교육 시장 / 성인 교육 시장

미취학 · 초등 · 중등 · 고등 / 대학 · 취업 준비생 · 재직자 · 은퇴자

으로 하는 재직자 시장은 기업 교육 및 직무와 관련한 내용이 많고, 은퇴자들을 대상으로 한 시니어 교육 시장에서는 경력전환에 관련한 내용이 주를 이룬다.

청소년 강의의 주요 주제

청소년 교육에서 가장 큰 시장은 대입(수능) 관련 시장이다. 이는 우리나라의 모든 교육산업을 통틀어서 가장 큰 시장이다. 그도 그럴 것이 고등학생을 대상으로 한 교육은 물론, 외고 진학을 위한 중학생 교육, 국제중학교 진학을 위한 초등학생 교육 등에서 볼 수 있듯이 사실상 국내의 초중고 교육의 최종 목표는 대입이라고 해도 과언이 아니다. 그만큼 큰 시장이기 때문에 강력한 시장 지배자들이 있으며 신규 진입자가 들어서기가 매우 어렵다. 대입 관련 시장과 크게 차이가 나지만 그다음으로 큰 시장이 바로 영유아 교육 시장이다. 이 시장에는 대부분 대기업들이 진출해 있다. 영유아 교육 시장은 중고등 6년보다 더 긴 기간인 0세부터 7세까지의 영유아를 대상으로 하고 있고, 생애 초기 교육의 중요성을 느끼는 부모들의 열성으로 꾸준히 유지되고 있는 시장이다. 이 양대 시장에서는 입시 관련 주요 콘텐츠를 제외하고 다른 상품들은 미비한 상황이다. 진로 교육이나 예체능 교육도 이 시기에 꼭 필요한 교육이기는 하나, 입시와 관련한 교육이 압도하고 있어서 상업적으로 크게 성공하지는 못하고 있다.

성인 강의의 주요 주제

대학생을 대상으로 하는 교육에서 주된 주제는 영어(토익), 자격증, 취업이다. 대부분의 대학들이 졸업 요건으로 공인 영어 점수를 요구하고 있기 때문에 사실상 영어는 의무교육에 가깝고, 또한 기업들도 영어 점수를 요구하는 경우가 많아 취업준비생들에게 영어는 거의 필수다. 취업을 주제로 한 교육에는 다양한 카테고리가 존재한다. '진로—취업—창업'이 같은 위치에서 고려되고 있으며 취업을 목적으로 한 역량 강화 교육이나 진로 체험 목적의 미니 MBA 과정 같은 경우 직무 교육의 성격도 가지고 있어서 실무와 관련된 다양한 주제들이 활용되고 있다.

　　직장인을 대상으로 하는 교육은 크게 직무 교육과 커뮤니케이션 교육으로 나눌 수 있다. 직무 교육은 마케팅, 재무, 경영전략, 기획 등과 같이 업무 현장에서 필요한 능력을 개발하는 데 목적을 두고 있다. 커뮤니케이션 교육은 개인과 조직의 소통 활성화, 비즈니스 매너와 소양, 조직문화, 리더십 등의 소프트 스킬을 망라한다.

은퇴자 및 은퇴 예정자를 대상으로 하는 교육은 시니어 인구 증가로 인해 유망한 분야다. 평균 수명이 길어짐에 따라서 머지않아 70대까지 일하는 것이 당연해질 것이고, 앞으로 80대까지 일하고 은퇴해도 20년을 쉬어야 하는 시대가 올 것이다. 은퇴 후 오랜 기간 동안 백수로 사는 삶은 누구라도 원치 않으리라. 어쩌면 먹고살기 위해서라도 은퇴 후 다시 일을 해야 할 수도 있다. 그러려면 첫 번째 경력을 바탕으로 두 번째 경력을 준비해야 하는데, 이 수요 인구를 대상으로 한 교육은 범사회적으로 반드시 필요하다. 아직까지는 이들이 재취업하기가 현실적으로 쉽지 않으니 창업 및 창직 관련한 분야의 교육이 가장 활발하게 진행되고 있다. 시니어 인력들이 그들의 장점인 폭넓은 경험 및 네트워크를 십분 활용해서 도전해 새로운 가치를 창출할 수 있는 일로 나아갈 수 있게 하는 더 많은 강의들이 필요하다.

연령별 효과적인 교육 방법

청소년 교육에서는 가능한 한 많은 액티비티 프로그램이 있어야 한다. 성인 교육도 마찬가지지만 특히 활동성이 최고조인 청소년 시기에 책상에 앉아서 설명만 듣고 암기식으로 공부하는 것은 고문에 가깝다. 경험이 많은 강사들은 유머나 레크리에이션을 적극 활용해 학생들의 집중을 유도하는 경우가 많은데, 그런 주변 기술보다는 교육 형태 자체를 바꾸는 것이 좋다. 이미 해외에는 초중고 모든 과정을 문제기반학습(PBL: Problem-Based Learning)으로만 진행하는 학교들도 더러 있다. 청소년들이 좋아하는 장르인 게임을 도입한 학습(게이미피케이션, 게임 러닝 등)이 좋은 효과를 얻고 있다. 교실보다는 야외, 정형화된 교육보다는 비정형화된 교육, 규정화된 내용보다는 창의적 문제 해결에 초점을 두고 교사는 퍼실리테이터 즉, 조력자의 역할만 해 주는 것이 효과가 크다. 이는 대학생 교육에서도 마찬가지고, 사실 모든 교육의 지향점이 그렇게 변해야 한다.

기업 교육은 어떨까? 과장급 이상 실무자 교육에서는 이상과 현실의 괴리가 있는 경우가 많다. 우선 현재 기성세대들은 학창 시절부터 암기식·주입식 교육을 받은 세대이기 때문에 토론에 익숙하지 않은 사람들이 대다수인 터라 활동적인 워크숍을 유도하기가 쉽지 않다. 물론 이 역시 강사의 능력이긴 하지만 보통 연령대와 참여율은 반비례하는 경우가 많다. 기업체의 임원 대상 교육은 대부분 세미나 형태로 진행한다. 이런 교육생들은 강제로 게임이나 토론 등을 시키면 굉장히 어색해하기도 한다. 그런 경우 강사는 핵심 내용을 정리해서 원포인트 레슨이나 TED 강의 스타일의 강연을 하는 것이 좋고, 적극적인 토론보다는 교육생과 강사의 질의응답을 통해 다양한 의견들을 낼 수 있도록 도와주는 방식이 효과적이다.

5 시장 경쟁력을 높이는 차별화 포인트

고민의 중심은 콘텐츠

강사 자신만의 콘텐츠가 없다는 것은 차별화 포인트가 없다는 것을
의미한다. 그렇게 되면 당연히 시장에서 경쟁력이 생길 수 없다. 강
의는 콘텐츠(내용)와 딜리버리(전달 방식)로 나눌 수 있다. 전달 방식
자체도 콘텐츠가 될 수 있다는 점에서 나만의 콘텐츠는 물론 딜리버
리도 갖추지 못한다면 결국 강사로서 설 자리를 찾기 어렵다.

　기가 막히게 노래를 잘하는 아마추어 가수들이 있다. 하지만 아
무리 실력이 좋다고 해도 '자기 노래'가 없으면 아마추어의 영역을
넘지 못한다. 세계적인 화가의 작품을 복사한 듯 그리는 모작 화가
가 있다. 그의 스킬은 원작 작가 못지않다. 하지만 그는 그런 스킬을
가지고도 이름을 내세울 수 없다. 오롯이 자기 작품이라 말하기 어
렵기 때문이다. 시장 경쟁력을 높이고 시장을 넓히기 위해서는 오리
지널리티(Originality) 즉, 독창성을 지닌 나만의 콘텐츠가 필요하다.

나만의 콘텐츠는 하루아침에 만들 수 없다. 절대적인 지식의 양도 필요하지만 그것을 체화해 자기 것으로 만드는 경험도 있어야 하기 때문이다. 그래서 젊은 20대 신입 강사들은 자신의 콘텐츠를 만들기보다는 기존 콘텐츠의 라이센스를 받아서 데뷔하는 경우가 일반적이다. 진단도구 같은 것들이 대표적인데, CS(Customer Satisfaction) 강사 아카데미 같은 곳에서는 기본적으로 MBTI, DiSC, 애니어그램, 버크만진단과 같은 널리 활용되는 도구 사용법을 배우고 현장으로 나가는 경우가 많다. CS 강사란 기업이 제공하는 서비스의 기본, 고객 응대 방법 등 서비스 교육을 하는 강사를 말한다. CS 강사들은 프리랜서로 일하는 경우도 있지만 주로 사내 강사로 일하는데 연차가 차면서 딜리버리는 월등히 좋아진다. 강의를 구해야 먹고사는 프리랜서 강사에 비해, 같은 월급으로 최대한 많은 강의를 돌려야 하는 회사 안에 있기 때문에 초기에 많은 경험을 쌓을 수 있기 때문이다. 하지만 그렇게 성장한 사내 강사 출신 강사들이 대부분 가지고 있는 고민은 '콘텐츠'다. 사내 강사 경력을 통해서 콘텐츠도 늘었고 주어진 강의를 잘해 낼 자신은 있는데 문제는 그 콘텐츠들이 자신의 것이 아니라는 점이다. 그래서 시장에서 경쟁력을 얻지 못하고 시장을 확장시키기가 어렵다. 실제로 사내 강사 출신 강사들 중에는 자신만의 무기를 가지고 싶다는 고민을 호소하는 강사가 많다.

3장

나만
만들 수 있는
강의 콘텐츠

1 변화하는 시대에서 살아남기

한국의 노동 시장 변화 속에서

우리나라는 훌륭한 인적자원을 바탕으로 빠른 경제 발전을 이뤄 왔다. 산업화 시대의 폭발적 성장 뒤에 IMF가 터지고 조금 안정을 찾은 2000년대가 도래했다. 하지만 한국 경제는 지금도 냉탕과 온탕을 반복하고 있으며 고용 없는 경제 성장으로 언제든지 부정적으로 바뀔 수 있는 불안 속에 있다. 노동 시장의 불안정성이 이어지다 보니 한국 사회에서 직업을 얻기 위해서는 각자 자신의 경쟁력을 스스로 높여야 하게 되었다. 최근 안정성이 붕괴된 노동 시장에서 무엇보다 중요한 것은 개인의 역할이다. 개인은 더 이상 국가의 안정성에 의존하지 못하고 경력개발의 새로운 주체로 탄생하기에 이르렀다.

이러한 의미에서 직업과 관련한 자격증을 얻는 것은 노동 시장에서 경쟁력을 얻기 위해 개인이 할 수 있는 노력 중 하나다. 이미 한국에서는 적어도 이력서를 채울 1~2개의 자격증을 준비하는 것이

하나의 문화처럼 자리 잡았다. 앞서 살폈듯이 강사들 중에서도 거의 수집하듯이 여러 자격증을 취득하는 경우가 적지 않다. 자격증을 취득했다는 것은 일정한 신분이나 지위를 가지거나 일정한 일을 하는 데 필요한 조건이나 능력을 지녔음을 의미한다. 국가 또는 관련 기관이 설정한 일정한 기준과 조건에 따라 자격을 부여함으로써 국가는 개인의 능력을 향상시키는 동시에 인적자원을 확보하고 노동 시장 유입을 촉진할 수 있도록 한다. 이전에는 자격증을 소지하고 있다는 것이 한 분야의 전문가, 또는 전문가에 준함을 의미했다. 자격증은 의학이나 법, 교육과 관련한 직업 집단이나 전문적 집단에게 부여되는 것으로 인식되었다. 하지만 현재 자격증의 의미는 달라졌다. 물론 여전히 엄격한 기준과 조건을 가지고 자격을 부여하는 자격증들도 있지만 다소 미흡한 기준과 조건에서 대량으로 발급되는 자격증도 늘고 있기 때문이다.

자격증은 크게 국가 자격증과 민간 자격증으로 나뉜다. 국가 자격증은 다시 국가기술 자격증과 국가전문 가격증으로 나뉘고 민간 자격증은 등록민간 자격증과 공인민간 자격증으로 나뉜다. 국가 자격증은 정부부처에서 주관하는 자격증으로 변호사, 공인중개사, 사회복지사, 경비지도사, 환경영향평가사 등이 있고 한국산업인력공단에서 운영하는 'Q넷(www.q-net.or.kr)'에서 확인할 수 있다. 2008년에는 655개에 불과했던 민간 자격증은 2018년 1월 현재 2만 8,293개로 늘었다. 이 가운데 공인민간 자격증은 100개에 불과하다.[1] 이

---

1 <민간자격증 2만8000개, 공인 여부 잘 따져야>, 박영재, 《중앙일보》, 2018.01.30.

처럼 민간 자격증이 불어난 것은 2008년부터 민간자격 등록제가 시행되었기 때문이다. 이에 따르면 미성년자나 금치산자가 아닌 사람이 국가 자격증이라는 명칭을 사용하지 않는 조건에서 누구나 한국직업능력개발원에 자격 등록을 신청할 수 있다. 이러한 민간 자격은 스트레칭 한 번 하지 않은 사람에게 필라테스 강사 자격증을 주고, 털 알레르기가 있어도 애완견 관련 자격증을 딸 수 있게 한다. 국민권익위원회에 따르면, 현행 자격기본법상 공인민간 자격증의 경우 소관부처에서 사후 관리토록 규정되어 있지만, 등록민간 자격증은 사후 관리부처가 규정되지 않아 유통되는 등록민간 자격증의 수를 파악하는 것조차 사실상 불가능하다.[2] '취업률 100%', '업계 최초', '수익률 1위' 등 증명되지 않은 등록민간 자격증에 대한 허위 과장 광고는 취업난에 허덕이는 구직자들에게 헛된 희망을 심고 있다.

자격 없는 자격증은 무용지물

필자(김현주, 이하 '김')는 자격증이 20개 가까이 된다. 강사를 하겠다고 마음먹은 시기에 취득한 것들이다. 너무도 텅 빈 이력서를 메워야 한다는 절실함에 이끌렸고, 나름 선별을 하며 자격증을 취득했는데, 지금까지 잘(?) 사용하고 있는 것은 단지 4개뿐이다. 그런데 그것들은 대게 강사생활을 하며 실제로 필요해서 획득한 자격증들이다.

　　마우스로 컴퓨터 화면만 넘기다가 3시간 뒤에 받은 자격증으로 무엇을 할 수 있을까? 아무것도 없다. 이 사실을 필자도 알고 독자

2　국민권익위원회, <자격증 관리 · 운영 부실 및 남발 등으로 인한 피해 개선권고>, 2010.2., 8~9쪽.

여러분도 알고, 그리고 강사를 고용하는 이들도 안다. 그러니 그런 자격증을 아무리 내놓아 봐야 자격 없음을 증명하는 일밖에 되지 않는다. 이제 이렇게 내 능력에 대한 불안을 감추기 위해 자격증이라는 쉬운 처방을 내리는 일을 멈추자.

그렇다고 모든 자격증이 별 도움이 안 되며, 자격증 발급 기관들이 우리의 불안을 가지고 장사한다고 말하는 것은 아니다. 내게 꼭 맞는, 꼭 필요한 진짜배기 자격증과 그 과정들이 분명 존재한다. 그리고 그 과정들은 우리에게 필요한 공부를 하게 한다.

자유학기제 강사양성 과정이나 인성진로지도사 과정, 직업지도사 과정 등 국비지원 과정이 개설되어 있다. 4차 산업혁명 시대에 맞춰 미래직업체험 강사양성 과정도 운영되고 있다. 이 과정들은 대부분 수료까지 160시간에서 200시간 동안 수강할 것을 요구하는데 그 시간 동안 교육생들은 자기 탐색부터 파워포인트를 활용해 프레젠테이션 만드는 법을 배우고, 강의 프로그램을 스스로 준비해 그를 바탕으로 모의 강의를 수차례 해 보는 실전 프로그램을 가동한다. 이 과정을 모두 마치면 자격시험에 응시할 수 있으며, 시험을 통과했을 때 비로소 강사 자격증을 받을 수 있다. 참가자들은 이를 통해 강사의 초석을 닦고, 강의를 할 수 있다는 자신감을 얻으며, 앞으로 자신에게 필요한 공부가 무엇인지 방향을 잡을 수 있게 된다.

스스로가 어디로 향해야 할지 알게 해 주는 교육이라면 자격증을 발급하지 않더라도 그 자체로 이미 훌륭한 자격을 주는 것이다. 그리고 그 방향으로 나아가며 실천하는 이는 이미 훌륭한 강사의 자격을 가진 사람이다.

검증이 필요한 다양한 자격증들

자격증은 평생학습의 기조를 바탕으로 정규 교육에서 불충분했던 것을 보완하는 기능과 재취업을 위한 새로운 분야에 대한 교육의 한 방편으로 제시되었다. 하지만 제대로된 검증을 받지 못한 기관들이 자격증을 남발하면서 본래 취지는 무색해지고 있다. 또한 자격증을 발급하는 과정과 발급 후의 관리가 미흡한 탓에 많은 문제를 낳고 있다. 여기서는 자격증을 취득하는 다양한 방법을 검토하며, 우리에게 정말 자격을 주는 자격증과 그렇지 못한 것이 무엇인지를 살펴보려 한다.

1) 비용만 내면 발급받는 자격증

전화 한 통화로 1개당 자격증 비용 10만 원을 입금하면 자격증을 받을 수 있다. 그 분야도 진로체험지도사, 인성교육지도사, 놀이한자지도사 등 다양하다. 50만 원을 쓴다면 전화 통화로 5분 만에 5개의 자격증을 받을 수 있다. 비교적 저렴하고 간편한 데다 한국직업능력개발원에서 인증까지 받은 자격증이다. 이런 자격증이 나에게 어떤 도움을 줄 수 있을까, 생각해 볼 문제다.

2) 온라인 교육으로 받는 자격증

온라인으로 정해진 시간 동안만 교육을 받으면 해당 분야에 대한 시험을 볼 수 있는 자격을 주고, 시험에서 합격선만 넘으면 자격증을 받는다. 장학제도라는 이름으로 수강료는 무료다. 자격증 발급 비용은 5만 원에서 10만 원이다. 온라인 교육 내용을 켜 놓고 보지 않아도 그만이다. 과정의 60%만 수강을 마치면 자격시험 응시 자격이 생긴다. 시험은 기출문제를 주기 때문에 어려울 것이 없다. 게다가 기출문제와 실제 시험문제가 같고 답도 같다. 사람에 따라 다르겠지만 기출문제만으로 준비해도 10분 만에 백 점을 맞을 수 있다. 시험을 치른 후 비용을 입금하면 바로 자격증을 받을 수 있다. 이렇게 얻는 자격증으로 무엇을 할 수 있을지 스스로에게 물어볼 일이다.

3) 오프라인 교육으로 받는 무료 자격증

오프라인 교육으로 자격증을 주는 과정도 많다. 무료 교육도 있고 유료 교육도 있다. 무료 교육 가운데 국가 지원으로 진행되는 교육도 있는데 고용노동부에서 운영하는 직업훈련포털 'HRD-NET'(http://www.hrd.go.kr/)에서 훈련 과정이나 훈련 기관을 검색해 나에게 맞는 국비지원 과정을 찾을 수 있다. 또한 각 지역의 50플러스센터, 여성인력개발센터 등 다양한 기관에도 국비지원 과정이 마련되어 있다. 이들 기관의 과정들은 질 좋은 교육 내용으로 구성되어 있고 제대로 된 절차로 자격증을 줘 교육생들에게 큰 도움이 되는 경우가 많다.

그런데 어떤 기관들은 무료로 교육을 시켜 주고 강의까지 준다고 달콤한 제안을 하는 경우가 있다. 무료 교육의 대가로 보조 강사로 일하라고 요구하는 것이다. 그런 요구를 하는 곳은 저렴한 강사비로 자신들의 배를 불린다. 무료라는 허울로 고학력 인력풀을 만들어 이용하는 기관이 의외로 많다는 것을 알고 선별하는 눈을 가져야 한다. 무료로 운영되는 프로그램은 검증되고 공인된 기관에서 운영하는지 반드시 확인한 뒤에 수강하는 게 좋다.

4) 오프라인 교육으로 받는 유료 자격증

오프라인 교육 기관 중 수강료를 받고 운영하는 곳도 있다. 수강료는 보통 30만 원에서 100만 원이고, 100만 원 이상인 경우도 있다. 그런데 모든 기관이 그런 것은 아니지만 특히 고액의 수강료를 요구하는 경우, 강의 자료도 모두 제공하며 강의처도 연결해 준다고 광고한다. 그런 곳에서는 확보한 강의처가 많기 때문에 해당 과정만 수강하면 바로 강의를 할 수 있다고 한다. 요즘처럼 취직하기 힘든 때 무시하기 어려운 이야기다. 하지만 그 꿈은 강의를 모두 마치고 바로 깨진다. 강의 연결이 되지 않는 경우도 있고, 강의가 연결되어도 한 번에 끝나는 경우도 있다. 대개 강의할 기회를 한 번만 주고 자질을 문제 삼으며 강의를 줄 수 없다고 한다. 어떤 기관은 고액의 수강료뿐만 아니라 교육 자재까지 강매하기도 한다.

어떤 형식의 교육과 자격증이든 스스로 꼼꼼하게 따져 보고 찾아보고, 관련 자격증 과정을 밟은 선배들에게 물어보고, 점검하는 과정은 필수다. 달콤한 말에 속아 성급한 결정을 하는 것을 경계해야 한다. 돈을 잃는 것에서 끝나지 않고 꿈까지 잃어버릴 수 있기 때문이다.

강의처를 찾는 데 도움을 주는 곳들

강의를 처음 시작하는 사람들은 강의처를 발굴하는 것이 막막하게 느껴진다. 가장 쉽게 접근할 수 있는 곳은 각 지역의 지자체다. 각 지자체 산하에는 다양한 센터들이 있고 그곳에서 진행하는 교육 강의들이 있다. 청소년을 대상으로 강의해야 한다면 진로센터를 추천한다. 지역마다 있는 청소년 진로센터에서는 진로멘토와 진로특강 강사를 모집하고 있어, 관련해서 준비가 어느 정도 되어 있다면 비교적 수월하게 시작해 볼 수 있다. 성인을 대상으로 강의를 한다면 무료 강의를 할 수 있는 곳에 문을 두드리는 것이 좋다. 무료 강의로 인정을 받으면 후속 강의로 이어질 수 있기 때문이다. 무료 강의가 열려 있는 공간으로는 50플러스센터나 지역의 평생학습관이나 노인복지회관 등이 있다. 강의처에 대한 내용은 뒤에서 더 살펴보기로 한다.

2 나만의 콘텐츠 만들기

외부로부터 주어진 콘텐츠

필자(김)의 첫 강의는 고등학생을 대상으로 한 직업체험 강의였다. 여행 기획가가 어떤 일을 하는지 알려 주고 체험해 보는 내용으로, 연습도 충분히 했고 학생들과 여행 이야기를 기반으로 풀어 가면 되는 비교적 쉬운 강의였다. 물론 긴장감에 잠도 제대로 자지 못하고 당일 아침에는 복통까지 오는 등 컨디션이 엉망이었지만, 모두에게 처음은 그럴 것이라 생각한다.

강의를 시작하고 초반까지는 다행히 계획대로 흘러갔다. 그러나 중반에 이르면서 계획한 것과 학생들의 반응이 일치하지 않는 상황이 속출하기 시작했다. 학생 개개인의 특별한 여행 경험을 공유하며 자연스럽게 참여와 공감대를 이끌어 내려고 했는데, 여행을 다녀본 학생들이 별로 없었고, 심지어 어디로 떠나고 싶다는 바람이 있는 학생조차 드물었던 것이다.

덕분에 어찌나 허둥댔는지 지금도 그 강의를 어떻게 마무리했는지 기억이 잘 나지 않는다. 강의는 강사가 할 말만 하고 끝내면 되는 것이 아니라, 강의를 듣는 대상과 얼마나 잘 소통하느냐에 따라 질이 달라진다는 것을 알았다. 그래서 그 강의 이후부터는 강의를 준비할 때 청중의 반응까지 면밀히 상상해 보는 단계를 추가했다.

강의 준비와 본강의 둘 중 어떤 것이 쉬울까? 필자(김)는 후자에 손을 드는 편이다. 하루 6시간 이상 연속으로 강의해도 힘이 빠지기보다 외려 활력이 돈다. 강의 중에 청중과 소통하며 에너지를 받는 것이다. 반면 강의 준비는 무언가를 만들어 내는 과정이므로 에너지를 많이 쏟아부어야 한다. 강의 콘텐츠를 준비하며 새로운 것을 찾고, 덧붙여 가는 과정에서 강사는 성장하고, 그것을 실제 강의에서 활용하며 점차 나만의 콘텐츠를 갖는 프로 강사가 되어 간다.

필자(김)는 첫 강의를 마친 뒤, 더 많은 기회를 얻기 위해 직업체험 강의안을 70여 개 더 만들었다. 물론 가만히 한자리에 앉아서 만든 것은 아니고, 관련 강의를 들으며 공부한 것은 물론, 킨텍스나 코엑스 등 국제 전시장에서 열리는 직업 박람회도 다니며 내용을 꼼꼼하게 체크했기에 가능한 일이었다. 이때 제작한 70여 개의 강의안이 모두 수업에 쓰이진 못했지만 계속해서 강의 시장에 남을 수 있는 밑거름이 되어 주었다.

아무것도 없는 무(無)의 상태에서 나만의 것을 만들어 내기란 쉽지 않다. 필자(김)가 나만의 콘텐츠를 갖기 위해 필요했던 것은 외부로부터 주어진 콘텐츠(원재료 콘텐츠)와 그를 바탕으로 강의하며 쌓은 경험이었다. 지금부터 우리는 이 원재료 콘텐츠를 바탕으로 나만의 콘텐츠를 갖는 몇 가지 유용한 기술을 살펴볼 것이다.

다 같은 카피 강사가 아니다

이제 막 강의를 시작하려는 사람이 자기만의 콘텐츠를 갖기란 무척 어려운 일이다. 따라서 출발선에 선 많은 강사들이 일단 뭐라도 하기 위해 카피 강사로 활동한다. 필자(김) 역시 그런 시기를 거쳤다. 카피 강사란 무엇일까? 우선 어감부터 그리 좋진 않다. 카피 강사란 강의 업체를 통해 강의안, 재료 등의 강의 내용을 모두 제공받으며 강의료의 약 10~30% 정도 수수료를 강의 업체에 내는 강사를 일컫는다.

초보 강사들은 교육을 통해 강사로서의 기본 자질은 갖췄으니, 강의안과 같은 강의 내용만 있으면 강의하는 게 어렵지 않다. 그런데 필자(김)와 카피 강사 활동을 했던 대다수 강사들은 강의 시장을 이미 떠났다. 업체를 통해 제공받는 콘텐츠에서 헤어 나오지 못하다가 어느 순간 카피 강사 자리마저 여의치 않게 되어 결국은 떠난 것이다. 똑같이 카피 강사로 시작했는데, 왜 필자(김)는 남고 그들은 떠났을까?

카피 강사가 강의 업체를 통해 제공받는 강의 자료는 내가 아닌 다른 사람이 만든 자료다. 내가 만든 것이 아니라는 말은 단지 강의 자료의 소유자를 따지려고 말하는 것이 아니다. 내용이 강사에게 체화되지 않았다는 것을 뜻한다. 체화되지 않은 강의 자료를 읊는 것은 발표지 강의가 아니다. 그리고 발표로는 청중을 사로잡을 수 없다.

대학생들의 조별 발표를 예로 들어 보자. 보통 3~5명으로 조를 이뤄 가장 먼저 역할 분담을 한다. 자료 조사, 목차 만들기, 프레젠테이션 작성, 발표 등으로 역할을 나눈다. 그런데 무늬만 조별 과제고, 속사정을 들여다보면 '나 홀로 과제'인 경우가 더 많다고 한다. 자료 조사부터 발표까지 1~2명이 다 하는 경우가 많은 것이다. 그런데 긍정적으로 보면, 그 1~2명은 해당 과제 내용이 빠삭하게 체화된 상태라고 볼 수 있다.

카피 강사의 활동도 '체화'의 과정을 거쳐야 한다. 단지 주어진 발표문을 줄줄 읽는 것이 아니라, 청중의 반응을 통해 그들이 이해했는지 못했는지 파악하고, 이해하지 못했다면 예를 들어 부연 설명까지 할 수 있어야 한다.

놀랍게도 대부분의 카피 강사들이 주어진 강의 자료, 즉 원재료 콘텐츠를 체화하지 못한다. 아니, 하지 않는다. 주어진 강의 자료만으로 든든함을 느낀다. 심지어 강의 자료를 제대로 읽어 보지 않는 경우도 허다하다. 강의처에서도 카피 강사의 이러한 태도를 정확하게 알고 있는데, 그런 강사는 두 번 부르지 않는다.

여전히 많은 카피 강사가 양산되고 활동하는 이유는 콘텐츠를 제공받는 것이 큰 메리트가 되기도 하지만, 수익도 관련이 있다. 전체 수익의 10~30% 정도의 수수료를 업체에 지불해도 최저임금을 생각할 때 일한 시간 대비 수입이 나쁜 편이 아니다. 2~3시간 일하고 일반 직장인의 하루 수입만큼 벌기 때문에 수입만을 위해서라면 얼마든지 안일하게 일할 수 있다. 여기에 만족한다면 굳이 자기만의 콘텐츠를 갖기 위해 강의를 체화할 필요도, 발표 수준의 강의를 벗어나려고 노력할 필요도 없다. 하지만 강사로서 꾸준하게, 오래, 본인의 성장을 위해 노력하고 싶다면 카피 강사를 하나의 과정으로 받아들이며, 그 강의 내용도 진짜 본인의 것으로 충분히 소화시킨 뒤에 강의장에 서야 한다.

이 책을 읽는 독자는 경험을 통해 성장하고자 하는 이들이라고 믿는다. 부디 '편하게 일당 벌기'라는 늪에 빠져 자신의 콘텐츠를 갖기 위한 노력들을 포기하지 않길 바란다. 카피 강사를 통한 경험의 장점은 제공되는 강의 자료를 기반으로 나만의 콘텐츠를 만들어 내는 데에 있다. 좀 더 나은 강의를 위해서 프로그램 목적에 위배되지 않는 선에서 내용을 보충, 수정할 수 있다. 강사는 지식을 생산해 내는 사람이다. 아무런 준비 없이 주어진 말만 쏟아 내는 강사는 금세 사라질 수밖에 없다.

기존 콘텐츠 분석과 융합

자기만의 콘텐츠는 어떻게 만들 수 있을까? 강의 주제가 일정하게 주어지는 강의 시장에서 완전히 새로운 나만의 콘텐츠를 만들 수 있을까? 그것은 불가능에 가까운 일이다. 왜냐하면 각기 다른 강의처에서 다양한 강의를 요구하지만, 그럼에도 불구하고 시기에 따라 일정한 강의 주제를 요구하기 때문이다. 그러한 시장 안에서 완전히 새로운 나만의 문법과 언어, 그리고 패턴을 만들어 내는 것은 불가능하다. 그렇다면 우리는 어떻게 자기만의 강의 콘텐츠를 만들 수 있을까?

여러 재료들을 통해 자기만의 콘텐츠를 만들 수 있다. 그렇다면 그 재료들은 어디서 구할 수 있을까? 우선 자기만의 콘텐츠를 만드는 재료를 다시 원재료 콘텐츠라고 부르자. 원재료 콘텐츠에는 두 가지가 있다.

첫째, 강사들이 사용하는 완성된 또는 완성에 준하는 기성 콘텐츠가 있다. 카피 강사에게 제공되는 자료, 강사를 대상으로 강의하는 전문가들의 자료, 자신이 관심 있는 분야의 기성 강의 자료 등이다. 기성 콘텐츠는 전문 강사들의 강의 방법과 패턴을 쉽게 익힐 수 있으므로 나만의 콘텐츠 만들 때 좋은 원재료 콘텐츠가 되어 준다. 그런데 아무리 참신하고 새로운 콘텐츠를 개발한다고 해서 모두 좋은 콘텐츠라고 할 수 없다. 더구나 기존 강의 시장의 문법과 완전히 다른 콘텐츠를 준비했는데 아무도 그 참신함에 관심을 갖지 않을 수도 있다.

예를 들어 초등학교 앞에 음식점을 차린다고 해 보자. 아무리 맛있는 음식을 팔더라도 그 동네의 환경과 분위기, 주변의 상권, 비슷한 업종의 개수, 메인 타깃 계층을 분석하지 않고 다양한 주류와 고급 안주를 파는 음식점을 개업하면 금방 문을 닫을 가능성이 높다. 그러므로 강사가 가질 수 있는 가장 좋은 콘텐츠는 완전히 새로운 콘텐츠가 아니라, 기존의 문법을 잘 지키면서 그 규칙 안에서 나만의 키워드를 하나 더 얹는 작은 변화를 담은 콘텐츠다. 그러므로 좋은 콘텐츠, 나만의 콘텐츠를 만들기 위해서는 기존 강사들의 콘텐츠 분석은 필수적이며, 자신에게 필요한 정보를 선택하고 집중하는 방법을 터득하는 것이 중요하다.

둘째, 자신이 가장 흥미를 느끼거나 자신 있는 분야에서 스스로 발굴해 낼 수 있는 새로운 콘텐츠가 있다. 내가 좋아하고 자신 있는

분야의 내용을 나만의 방식으로 새롭게 구성하는 것이다. 이 경우에
도 기존의 콘텐츠를 분석하는 일은 반드시 해야 하며 이를 통해 기
존과 다른 나만의 차별화된 콘텐츠를 만들어야 한다. 만약 전혀 새
로운 것이 없거나 기성 자료들을 재구성하고 재생산하는 수준에서
머문다면, 그것은 새로운 콘텐츠가 될 수 없다. 기존 자료를 분석해
자기만의 콘텐츠에 적용하고 융합하는 방법은 다음과 같다.

① 받은 자료(PPT)가 어떻게 구성되었는지 순서도를 그린다.
② 순서가 학습 목표와 어떻게 연결되어 있는지 살펴본다.
③ 나라면 해당 강의를 의뢰받았을 때 어떻게 강의를 구성할 것인지
　 순서도를 만들어 본다.
④ 받은 자료(PPT)의 순서도와 내가 만든 순서도를 비교해 본다.
⑤ 부족한 부분과 빼도 되는 부분을 정한다.
⑥ 부족한 부분과 빼도 되는 부분을 수정한다. 이때 수정할 때는 업
　 체가 추구하는 학습 목표에 맞게 구성해야 한다.(내가 독자적으
　 로 운영하는 프로그램이 아니므로 이것은 지켜야 한다. 특히 여
　 러 명의 강사가 똑같은 프로그램을 운영할 때는 많은 부분을 수
　 정하면 곤란할 수 있으니 적절하게 구성한다.)
⑦ 부족한 부분을 채우다 보면 강의 시간이 부족할 수 있기 때문에
　 시간을 체크한다.
⑧ 받은 자료(PPT)는 수정을 하지 못하는 경우도 있다. 그럴 때에는
　 수정은 하지 않더라도 나만의 것으로 바꾸어 보는 연습을 한다.

교육 업체에서 받은 자료를 분석할 때에는, 먼저 다른 사람이 만든 강의 자료의 구조를 이해하고 나의 것으로 만들기 위해서 순서도를 그려 보는 것이 좋다. 순서도는 강의의 도입과 본론과 결론의 과정을 이해하는 것뿐만이 아니라, 주제와 키워드를 연결하는 고리들을 모두 파악할 수 있게 한다. 그렇게 강의 자료를 섬세하게 나눠서 펼쳐 보고 나면, 그 재료들 중에서 내가 사용할 수 있는, 즉 내 것으로 만들 수 있는 재료들이 무엇인지 보일 것이다. 기존의 자료가 자신의 강의 주제와 완전히 일치하지 않더라도 강의를 구성하는 과정이나 프로그램 응용을 통해 자신의 콘텐츠 만들기에 적절하게 적용할 수 있다.

단, 기존 자료에 모두 배울 점만 있는 것은 아니다. 문제점이 있거나 본인이 소화할 수 없는 내용이 들어 있을 수도 있다. 그럴 경우 이를 해결할 수 있는 방안을 생각해 보면서 부족한 부분을 보완하면 자기만의 콘텐츠를 만들 수 있다.

나만의 콘텐츠를 갖기까지

강사로 성공하기 위해서는 완벽주의를 추구하고 완벽해야 할까? 완벽한 강사는 존재할 수 없을 수도 있다. 아무리 명성이 높고 존경받는 강사, 유명 스타 강사라고 할지라도 완벽한 강사라고 보기는 어렵다. 왜냐하면 강사는 항상 자신을 개발하고 콘텐츠를 만들어야 하는 터라 완벽보다는 부족함을 통해 성장하기 때문이다. 강사는 항상 받아들이는 자세로 새로운 환경에 적응해야 하는 사람이다. 물론 강의를 더 잘하려는 마음으로 완벽을 추구할 수는 있다. 하지만 그러다 보면 완벽이라는 환상에 갇힐 가능성이 높다.

완벽이라는 환상에 빠지면 여러 오류를 범하기 쉽다. 특히 자신의 역량은 점검하지 못한 채 완벽하려는 마음이 앞서면 강의를 준비하는 데에만 시간을 잔뜩 쓰고 정작 강의는 시작조차 못할 수도 있다. 좋은 강사가 되기 위해서는 자기 스스로를 객관화해 볼 수 있어야 한다. 완벽한 강의를 위해 너무 많은 것들을 담으려는 욕심을 자제하지 못하고 자료나 자신의 생각들을 체계적으로 정리하지 못하면 그 또한 역효과만 낳을 뿐이다. 이러한 모습은 어쩌면 완벽을 추구하는 모습이라기보다 자신의 능력 부족을 인지하지 못한 데에서 비롯했다고도 볼 수 있다.

완벽한 강의, 완벽한 강사라고 평가받는 사람들은 오히려 완벽을 추구하지 않는다. 그들은 새로운 것과 다양한 것을 추구하며 항상 자신을 능동적으로 발전시키고 역동적인 활동을 통해 한계가 없는 가능성을 향해 앞으로 나아간다. 나만의 콘텐츠를 만들어 가는 과정은 이렇듯 완벽을 추구하는 과정이 아니라 스스로를 발전시키고 새로움을 발견하는 과정이어야 한다. 그 과정을 정리해 보면 다음과 같다.

1) 내 삶을 콘텐츠화한다

누구나 여태껏 뭐했나 하는 생각이 드는 순간이 있다. 생각처럼 노력하지 못한 것 같고 이룬 것이 딱히 없는 것 같다. 언제나 만족하기는 어려운 삶이지만 그럼에도 불구하고 우리는 삶을 통해 이미 많은 경험을 쌓았다. 내 경험이 남들과 같아 뻔하다고 생각하는가? 바로 그 뻔한 경험과 지식들이 공감 형성을 위한 강력한 콘텐츠가 된다. 익숙한 지식을 찾자. 익숙한 지식들을 하나의 콘텐츠로 만들기 위해서는 내가 쌓은 경험들을 객관화하는 작업이 가장 먼저 필요하다. 내 경험을 객관화하면서 이야기를 만들고 그것을 지식의 형태로 가공하면 하나의 콘텐츠를 만들 수 있다.

2) 강의 아이템을 적극적으로 물색한다

현재의 트렌드를 읽고 응용하자. 트렌드를 읽는 것은 감각이다. 특히 나이가 많은 강사들은 트렌드가 무엇인지 배우거나 외우려고 한다. 그러나 트렌드는 어떤 고정된 지식이 아니라, 항상 움직이는 역동성 있는 하나의 흐름이기 때문에 트렌드를 배우고 외운다면 그것은 이미 뒤쳐진 것이다. 트렌드를 따라가지 말고, 항상 열린 마음으로 새로운 문화와 언어의 구조를 이해하는 것이 중요하다. 자신은 이미 늙어 버린 옛날 사람이라 새로운 것에 적응하기도 어렵다는 생각에 노력하지도 않고 포기해 버리는 태도를 항상 조심하자. 젊은 사람들이 트렌드의 주체가 되는 것은 스스로 트렌드가 자신의 것, 자신의 영역이 아니라고 생각하기 때문이다. 트렌드는 나이가 많든 적든 그 시대를 살아가는 사람들이 함께 만들어 가는 것이라는 점을 잊지 말자.

최근 중장년 사이에서 그동안 젊은 사람들만의 영역이라고 생각되었던 분야에서 활동하는 이들이 생기고 있다. 예를 들어 젊은 모델들 사이에서 백발을 드러내고 중후함을 뽐내며 런웨이를 걷는 중장년 모델이 주목들 끌었다. 이를 계기로 여기저기서 시니어 모델

양성 과정이 개설되고 있는 추세다. 이처럼 나이에 구애받지 않고 나와 다른 세대의 삶을 주체적으로 받아들이며 내 위치에서 할 수 있는 일을 찾는다면, 백발도 나를 돋보이게 할 콘텐츠가 된다.

3) 원재료 콘텐츠와 아이템을 접목시킨다

자신의 경험과 지식을 객관화하는 과정을 거쳤다면, 이제 그것을 강의에 활용할 수 있도록 가공해야 할 텐데 어떤 방식으로 가공해야 할지 막막할 수 있다. 그럴 때는 원재료 콘텐츠들, 즉 기존의 자료들을 분석하며 현재 강사들이 강의에서 사용하는 패턴과 언어 그리고 문법을 살펴야 한다. 그 과정에서 자신의 콘텐츠를 더욱 가치 있게 만들어 줄 수 있는 방법과 표현 도구들을 찾아 접목해 자신의 것으로 만든다. 또한 기존의 자료에서 부족한 부분을 보완하면서 자신의 콘텐츠에 구체성을 부여하고 촘촘하게 만들어 간다.

3 나만의 강의 만들기

나는 어떤 타입의 강사일까?

강의는 수백 명이 모이는 대형 강연에서 단 1명을 위한 맞춤 강의까지 규모가 다양하다. 또한 형식면에서도 각기 다른 많은 강의들이 있다. 초보 강사라면 주어진 강의에 나를 맞춰 가는 노력이 중요하다. 무엇보다 사람들 앞에 서는 경험 자체를 쌓아야 할 때는 찬밥 더운밥 가릴 처지가 아니니 말이다. 하지만 맞지도 않는 옷을 억지로 입을 필요는 없다. 많은 사람들 앞에서는 자기 역량을 펼치지 못하지만, 소수 인원 앞에서는 밀도 있게 강의를 진행할 수 있다면 굳이 대형 강의를 찾아다니며 기운을 빼지 말고 소규모 강의 위주로 경험을 쌓는 것이 더 효율적이다. 나만의 강의, 내게 맞는 강의가 무엇인지를 알기 위해 먼저 내가 어떠한 사람인지 알아야 한다.

　여러분은 MBTI(Myers-Briggs Type Indicator)를 받아 본 적이 있는가? 칼 융(Carl Jung)의 심리유형이론을 근거로 제작된 성격유형검사인 MBTI는 성격을 네 가지 선호 지표가 조합된 양식을 통해 성격을 열여섯 가지로 나눈 것이다. 사람은 외부를 체험하고 감각해 정보로 인식하며 이러한 정보를 취합해 판단하고 행동하는데, 이때 어떤 방식으로 외부를 인식하는지, 그리고 어떠한 판단 방식을 택하는지 선호도를 가지고 성격을 나눈다.

첫 번째 선호 지표인 외향-내향은 외부 세계를 지향하는 유형인지, 내부 세계를 지향하는 유형인지 살핀다. 이 지표는 사람과 어울리기 좋아하며 바깥 활동을 통해 활력을 얻는 사람들을 외향적 사람, 독서를 하거나 영화를 보며 자신의 생각을 정리하길 좋아하는 사람은 내향적 사람으로 분류한다. 다음으로 감각-직관은 정보를 인식하는 과정에서 어떠한 방법을 선호하는지 살핀다. 감각형은 사실에 기반한 내용을 정보로 받아들이며 이를 바탕으로 신뢰할 만한

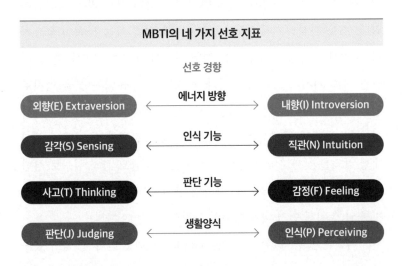

MBTI의 네 가지 선호 지표

선호 경향

외향(E) Extraversion	에너지 방향 ←→	내향(I) Introversion
감각(S) Sensing	인식 기능 ←→	직관(N) Intuition
사고(T) Thinking	판단 기능 ←→	감정(F) Feeling
판단(J) Judging	생활양식 ←→	인식(P) Perceiving

출처: Myers, Kirby & Myers, 1998

결과를 중요시한다. 직관형은 자신의 직감을 믿으며 정보 간의 유기성을 통해 통찰하려는 사람들이다. 사고-감정 지표는 어떤 일을 판단할 때 어떤 정보를 바탕으로 판단하는가를 본다. 객관적인 기준을 중시하는 사람들은 사고형이며, 판단 기준으로 단체의 화목한 분위기를 염두에 두는 사람은 감정형으로 볼 수 있다. 끝으로 외부 세계에 어떤 식으로 적응하는지에 따라 판단-인식형으로 나눈다. 조직적이고 체계적인 형태를 따라 계획하고 진행한다면 판단형, 상황에 맞춰 유연한 태도로 사는 것을 중시한다면 인식형이다.

이를 바탕으로 강사의 유형을 나누어 살펴보자.

1) 외향형 강사와 내향형 강사

시쳇말로 '인싸', '아싸'라는 두 타입의 인간형이 있다. 인싸와 아싸는 각각 인사이더와 아웃사이더의 줄임말이다. 리더십과 끼를 고루 갖추고 있으면서 트렌드에 민감하고 사람들에게 인기가 많으며 사람들과 어울리는 것 역시 좋아하는 외향적 사람들을 인싸라고 한다. 아싸는 내향적인 사람들을 말하는데 그들은 본인의 관심사와 사회의 트렌드가 크게 일치하지 않는 이들로, 모임에서 존재감이 크지 않으며 스스로도 모임을 통해 존재 의의를 찾지 않는 편이다.

강사 중에서도 인싸 강사와 아싸 강사가 있다. 인싸 강사로는 강의 개설 즉시 수강생이 꽉 차는 완판 강사거나, 내로라하는 기업이라면 꼭 모시고 싶어 하는 컨설턴트형 강사를 생각해 볼 수 있다. 이들은 강사로서의 자질도 물론 뛰어나지만, 강의 주제도 트렌드와 잘 맞아 늘 한발 앞서 나간다.

아싸 강사는 어떤 모습일까? 아싸 강사라고 해서 실력이 부족하거나 청중에게 인기가 없는 것은 아니다. 단지 강의 콘텐츠의 주제가 트렌드와 조금 멀 뿐이다. 외향적인 강사가 세상을 통해 자신을 인식하며 트렌드에 민감한 반면, 내향형 강사는 자신을 통해 세상을 바라보기 때문에 트렌드보다는 현재 본인이 무엇에 관심을 두고 있느냐에 집중하는 편이다.

2) 감각형 강사와 직관형 강사

감각형 강사들은 텍스트를 중시한다. 그들은 책이나 논문 등 텍스트로 된 자료를 신중하고 꼼꼼하게 검토하면서 강의 자료를 만든다. 그들의 강의는 정보를 충실하게 전달하며 배경을 쌓게 하고, 이를 바탕으로 주제를 전한다. 감각형 강사들은 단발로 끝나는 강의보다는 몇 주에 걸쳐 주제 의식을 발전시키는 강의에 적합하다. 강의 교안이나 보충 자료를 충실하게 제시하는 경향도 감각형 강사의 특성 중 하나다.

직관형 강사들은 텍스트를 대개 건너뛰며 읽는다. 이들의 독서는 주로 발췌독, 혹은 속독으로 진행되는 경우가 많다. 이들에게서는 여러 권의 책을 한 번에 읽는 경향도 발견된다. 자신에게 주어진 정보를 넘나들며 그것을 관통하는 통찰을 하는 데 익숙하며 강의 역시 정보보다 메시지를 전달하는 형태를 띤다. 직관형 강사의 메시지 전달이 효과적이려면 카리스마가 다소 요구되기도 한다. 사람들이 관심을 두고 있는 것에 기민하게 반응하고 앞으로 무엇이 트렌드가 될지 판단하는 데에는 이러한 직관적 강사가 유리할 수 있다. 이에 반해 감각형 강사는 자료들을 쌓으며 통찰하며 다른 방식으로 같은 목적지에 도달한다.

3) 사고형 강사와 감정형 강사

사고형 강사는 자신의 논리를 무기로 삼는다. 때문에 이들은 원리주의자로 불리기도 한다. 단체생활 시 규칙을 중시하거나 단체의 이익을 위한 기준에 따라 본인이 옳다고 여기는 판단으로 단체를 이끈다. 개인들의 감정에 좌지우지하지 않고 원리 원칙을 중시하는 논리적 사고를 앞세우는 사람으로서 엄정함이 요구되는 교육에 잘 어울린다. 아직 논리가 통하지 않는 어린아이나 사회 질서보다는 본인들의 유대를 강조하는 청소년 집단을 대상으로 하는 강의에서는 어려움이 있을 수 있다.

　감정형 강사들은 길을 걷는 사람을 보면서도 역지사지할 수 있는 사람들이다. 이들은 소설이나 영화를 볼 때에 등장인물의 감정을 잘 파악하는 경향이 있으며 주변에서 좋은 조언자로 정평이 나 있을 수도 있다. 공동체의 분위기를 따뜻하게 만드는 것에 보람을 느끼고, 사람들의 웃는 모습을 보고 싶어 한다. 이러한 감정형 강사들은 커뮤니케이션 기술이나 심리상담 등을 주제로 강의하면 스스로도 충족감을 느낄 수 있을 것이다. 다만 공감 능력 역시 본인의 귀중한 에너지 자원이므로 아껴 써야 한다.

4) 판단형 강사와 인식형 강사

판단형 강사는 일을 처리할 때 체계적으로 분류하고 조직화하는 데

능숙하다. 이들은 프레젠테이션 자료를 제작하는 것을 즐기며, 강의 계획을 세우면서 신이 나는 사람들이다. 강의 제안서를 제출하고 모집 공고에 응찰하는 강의에도 강세를 보일 것이다. 강의로 전달하고자 하는 목표가 뚜렷해 강의를 하면 알찬 강의라는 평을 많이 들을 것이다. 꼼꼼한 성격이 돋보이는 이들은 학교나 관공서와 같이 절차를 서류로 남기는 강의처들과도 잘 맞는다.

반면 인식형 강사는 시장에 장을 보러 가려다가도 날씨가 좋으면 근처 카페로 들어가 차 한잔하며 하늘을 구경할 사람들로서 늘 의외성에 개방되어 있는 사람들이다. 예상치 못한 상황에 유연하게 적응할 수 있는 이들의 강의는 창의적이라는 평가받을 것이다. 단, 여기에 속하는 강사는 강의 자료나 서류를 체계적으로 분류하고 기록하는 노력이 필요하다.

외향과 내향, 감각과 직관, 사고와 감정, 판단과 인식으로 살펴본 강사의 유형은 모두 대립 구도로 이루어져 있다. 하지만 우리는 100% 외향적이거나 100% 내향적인 경우보다 어떤 면에서는 외향적이지만 다른 면에서는 내향적인 모습을 보인다. 또 객관적인 기준에 따라 판단하지만 동시에 감정을 중시하기도 한다. 본인과 가까운 유형이 복합적일 수도 있음을 염두하고 스스로를 파악하며 장점을 살리고 단점을 극복해 보자.

나를 특화시키는 기술

지금까지 살펴본 네 가지 유형을 통해 스스로를 돌아보고, 스스로를 조금이나마 객관화할 수 있었을 것이다. 하지만 판단형은 꼼꼼하고,

인식형은 유연성이 강하다는 식의 단순한 비교로 끝나서는 안 된다. 본인의 장점은 역량으로서 강화하고, 약점은 보완하는 것이 스스로를 특화시키고 자기만의 강의를 만드는 기술의 핵심이다. 각 유형의 강사들은 어떤 식으로 타 강사와는 다른 나만의 강의를 만들 수 있을까? 몇 가지 도구를 제시해 본다.

1) (모든 유형의 강사를 위한) 주제와 연관된 유머 사용

강의에서 웃음을 유발하면 강의의 분위기를 환기시키고, 동시에 강사의 매력도를 높일 수 있다. 적절한 유머는 강의 집중도를 더욱 높인다. 하지만 강의 주제에서 벗어난 유머는 오히려 집중도를 떨어뜨리기 쉽다. 그렇다고 이 웃음을 유발하기 위해 많은 유머를 준비할 필요는 없다. 단 한 가지의 유머가 오히려 더 효과적인 결과를 가져오는 경우도 있다. 유머로 다 같이 웃으려면 먼저 공통으로 이해하는 부분이 있어야 한다. 공통분모를 바탕으로 한 유머는 한시적이나마 강의 참여자들 사이에 소속감을 안겨 줄 수도 있다. 이러한 소속감은 강의에 대한 집중도와 참여도를 높인다. 한 번 사용한 유머를 변형해 같은 강의에서 여러 번 사용할 수도 있다.

유머는 '사람들과 어울리는 것이 좋고 그런 활동을 통해 에너지를 얻는 외향형 강사', '청중이 무엇을 좋아할지 빠르게 파악하는 직관형 강사', '사람들을 웃게 해 주는 데서 보람을 얻는 감정형 강사'와 '상황 판단에 따라 유연하게 적응할 줄 아는 인식형 강사' 모두에게 중요한 도구가 된다. 강의에서 유머를 구사하는 요령은 강의 경험이 쌓이며 자연히 터득하게 되니 크게 걱정하지 않아도 된다. 더구나 유머가 강의의 핵심은 아니니 말이다.

2) (판단형과 사고형 강사를 위한) 충실한 강의안

자료를 모으고 정리하는 일에 특화된 강사는 자료의 체계적인 분류와 도식화에 강하기 때문에 강의안을 작성하는 데서 능력을 크게 발휘할 수 있다. 판단형과 사고형에 속하는 강사들이 주로 그렇다. 정보 전달이 많은 강의일수록 프레젠테이션만으로는 부족하므로 강의안이 꼭 필요하다. 수업 내용을 충실히 담아 소장 가치가 높은 강의안을 제공하면 청중의 만족도도 상승한다. 강의안을 작성할 때에는 프레젠테이션과 마찬가지로, 화려한 폰트 사용은 자제하는 편이 낫다. 단순한 폰트를 사용하는 것이 오히려 가독성이 좋다. 강의할 때 강의안을 바탕으로 수업을 진행하고 강의 중간에 몇 페이지 몇 번째 줄의 내용을 진행하고 있다고 상기시켜 강사 혼자 강의안을 읊는 것이 아닌 청중의 참여시키는 용도로 사용한다.

3) (내향형 강사를 위한) 콘셉트 잡기

특히 내향형 강사에게 추천하는 차별화 전략은 콘셉트 잡기다. 내향형 강사들에게는 '강의용 인격'이 필요하다. 평소에는 말수도 없고 혼자 조용히 있는 것을 좋아하는 내향적인 배우가 연기를 할 때에는 '배우 인격' 혹은 '연기용 인격'을 활용해 외향적인 면을 보이는 경우가 있다. 이처럼 내향형 강사도 '강의용 인격'을 만들어 활용할 수 있다. 여기서 '강의용 인격'은 강사가 가질 수 있는 하나의 캐릭터 콘셉트가 된다. 그렇다고 억지로 외향적이고 에너제틱한 캐릭터를 연기할 필요는 없다. 강의를 진행하는 동안 청중들에게 일관적인 나를 보여 주는 것이 중요하다. 잘 웃지 않는 성향을 가지고 있는 내향형인 강사라면 안 웃는 강사, 못 웃기는 강사로 콘셉트를 잡을 수 있다. 그 외에도 말을 빨리하는 강사, 목소리가 작은 강사 등 다소 부정적일 수 있는 기질적 특성을 콘셉트화해서 캐릭터로 만들어 청중의 기억에 남을 만한 특별함을 내세울 수도 있다.

4) (외향형 강사를 위한) 퍼포먼스를 통한 의미 부여의 기술

흔히 퍼포먼스라고 하면 춤을 추거나, 무대 기구를 동원한 화려한 공연을 상상하기 쉽다. 하지만 강의 퍼포먼스는 내용 전달을 중심으로 마임, 마술, 드로잉 등을 적절히 사용해 이목을 집중시키며 주제를 전달하는 것을 말한다. 외향형 강사들이 접근하기 쉽지만 개인의 재능과 노력이 다소 요구된다.

마술을 사용한다고 해서 모자 속에서 비둘기가 나오거나 상자를 톱으로 썰고 다시 붙이는 그런 류는 아니다. 강의에서는 간단한 카드 마술이나 작은 공을 1개에서 2개로, 2개에서 4개로, 다시 1개로 만드는 것과 같은 방법으로 이목을 끌 수 있다. 카드 패나 공의 숫자에 의미를 부여하는 방식으로 주제를 전달하는 스토리텔링 기술로 나아갈 수도 있다. 드로잉도 마찬가지다. 사진이나 그림을 직접 제시하는 방법도 효과적이지만, 칠판이나 종이에 직접 그리며 그 과정에 의미를 부여한다면 좀 더 풍성하고 집중력을 높이는 강의를 할 수 있다.

나만의 차별화된 강의란 1에서 10까지 남과 모두 다른 것을 의미하지 않는다. 9까지는 같아도 좋다. 차이는 1에서 나온다. 이는 마치 피자를 만드는 것과 유사하다. 피자는 밀가루 반죽을 기본으로 하는 도우에, 치즈와 기타 토핑을 얹어서 굽는 음식이다. 차별화 전략은 도우를 얇고 바삭하게 만들지, 도톰하게 만들지에 있거나, 오븐에 구울지 화덕에 구울지에 있다. 남들이 올리지 않는 재료를 토핑으로 올릴 수도 있다. 중요한 것은 여전히 사람들이 그것을 피자로 받아들일 수 있어야 한다는 점이다.

　　강사에게 자기 객관화는 굉장히 중요한 능력이다. 자신이 능력과 강점, 그리고 한계를 명확히 파악하고 나만의 강의를 위해 노력한다면 틀림없이 좋은 결과를 거둘 수 있다.

보조 강사에서 청출어람

흔히 강의에서 강사는 가르치고, 배우는 것은 교육생들뿐이라고 생각한다. 그러나 강의를 통해 가장 많이 학습하는 사람은 강사다. 앞서 우리는 미국 행동과학연구소의 학습 효율성 피라미드를 통해 강의 듣기, 읽기 등의 수동적 학습에 비해 참여적 학습 방법인 연습하기, 가르치기에서의 기억률이 훨씬 높다는 점을 살펴봤다. 학습 효율성 피라미드는 교수 중심의 강의에서 교육생 체험을 중시하는 방식으로 나아가야 함을 강조하는 동시에, 강사야말로 강의를 준비하고 실행하면서 자신의 교육 내용을 누구보다 더 강력하게 학습한다는 점을 알게 한다. 다른 사람을 가르치면 배운 것을 복습하면서 배움을 여러 차례, 여러 방식으로 되새길 수 있다. 즉 우리의 뇌가 체험하는 경험이 다면적이기에 훨씬 더 강력하게 흡수된다.

참여 학습은 나만의 강의를 하고 싶어 하는 강사 자신에게도 효과적이다. 그러면 강사는 어떠한 참여 학습을 할 수 있을까? 바로 보조 강사 활동을 통해 참여 학습을 할 수 있다. 다른 현역 강사가 진행하는 강의를 1부터 10까지 함께 참여하며 보조해 보는 것이다. 프로 강사의 강의는 어떻게 진행되는지, 이론으로 알던 것과 실전의 차이는 무엇인지 알 수 있다. 또한 갑자기 생긴 돌발 상황을 프로 강사와 함께 체험해 보면서 스스로 자신감과 순발력을 높일 수 있다.

다른 사람을 통해 배우는 것이 쉽고 즐거운 사람이 있는가 하면 시간이 오래 걸리더라도 혼자서 붙들고 씨름하는 쪽이 맞는 사람도 있다. 전자에 속하는 사람은 보조 강사 자리를 구하는 데에 큰 스트레스를 받지 않을 테지만 후자의 사람은 아마 또 다른 어려운 과제를 받은 기분이 들지 모르겠다. 후자의 경우라면 과감히 자기의 방식을 바꿔 보기를 추천한다. 강사라는 자리는 이미 사람들과의 관계성에 자신을 던지는 곳에 위치하기 때문이다. 강사는 관계 맺기를 두려워해서는 안 되며 타인과의 다름을 받아들이고 그것을 통해 배우려는 자세를 갖는 것이 중요하다. 후자의 여러분, 조금만 뻔뻔해집시다.

그러면 어떤 강의의 보조 강사로 들어가야 할까. 1순위는 내가 하고 싶은 강의를 하는 강사를 보조하는 것이다. 만약 완벽히 내가 원하는 경우가 없다면? 하고자 하는 강의 대상과 비슷한 대상을 상대하는 강사, 혹은 유사한 강의처, 비슷한 주제, 어떤 것이든 간에 교집합을 갖는 곳이 본인의 동기 부여에 좋을 것이다. 물론 강의를 한다는 사실 그 자체가 가장 중요한 것이므로 기회가 생긴다면 일단 가 보는 것이 좋다. 그것이 뭐라도 배우는 길이다. 그러니 내게 보조 강사의 기회가 왔다면 지체하지 말고 잡을 것! 다양한 강의 체험을 통해 생각지도 못한 적성을 만날 수 있다는 기대감으로 열린 마음을 갖기를 조언한다.

글을 쓰는 필자(김) 역시 많은 강의를 보조 강사들과 함께해 왔다. 아이처럼 돌봐 줘야 하는 이들도 있었고, 스펀지처럼 흡수해 성장하는 이들도 있었으며, 오히려 나에게 배울 점을 주는 이들 또한 있었다. 강의에 참여하는 보조 강사가 경계해야 할 태도 몇 가지를 살펴보자.

보조 강사로 참여한 이들 중 절반이 보조 강사가 되었다고 안심하며 그저 그 자리에 있는 것만으로 보람을 느낀다면 믿겠는가? 넉살이 아주 좋은 사람이 아닌 이상 보조 강사 자리를 요청하기까지 많이 긴장하고 많이 망설였을 것이다. 그렇게 우여곡절 끝에 보조 강사를 맡고 나면 무언가 이미 해낸 것 같은 마음에 강의 동안 강사가 부탁하는 것만 하는 데 그친다. 안타까운 일이다. 그렇게 시키는 것만 하다가 끝내면 그 시간 동안 강사에게는 손이 하나 늘어 도움이 되었을지 몰라도 보조 강사로 일한 본인의 손은 빈손인 채로 돌아가는 것이다. 보조 강사로 참여했다면 그 시간 동안 배울 것을 스스로 찾아 배워야 한다. 보조 강사로 지원하는 것은 체험하고 배우기 위해서라는 점을 잊지 말아야 한다. 체험하라! 귀한 시간 내서 일찍 일어나는 새가 되었으면 벌레를 잡을 때까지 긴장의 끈을 놓지 말아야 하지 않겠는가.

그런가 하면 강사가 강의에서 사용하는 프레젠테이션을 사진 찍어 가는 것으로 모든 내용을 '챙겼다'고 생각하는 경우가 많다. 그렇게 찍어 간 사진을 강의 내용과 대조해 가며 몇 번씩 다시 들여다본다면 말리지 않겠다. 하지만 사진을 열정적으로 찍느라 정작 강의에는 산만하게 임한다면? 사진을 찍기 시작하면 내용을 모두 사진으로 기록해 둬야 할 것 같은 조바심이 들기 쉽다. 혹은 사진을 찍어 두면 그 모든 순간이 내 것이 되었다는 착각이 들 수도 있다. 이러한 상태로 사진을 남기면 남길수록, 오히려 강의를 체험할 기회를 잃어버리게 된다. 강의의 현장감과 정보를 함께 기억할 수 있는 소중한 시간이 날아간 뒤 사진 속 프레젠테이션 모습을 들여다본들 무엇이 생각날까? 현장의 기억과 대조할 수 없어 아무것도 머릿속에 떠오르지 않을 것이다. 기록은 중요하다. 하지만 체험이 더욱더 중요하다는 사실을 잊지 말자. 강사가 어느 포인트에서 시청각 자료를 중요하게 사용하는지, 사람들의 반응은 어떤지 사용한 자료는 적절한지 관찰, 또 관찰하자.

보조 강사로 강의를 도울 땐 손만 바쁘게 움직여도 배울 것이 참 많지만 동시에 머리 역시 바빠야 한다. 강의 시작 전 준비물을 챙기는 것, 강의 진행 동안 중요한 순간을 사진으로 기록하는 것, 강사를 도와 교육생들을 챙기는 것 등은 손이 바쁜 일이다. 반면 강의를 마친 뒤 강의의 장점은 무엇이었으며, 나라면 그 장점을 어떻게 가져갈 수 있는지 생각하고, 단점은 무엇이었고, 그것을 나라면 어떻게 보완할지, 그 강의를 바탕으로 나만의 강의를 어떻게 새롭게 만들 수 있을지 등을 생각하는 것은 머리가 바쁜 일이다. 머리가 바빠지는 이 모든 활동은 보조 강의 활동을 마치는 순간부터 빠르게 이루어져야 한다.

　이미 길을 걸어 본 이를 멘토 삼아 좇는다면 나의 길을 찾는 시간을 훨씬 단축할 수 있다. 현재 열띤 강의를 하는 강사들도 처음을 겪은 이들이다. 특히 보조 강사 경험을 쌓으며 멘토를 만나 성장한 강사들이라면 더욱더 본인들이 멘토가 될 기회를 마다하지 않을 것이다. 나를 통해 배우려는 보조 강사를 보면서 강사 자신의 시작을 돌아볼 수 있거니와 함께 성장하는 기쁨은 가르치는 일을 업으로 택한 사람들의 보람이니 말이다.

보조 강사를 하면서 꼭 해야 할 일

① 강의 참여 전 그 강의가 어떤 강의인지, 어떻게 진행되는지 미리 파악한다.

② 강의 장면과 결과물을 사진으로 남긴다. 단, 사진 찍는 일에 너무 치우치지 않도록 주의한다.

③ 강의가 끝나면 그 강의에 대해 정리하고 장점과 단점도 기록해 놓는다. 내가 만약 그 강의를 하면 어떻게 구성할지 강의안을 만들어 본다. 자료가 쌓이면 훌륭한 나만의 프로그램 계획안을 만들 수 있다.

적을 알고 나를 알면 백전백승

강사의 적은 누구일까? 한정된 고용 시장의 측면에서 볼 때, 강사의 적은 다른 강사들이다. 나만의 강의를 만들기 위해서는 바로 이 적들의 강의를 보고 배워야 한다. 이를 통해 나의 강의에서 부족한 점을 보완하거나, 차별화 전략을 효과적으로 사용할 수 있기 때문이다. 지피지기 백전백승이라 하지 않았는가? 그런데 초보 강사들은 라이벌 강사보다 워너비 강사가 더 많을 것이다. 혹은 특정 인물이 아니라, 본인이 되고 싶은 강사의 모습만 어렴풋이 갖고 있을지도 모른다. 이 모두가 자기 성장을 위해 알아야 하는 대상이다. 다른 강사들의 강의를 살피며 내 강의를 만드는 요령을 알아보자.

먼저 어디에서 다른 강사들의 강의를 접할 것인가. 우선 지역적 한계로 강사들의 강의를 모두 직접 볼 수는 없다. 더구나 분석을 하려면 한 강의를 여러 번 봐야 하므로 오프라인 강의보다는 온라인 강의로 눈을 돌려 보자.

쉽게 접할 수 있는 온라인 강의 중 하나가 TED다. TED는 미국의 비영리 재단에서 운영하는데 각 분야의 전문가들을 초빙해 20분 이내로 강의하며 세계 전역에서 개최된다. TED 홈페이지에서는 다양한 강의를 무료로 볼 수 있다. '세바시(세상을 바꾸는 시간 15분)'는 국내에서 운영된다. 국내 강사들이 강의를 하고, 학술적이고 전문적 성격을 띠는 TED와 달리, 소통과 힐링, 사회 치유와 실생활에 도움이 되는 내용이 많다. 또한 유튜브를 통해서도 다양한 강의들을 접할 수 있다. 본인과 강의 주제가 완벽히 겹치는 강사를 통해서만 배울 수 있는 것이 아니다. 옷차림부터 발성과 태도 등 분석할 것들은 참 많이 있다. 특히 어떤 점을 중심으로 보면 좋은지 몇 가지 살펴보자.

1) 강의 도입 방식

대개 강의를 시작할 때 강사는 자신을 소개하거나, 강의 주제의 중요성을 알리며 해당 주제를 해당 강의를 통해 들어야 하는 이유, 혹은 해당 주제를 들어야 하는 이유를 밝힌다. 주제와 전혀 다른 일상 이야기를 하며 청중의 관심을 모으고 본론으로 자연스럽게 넘어가는 경우도 있다. 강사마다 다른 도입부를 비교하며 내게 맞는 방법을 찾자.

2) 이목을 집중시키는 요령

강사마다 청중의 이목을 집중시키는 요령이 각각 다르다. 어떤 강사는 이목을 집중시키려고 아주 작은 제스처를 취하는가 하면 직접 자신을 봐 달라고 요청하는 강사도 있고, 아무 말도 하지 않고 청중을 잠시 지켜보는 강사도 있다. 간단히 손가락을 이용해 이목을 집중시키기도 하고, 심지어는 마술을 하기도 한다. 강사들의 모습을 보면서 강의의 어떤 호흡에서 사람들의 집중도가 떨어지는지, 그리고 주목을 끌어낸 뒤에는 어떠한 화두를 던지는지 잘 살펴보도록 하자.

3) 청중을 참여시키는 법

강의에 따라 청중의 참여가 필요한 경우가 있다. 청중의 참여 방식에도 여러 가지가 있지만 강사가 서는 무대에 청중을 서게 하는 방법도 있다. 무대 위에 올라서는 것은 강사에게도 긴장되는 일인데 하물며 강의를 들으러 온 청중을 앞으로 이끌면 얼마나 긴장할까? 청중의 참여가 필요한 강사라면 다른 강사들이 청중을 무대에 서게

한 후 자연스럽게 말을 끌어내는 화법, 무례하지 않게 분위기를 띄우는 법 등을 살피자.

4) 자신을 알리는 요령

어딘가에 소속된 경우가 아니라면 강사는 스스로를 홍보해야 한다. 어떤 강사는 책을 저술해 자신을 알리고, 어떤 강사는 특정 기관에서 정기 강좌를 열어 그것을 통해 자신을 알린다. 기존 강의에서 다른 강의를 홍보할 수도 있다. 강의 말미에 홍보할 강의의 팸플릿을 주거나 강의안을 프린트해 나눠 주는 등 여러 가지 방식이 있다. 이러한 것도 노하우이므로 빠짐없이 체크하자.

5) 강의 끝맺음 방식

옛말에 끝이 좋으면 다 좋다는 말이 있다. 마무리를 어떻게 하느냐에 따라 강사에 대한 인상이 달라질 수도 있다. 시작을 멋있게 했다면 끝맺음까지 확실하게 하자. 특정 마무리 멘트를 만들어 사용하는 것도 좋은 방법이다.

초보 강사들이 동료 강사나 선배 강사를 통해 배우고 나만의 콘텐츠를 발전시키기 위해 노력하는 것은 본인의 강의가 좋아지는 것과 동시에 전체 강의 시장의 수준을 상향평준화시키는 일이다. 질 좋은 강의 시장이 형성되면 이것은 더 많은 수강생이 배우길 희망하는 결과로 이어지고, 강의 시장이 커지는 선순환이 일어날 것이다. 그러니 강사의 아군 역시 강사들이다.

유 · 무료 온라인 강좌 리스트

● TED www.ted.com

● 세바시(세상을 바꾸는 시간 15분) www.sebasi.co.kr

● 국내외 대학의 공개 강의를 제공하는 한국 오픈코스웨어 KOCW www.kocw.net

● 인문학 교육 포털 아트앤스터디 www.artnstudy.com

● 서울대 열린 강좌 서비스 snuon.snu.ac.kr

● 고려대학교의 공개 강의 kuocw.korea.ac.kr

● 숙명여대 인터넷 공개 강의 스노우 www.snow.or.kr

● 서울시 평생학습포털 sll.seoul.go.kr

● 경기도 무료 온라인 평생학습 www.gseek.kr

● 여성가족부와 경기도일자리재단이 함께하는 꿈날개 www.dream.go.kr

● 인천시민사이버교육센터 www.cyber.incheon.kr

● 광주광역시 시민사이버학습센터 elearning.gwangju.go.kr

● 유튜브 www.youtube.com

④ 어디에서 누구 앞에서 강의할까?

강의처별 특성

나만의 강의안 혹은 강의 프로그램을 확보했다면 이제 그것을 실행할 수 있는 강의처에 대해 생각해야 한다. 강의처마다 특성과 강의 주제가 다르고 수강 대상의 성격도 제각각이다. 학교에서도 교과 과정 외에 특수 강좌의 기회를 마련하고 있고, 그 밖의 여러 기관, 기업 등에서 다양한 콘텐츠로 강의를 열길 희망하고 있다. 그러므로 강사는 다양한 방향으로 강의 기회를 찾아볼 필요가 있다. 각 강의처별 특성을 살펴보자.

1) 대형 도서관

독서진흥법 제28조에서는 공공 도서관의 기능을 '정보 및 교육, 문화센터'로 규정하고 이에 대한 업무로 같은 조 5항에서 '강연회, 전시회, 독서회, 문화 행사 및 평생교육 관련 행사의 주최 또는 장려'한다고 세부 업무를 규정했다. 이는 공공 도서관의 문화적 역할의 중요성을 제시하고 있는 것이며, 많은 강의들이 공공 도서관에서 이뤄지고 있다. 공공 도서관은 대형 도서관은 물론이고 작은 도서관, 마을문고를 포함하는데 여기서는 대형 도서관에 대해 살핀다.

대형 도서관에서는 학생뿐만 아니라 학부모 대상의 강의와 지역 사회 주민을 대상으로 한 인문학 프로그램 등 다양한 프로그램을 운영하고 있다. 각 지역 대형 도서관 홈페이지에 들어가 어떤 강의가 이루어지고 있는지 확인해 보면 기존의 프로그램과 차별화된 프로그램을 어떻게 제안할지 구성하는 데 도움이 된다. 이를 참고해 프로그램 구성안을 만들고 강사 모집 공고에 맞춰 제안서를 제출해 보자.

도서관 문화 프로그램

구분	프로그램	내용
내용	1. 예술 프로그램	미술, 전시, 음악
	2. 독서 프로그램	독서 토론, 작가와의 만남
	3. 일회성 강의 및 행사	과학의 날 행사, 독서의 달 행사 등
	4. 교육 프로그램	평생교육 프로그램
	5. 취미 문화강좌 프로그램	사진, 비누공예, 스포츠, 만들기 등
형식	1. 특강/ 패널 토론	전문가, 외부 강사의 강의
	2. 지도강좌	이용자에게 '방법'을 알려 주는 것
	3. 워크숍	지도강좌와 함께 하는 활동을 포함
	4. 시범강좌	보여 주고 이야기하는 수업
	5. 공연	악기연주, 무용, 연극 등
	6. 토론회	특강 주제를 가지고 토론
	7. 영화상영	일정 시간에 계속적으로 시행함

출처: 문화체육관광부, <도서관 문화 프로그램 모형 및 운영 매뉴얼에 관한 연구>, 2008., p.17~20.

강사 모집 공고에는 도서관에서 강의 프로그램에 기대하는 목적과 목표가 제시되어 있다. 이를 충실하게 반영한 프로그램으로 지원하면 더 유리하다. 아무리 독특하고 잘 짜인 프로그램이라도 강의처의 기준에 맞지 않으면 선발되기 어렵다.

모집 공고의 시기는 정해져 있지 않으므로 공고가 따로 올라와 있지 않다면 직접 전화를 걸어 문의해 보는 것도 방법이다. 또한 도서관 특성상 방학 특강 프로그램을 운영하기 마련이므로 학교 방학 최소 1개월 전부터 홈페이지를 자주 접속해 공고가 올라오는지 확인하는 요령이 필요하다. 모집 공고가 나지 않은 시기라도 미리 자신이 할 수 있는 프로그램을 정리해 메일로 보내 홍보하는 것도 도움이 된다.

대형 도서관과 작은 도서관 등을 포함한 공공 도서관 문화 프로그램에 대한 사람들의 관심도는 미술, 외국어, 스포츠, 컴퓨터 등으로 다양하다. 어린이 대상 강좌와 독서 강좌에 대한 수요도 꾸준한 편이다. 각 도서관마다 특화 분야를 정해 놓고 그 분야에 맞춰 설비를 마련하고, 양서를 구입하고 관련 강좌를 개설하기도 한다. 반면 복합 공간을 확보하지 못한 도서관이 충분한 시설이 필요한 스포츠와 같은 프로그램을 마련할 리는 없겠다.

이러한 세세한 사항을 파악하는 노력을 들인다면 좀 더 좋은 결과를 얻을 수 있다.

2) 작은 도서관

주 5일 근무와 근로 시간 단축이 법령화됨에 따라 개인의 여가 활동

이 늘고 있고, 이에 따라 여가를 활용하는 지역민들 간의 소통의 장소로 작은 도서관이 많이 늘어나고 있다. 대형 도서관이 들어서기에는 협소하지만 공공 문화 공간에 대한 수요가 있는 장소에 마련되어 마을 커뮤니티의 역할을 하고 있는 작은 도서관은 공공 도서관의 한 범주로서 공중의 생활권역에서 지식 정보 및 독서문화 서비스 제공을 주된 목적으로 하는 소규모 도서관이다.

작은 도서관에서도 대형 도서관과 마찬가지로 학생을 대상으로 한 독서 프로그램이나 학부모 대상 문화 프로그램 등을 운영한다. 주변에 있는 작은 도서관에서 운영하고 있는 프로그램을 미리 알아보자. 각 홈페이지에서 담당자의 메일 주소를 확보해 제안서를 만들어 보낸 후, 전화 통화를 통해 이야기 나눠 보는 방식을 추천한다.

3) 평생학습관

평생교육법 제21조에 따라 각 시 · 도의 교육감은 관할 구역의 주민을 대상으로 평생교육 프로그램 운영과 평생교육 기회를 제공하기 위해 평생학습관을 설치 또는 지정, 운영해야 한다. 각 지역 평생학습관도 다양한 대상을 위한 강의 프로그램을 운영하고 있으며 공모를 통해 프로그램 기획을 받는다.

보통 8월 무렵 이듬해로 넘어가는 겨울 강의의 운영 공고가 나온다. 프로그램을 선정하고, 그 후 수강 인원을 모집하고 오리엔테이션으로 이어지는 시간까지 1개월 정도 걸린다는 점을 감안해 분기마다 확인할 필요가 있다. 서울과 수도권의 경우에는 지원하는 강사가 많아 경쟁률이 높으므로 경력이 부족한 초보 강사의 경우 선정되기 쉽지 않지만 지방의 경우 강사와 프로그램이 부족한 편이다. 본인의 프로그램에 자신이 있다면 수요가 있는 곳에 도전해 보는 것도 좋겠다.

평생학습관의 교육생은 초등학생부터 전 연령대를 대상으로 한다. 아래의 표를 보면 기초 문해 교육부터 인문학적 교양, 생활예술까지 다양한 강의가 마련되어 있다.

평생학습관 운영 프로그램

대분류	소분류
기초 문해 교육 (언어적 기초와 활용)	내국인 한글 문해
	다문화 한글 문해
	한글 생활 문해
학력 보완 교육 (학력 조건과 인증)	초등학생 학력 보완
	중학생 학력 보완
	고등학생 학력 보완
직업 능력 교육 (직업 준비 및 직무 역량개발)	직업 준비
	현직 직무 역량
	자격 인증
문화예술 교육 (문화예술 향유 및 활용)	레저 생활 스포츠
	생활 문화 예술
	문화예술 향상
인문교양 교육 (교양확장 및 소양개발)	건강 심성
	기능적 소양
	인문학적 교양
시민참여 교육 (사회적 책무성 및 공익적 활동)	시민 책무성
	시민 리더 역량
	시민 참여 활동

출처: 권영주, 《평생학습관 프로그램 운영실태조사》, 강남대학교 교육대학원, 2014.

4) 지역아동센터

지역아동센터는 아동들을 보호하고, 아동들에게 교육, 건전한 놀이와 오락 기회를 제공하며, 보호자와 지역 사회의 연계 등 아동의 건전 육성을 위해 종합적인 아동복지 서비스를 제공하는 아동복지시설이다. 처음에는 도시빈민 지역 아동을 위한 공부방 개념으로 시작

지역아동센터 프로그램		
구분	사업 내용	세부 내용
정규 프로그램 운영	생활지원(보호) 프로그램	지역 사회 내 방임아동보호, 일상생활지원 건강생활지도, 위생지도
	학습지원 프로그램	학교생활준비지원, 학년별 학습지도, 학습부진아 지도, 학습지원 성과 평가, 숙제지도, 예체능 교육
	놀이 및 특별활동지원	문화체험, 견학, 캠프, 공동체 활동, 놀이활동 지원, 특기 적성 프로그램지원 등
	이용자 사례 관리	상담, 부모 교육, 가족상담, 결연후원 아동 사례 관리, 가족지원 등
	지역자원 연계 프로그램	지역 내 인적자원 확보 및 관리, 물적자원 확보 및 관리, 관련 기관 연계 프로그램, 홍보 등
	주말, 공휴일, 일요일, 사랑방 프로그램	종이접기, 탐구 학습, 외국어 학습, 경제 교육, 캠프, 문화체험 등
특별 프로그램 운영	가족 기능 강화 프로그램	결연지원, 푸드뱅크 연계, 사례 관리, 가정방문 및 부모 교육, 재가복지 서비스
	야간 보호 프로그램	아동 보호
	1318세대 프로그램	학령기 아동 이후 연계 지도 프로그램
홍보	소식지 발송 및 홍보	분기별 소식지 발송, 정기 지역 홍보
아동 관리	요보호 아동 발굴	지역 내 학교, 동사무소, 어린이집 연계 지역

출처: 김석양, 《지역아동센터 프로그램 실태 및 활성화방안》, 고신대학교 선교목회 대학원, 2011.

되었지만 지금은 맞벌이 가정 자녀들의 방과 후 돌봄 서비스 기관으로 확대되어 운영되고 있다. 초등학생부터 고등학생까지를 대상으로 하며, 1년 이상 다니는 학생들이 대부분이다. 그런 이유로 지역아동센터에서의 프로그램 운영 시에는 매해 프로그램에 변화를 주어 교육생들이 새로운 프로그램을 경험하도록 할 필요가 있다.

지역아동센터에는 강사 활동 자원봉사자도 모집한다. 대상과 주제에 맞춰 내용을 준비한 뒤 강의를 통해 봉사할 수 있다. 관심이 있는 지역아동센터에서 어떤 프로그램이 운영되고 있고, 어떤 프로그램이 부족한지 정보를 수집한 후에 그곳에서 아직 접하지 못한 프로그램으로 제안하면 기회를 얻을 수 있을 것이다. 전국지역아동센터협의회인 온프렌즈(https://kaccc.org)에 방문하면 자원봉사나 프로그램 공모에 대한 정보를 얻을 수 있다.

5) 진로직업체험센터

전국 진로직업체험센터들은 자유학기제 확대 및 맞춤형 진로 설계를 지원하는 정책이 추진됨에 따라 단위학교 진로체험지원을 위해 '교육지원청—지자체—지역 사회—학교' 간 지역협력 체계 기반을 조성하는 허브 역할을 담당하고 있는 공공기관이다. 상시 직업인 멘토를 모집하고 있으며 멘토와 학교를 연결시켜 주는 역할을 한다. 현재 갖고 있는 직업 외에도 전직으로 멘토링 지원해 학생들을 교육할 수 있다. 멘토가 되면 청소년의 진로 탐색을 돕고, 청소년이 전문 직업인으로서 해당 직업에 대해 올바르게 이해할 수 있게 도우며 스스로 원하는 직업을 선택할 수 있게 하는 역할을 맡는다. 자신이 살고 있는 지역뿐 아니라 다른 지역 센터에도 지원할 수 있으며 복수 활동이 가능하다. 센터에서는 직업인 멘토뿐만 아니라 진로와 관련 있는 프로그램과 동아리 지원사업 등 지역에 맞는 특성 있는 진로 프로그램을 운영하고 있다. 멘토로 가입되어 있으면 프로그램 공모나 진로 박람회 등에 대한 정보를 얻을 수 있다.

진로체험 유형별 활동 내용

유형	활동 내용
현장 직업체험형	학생들이 관공서, 회사, 병원, 가게, 시장과 같은 현장 직업 일터에서 직업 관련 업무를 직접 수행하고 체험 ※ 멘토 1인당 10명 내외 학생지도 권장
직업 실무체험형 (모의 일터 직업체험)	학생들이 직업체험을 할 수 있는 모의 일터에서 현장 직업인과 인터뷰 및 관련 업무를 직접 수행하고 체험하는 활동(현장 직업인 멘토 필요) ※멘토 1인당 15명 내외 학생 지도 권장
현장 견학형	일터(작업장), 직업 관련 홍보관, 기업체 등을 방문해 생산 공정, 산업 분야의 흐름과 전망 등을 개괄적으로 견학하는 활동
학과체험형	특성화고, 대학교(원)을 방문해 실습, 견학, 강의 등을 통해 특정 학과와 관련된 직업 분야의 기초적인 지식이나 기술을 학습하는 활동
진로캠프형	특정 장소에서 진로심리검사, 직업체험, 상담, 멘토링, 특강 등 종합적인 진로 교육 프로그램을 경험하는 활동
강연형 · 대화형	기업 CEO, 전문가 등 여러 분야의 직업인의 강연(대화)을 통해 다양한 직업 세계를 탐색하는 활동 (대화형은 40명 내외 학생 기준)

출처: 교육부 진로체험 전산망 '꿈길', <진로체험 운영 및 꿈길 활용매뉴얼>, 2015., p.10.

6) 문화센터

대형 마트나 백화점 문화센터 강좌는 매해 계절마다 봄, 여름, 가을, 겨울의 4학기로 이루어져 3개월 동안을 한 학기로 운영한다. 정기 강좌 외에도 방학 강좌, 단기 강좌, 일요 강좌, 특강 강좌, 무료 강좌 등 다양한 형태의 강좌를 운영한다. 프로그램은 수강 대상을 중심으로 나눌 수 있는데 수강 대상은 크게 성인, 직장인, 청소년, 초등학생 (어린이), 유아, 영아로 구분된다. 각 대상별로 교육프로그램은 전문가 과정, 음악, 미술, 댄스, 요리, 문학, 어학, 컴퓨터로 나눌 수 있다. 이 중 가장 큰 고객은 백화점을 많이 이용하는 주부다. 아이와 함께하는 유아, 영아 프로그램도 활성화되는 추세다.

    강의가 계속해서 좋은 호응을 얻으면 프로그램을 지속적으로 진행할 수 있다. 대형 마트나 백화점 문화센터는 고객 유치가 목적이기 때문에 사람을 모이게 하는 프로그램을 선호한다.

7) 노인복지센터

노인복지센터에서 운영되는 여러 프로그램들은 노인복지센터 홈페이지를 통해 확인할 수 있다. 기존에 하고 있는 프로그램과 비슷한 내용으로 지원하기보다는 새로운 프로그램을 제안해 경쟁력을 높여 보자.

    홈페이지를 통해 강사와 강의 프로그램 공모를 하는 경우도 있으므로 본인이 강사로 활동할 수 있는 지역 센터의 홈페이지를 주기적으로 방문하는 것이 좋다. '시니어들이 이런 것도 할 수 있을까?'란 의심으로 프로그램을 만들면 대상자들이 따분함을 느끼는 강의가 되어 버릴 가능성이 크다. 배우고자 하는 이들이 모인 자리이므로 선입견을 버리고 프로그램을 만들어 제안한다면 선정될 확률이 높다.

노인종합복지센터 교육프로그램 현황

주제	프로그램명
건강	- 건강 체조, 맷돌체조, 다이어트 댄스, 요가 댄스, 댄스 스포츠, 에어로빅, 기공 체조 등 체력 단련 프로그램 - 치료 목적, 재가당뇨 관리, 원스톱클리닉, 한방, 안과 치료 등 각종 의학 상담
문해 · 교양	교양 강의, 시청각 교육, 한글, 산수 초급 · 중급교실, 한문, 한글 서예, 영어, 일본어, 중국어 초 · 중급교실 등
정보화 교육	컴퓨터 기초 활용, 인터넷, 포토샵 등
죽음준비	부부 아카데미, 더불어 사는 삶, 영정사진 찍기, 아름다운 삶 마무리 등
취미	크로마하프, 하모니카, 드럼, 장구, 바둑, 장기, 까롬, 미술 등 서울시 어르신 연합음악회
	부부앙상블, 댄스스포츠, 전통리듬체조, 다이어트, 우리 춤, 탁구 초급반, 포켓볼, 종이 조각 등(클럽 동아리)
	덩더쿵 장구 교실, 민요 교실, 우리춤 한마당, 전통 리듬체조(전통문화)
취업/ 자원봉사	한자, 예절, 종이접기, 구연동화, 지구촌문화, 경제, 단전호흡, 맷돌 체조, 가요, 민요, 서예, 수지침 등(특강 및 상담)
기타	자율프로그램, 도서관, 인터넷카페, 독서실, 기자단 · 종교지도
	수료식, 반별 척사대회, 단합 나들이, 연극발표회, 송년모임, 순회위문공연 등(특별 행사)
	출판-신문 발간, 기자 교육 및 간담회 등(특화 프로그램)

출처: 이명희, 김미초,《공공 도서관에서 제공하는 노인 대상 교육 프로그램에 관한 연구》, 한국바블리아학회지, 2010.

8) 50플러스센터와 시니어클럽

50플러스센터와 시니어클럽은 시니어를 대상으로 한 기관이다. 서울에서는 50플러스센터를 운영하고 있으며 지방은 시니어클럽을 운영한다. 이들 기관에서는 시니어들의 인생 이모작을 위한 다양한 프로그램이 진행되고 있다.

2019년 현재를 살아가고 있는 시니어들은 베이붐 세대가 일군 빠른 경제 성장의 영향으로 경제적 풍요로움을 누리고 발달된 의료 기술의 혜택을 받았고 비교적 교육 수준이 높다. 이러한 시니어들은 자아실현을 위해 적극적이고 능동적인 삶을 살고자 하고 사회 활동에 적극 참여하는 모습을 보여 기존 시니어와 차별된 액티브 시니어

전통적 노년층과 액티브 시니어의 생활 의식 비교

구분	전통적 노년층	액티브 시니어
생활 의식	보수적, 비관적	합리적, 미래지향적
노년기 의식	인생 종말기	자기실현의 기회, 제3의 인생
삶의 태도	검약, 소박, 무취미	여유, 즐김, 다양한 취미
독립성	자녀 등에 의지	강한 독립심, 사회 시스템 의지
노후 설계	자녀 세대에 의지	계획적인 노후 설계
가치관	노인은 노인답게	나이는 숫자에 불과하다
레저관	일은 재미, 여가는 수단	여가 자체의 가치 목적화
자산 처분	자녀 상속	본인을 위한 처분
여행 형태	친목 등 단체 여행	여유 있는 부부 여행
취미 생활	노인 세대만 교류	취미의 다양화, 다른 세대와 교류
생활 스타일	한국식 선호	타 문화와 교류적 생활

출처: 이민혜, 이현수, 《액티브 시니어를 위한 도심형 노인주거서비스에 관한 연구》, 한국실내디자인학회, 2008.

라 할 수 있다. 따라서 액티브 시니어에 대한 교육 프로그램은 기존 시니어 교육 프로그램과는 달라야 한다.

9) 기업체

강사들에게 가장 큰 고객처는 기업이다. 대개 기업 강의는 지자체나 각종 센터들에 비해 강의의 단가가 높은 편이다. 기업 강의 콘텐츠의 경우 컨설팅을 병행하는 경우가 많으며 연차별, 직무별로 다양한 교육을 할 수 있다. 이 분야에 진출하기 위해서는 해당 분야 또는 자신만의 전문 분야를 다져 경쟁력을 지녀야 한다.

기업체에서 주로 강의되는 분야(2019년 현재)

분야	과목명
리더십	리더십 코칭, 리더십 커뮤니케이션, 팔로어십, 관리자 리더십 등
커뮤니케이션	조직 소통, 조직 활성화, 커뮤니케이션 화법 등
직무 공통	기획력, 비즈니스 글쓰기(보고서/기획서 등), 프레젠테이션 등
직무 세부	마케팅, 인사 관리, 총무, 경영 전략, 신사업 기획 등
코칭	임원 코칭, 그룹 코칭, 핵심인재 코칭 등
법정의무 교육	성희롱예방 교육, 개인정보보호 교육, 산업안전보건 교육, 장애인인식개선 교육

5 최신 인기 강의 콘텐츠 분석

젠더 · 페미니즘

강사는 모든 연령대의 사람들을 다양한 장소에서 만나 빠르게 변화하는 사회 이슈와 새로운 시각을 전달한다. 젠더 · 페미니즘은 최근 청소년부터 성인, 기업인까지 다양한 사람들이 관심을 갖는 주제다.

페미니즘은 하나의 철학이자 윤리적 태도이기 때문에 강사 스스로도 단순 지식을 전달하는 강의 방식보다 공동체와 세계를 이해하는 하나의 태도로서 전달해야 한다. 페미니즘을 처음 접하거나 페미니즘에 대한 이해도가 낮은 청중을 대상으로 할 때에는 꼭 전달해야 하는 내용이 있다. 페미니즘은 여성만의 문제가 아니며, 여성만이 페미니즘의 주체가 아니라는 점이다. 또한 페미니즘은 여성과 남성을 하나의 대치 관계로 설정하지 않는다는 점도 전달해야 한다.

이제 페미니즘을 주제로 강의할 때 자주 등장하는 단어들을 살펴보자. 여기에서는 가부장제, 섹스, 젠더, 섹슈얼리티, 주체와 타자

등 역사의 타임라인을 통해 설명 가능한 기본적인 개념들은 뒤로하고, 현재 자주 등장하는 쉽고 기초적인 어휘들을 중심으로 살펴본다.

1) 기울어진 운동장

'기울어진 운동장'은 불공평한 사회 구조를 설명하는 표현이다. 한쪽으로 기울어진 운동장에서 축구를 하면 기울어진 방향으로 공격하는 팀이 유리하다. 여성 억압과 종속을 당연시하는 문화는 기울어진 운동장처럼 불공평한 상황을 만들고 여성을 차별하며 여성의 인권을 침해한다.

2) 코르셋 · 탈코르셋

코르셋은 여성 속옷으로 허리를 조여 신체 변형을 일으킨다. 근대 의학이 제시한 여상 신체에 대한 이상적 기준은 허리가 가늘고 골반이 넓은 형태의 몸이었다. 이러한 기준이 문제가 되는 것은 여성 신체의 다양성을 위협하고 억압하며 그 기준에 도달하지 못하는 여성의 신체는 마치 문제가 있는 몸이 되기 때문이다. 이러한 의미에서 코르셋은 페미니즘에서 여성 억압을 설명하는 말, 탈코르셋은 여성 해방을 의미하는 말로 사용되고 있다.

3) 백래시

여성들이 자유롭게 자신의 목소리를 내고, 머리를 짧게 자르고, 활동이 자유로운 옷을 입고, 타당한 권리를 주장하자 그것을 거부하는 목소리가 나오기 시작했다. 백래시는 사회 · 정치적 변화에 대한 반발 심리 또는 행동을 말하는데 이러한 반(反) 페미니즘적 심리와 행동도 백래시다.

4) 성적자기결정권

성적자기결정권은 한 개인이 섹슈얼적인 것에 관해 주체성을 가지고 행동할 수 있는 권리다. 성폭력 사건에서 피해자가 스스로 결정한 행위인가 강제적인가 기준을 제공하지만, 성적자기결정권의 의미가 성적자기결정능력과 자주 엇갈리며 가해자에게 유리한 조건을 제공한다. 성적자기결정권과 성적자기결정능력은 다르다. 결정을 하는 권리와 결정을 할 수 있는 능력에 대한 차이를 구분할 수 있음에도 불구하고, 정조를 지켜야 한다고 생각하는 여성이 성폭행을 당했다면 그 원인이 여성에게도 있다고 손가락질하는 사회 맥락 속에서 이러한 키워드를 이해하는 것은 굉장히 중요하다.

5) 여성적/남성적

프랑스 사상가 시몬 드 보부아르(Simone de Beauvoir)는 "여성은 태어나는 것이 아니라 만들어지는 것이다"라고 말했다. 이 말은 우리가 여성성이라고 생각했던 부분이 사실은 사회·문화적 산물이라는 뜻이다. 그리고 이러한 사회·문화 구조는 성역할의 틀을 내세워 여성을 집에 종속시키는 방식, 그리고 남성을 가부장으로 내세우는 방식으로 각자의 성별에 걸맞게 행동하라고 요구해 왔다. 사회가 개개인에게 성적인 억압을 가한 셈이다. 이러한 억압이 담론화되고 가시화되어 감에 따라 이분법적 성별 구분과 남성적, 여성적 성역할 통념을 거부하며 사회 속 개개인의 역할이 서로 교차되고 중첩되어야 한다고 요구하는 목소리가 높아지고 있다. 여성적인 것과 남성적인 것에 대한 구분이 가진 폭력을 깨달아 서로의 가능성을 성별로 제한하지 않음으로써 우리 사회와 문화의 발전 가능성을 넓힐 수 있다.

다문화

한국에서 체류하고 살아가는 외국인 수가 매해 증가하고 있다. 그러나 아직도 우리는 단일 민족, 단일 국가라는 프레임에 갇혀 있다. 여러 문화가 공존하는 다문화에 대한 강의를 준비하는 강사는 다문화에 대한 인식과 미래를 위한 대안을 제시해야 하기 때문에 기본적으로 한국의 다문화 정책의 역사나 흐름을 이해하는 것이 중요하다.

4차 산업혁명

'4차 산업혁명'이라는 주제는 기업부터 학교까지 다양한 대상과 단체들이 선호하는 강의 주제다. 초중고생들, 취업준비생들, 직장인, 창업을 준비하는 사람들까지 모든 연령층과 분야에서 관심을 가진다. 4차 산업혁명은 미래의 기술을 다루는 주제이기 때문에 다른 주제보다 기술, 사회, 문화 등 다양한 요소들을 갖춘 전문 강사가 필요하다. 그러나 전공자를 대상으로 하는 기술적인 부분을 제외하고는 '미래의 우리의 삶'을 사회·문화적으로 접근하는 강의를 요구하는 경우도 많다. 따라서 강사는 4차 산업혁명의 기본적인 기술을 이해하고 새로운 산업혁명이 우리의 삶에 어떤 영향을 미칠 것인지, 새로운 기술들에 적응하고 공존할 수 있는 다양한 방안들은 무엇인지 제시할 수 있어야 한다.

스토리텔링

상품 홍보의 차별화, 자기 어필 등의 중요성이 부각되면서 스토리텔링에 대한 사람들의 관심이 많아지고 있다. 더불어 스토리텔링을 주제로 한 강의도 늘고 있다. 스토리텔링은 story와 telling의 합성어로 '이야기하다'라는 의미를 가지고 있다. 자신을 소개할 때는 물론 의견을 전달하거나 설명하고 싶은 것이 있을 때 스토리텔링은 효과적인 의미 전달 방법으로 작동한다. 거두절미하고 전달하고자 하는 말의 핵심을 바로 전달할 수도 있지만 자신이 알리고자 하는 바를 재미있게 생생한 이야기로 설득력 있게 전달한다면 기억에 오래 남고 좋은 인상을 심어 줄 수 있기 때문이다.

스토리텔링의 사전적 의미를 생각했을 때 스토리텔링의 중심 키워드는 '상대방', '재미', '생생한 이야기', '설득'이다. 강사는 상대방, 즉 청중에게 재미있게 생생한 이야기로 본인이 전달하려고 하는 의미를 잘 전달하거나 설득해야 한다. 따라서 스토리텔링은 최근 주목받고 있는 강의 주제이기도 하지만 강사에게 필요한 요소이기도 하다.

강의를 듣는 사람들은 사실보다 이야기에 집중하고 이야기를 더 오래 기억한다. 유명 강사들은 대부분 뛰어난 스토리텔러다. 남의 이야기를 전달하는 사람은 초보 강사이며, 자신의 이야기를 전달하는 강사는 숙련된 강사다. 강의를 하는 사람들은 평소에 모든 이야기를 강의의 소재로 생각하고 스토리를 발굴해야 한다. 강의에 필요한 나의 이야기를 만들어 주제에 맞는 이야기를 풀어낼 수 있어야 한다. 강사는 이야기꾼이며 주제에 맞게 어떻게 이야기를 구성하느냐에 따라 뛰어난 강사로 인정받을 수 있다.

강사의 스토리텔링 기법뿐만 아니라, 청중들의 스토리텔링도 중요하다. 특히 소수로 이루어지는 강의 시간에 영화나 동영상을 감상하고 이야기를 나눌 때 소감을 물어보면 "재미있었어요" 아니면 "감동적이었어요"라는 단답형 답변이 대부분이다. 이때 그들의 이야기를 끄집어낼 수 있는 교육 툴(tool)을 이용하면 좋다. 예를 들어 이야기 카드를 사용하면 조금 더 다양하고 풍부한 내용의 소감을 공유할 수 있다. 이렇게 강사가 수강생의 스토리텔링을 잘 유도하면, 더욱 의미 있고 몰입도와 전달력 높은 강의를 진행할 수 있다.

스토리텔링을 강의 주제와 접목할 때는 스토리텔링의 속성과 강의 주제가 가지는 속성을 연결해 강의를 구성한다. 예를 들어, 스토리텔링을 접목한 인성 강의, 창의성 강의, 다양성 강의 등을 진행할 수 있다.

1) 강사 소개를 하며 스토리텔링을 활용하는 방법

강의의 시작은 강사 소개다. 강의 주제에 맞게 강사를 소개하는 방법을 여러 개 준비해 두는 것이 좋다. 이야기의 종류뿐 아니라, 1분부터 3분까지 시간대별로 준비하면 활용하기 편리하다. 그동안의 강의 경력을 일일이 나열하는 강사들이 있는데, 그다지 관심을 끌만한 강사 소개는 아니다.

ⓐ 강사를 소개할 때 이미지를 활용하거나 진진진가 게임을 만들어

활용하면 교육생들이 강사를 파악하기도 쉽고 강의장 분위기도 한결 부드러워진다. 진진진가 게임은 문장 4개 가운데 3개는 진짜 내용을 담고, 1개는 가짜 내용을 담아 어느 문장이 가짜인지 알아맞히는 게임이다.

ⓑ 유명인들과 강사의 공통된 스토리를 활용해 강사를 소개한다. 예를 들어 "레이 크록은 쉰세 살에 맥도날드 1호점을 차렸습니다. 레오나르드 다빈치는 쉰 살에 가까운 나이에 모나리자를 그린 것으로 알려지고 있고, 에펠이 에펠탑을 세운 것도 50대였습니다. 모두 늦은 나이에 놀라운 성과를 낸 사람들입니다. 저 또한 늦은 나이에 강사로 나서며 여러분 앞에 섰습니다"라고 말하면 한결 좋은 분위기를 만들 수 있다.

2) 청중들의 소감이나 의견을 나누며 스토리텔링을 활용하는 방법

강의를 진행하면서 텍스트나 영상 등 미디어 자료를 본 뒤에 소감을 나누는 경우가 있다. 그때 청중들이 직접 그림 카드나 사진을 이용해 이야기를 만들어 발표하도록 한다. 이를 통해 단편적인 소감이 아닌 깊이 있는 소감을 나눌 수 있으며, 소감 나누기만으로도 강의의 주제에 맞는 피드백을 충분히 할 수 있다.

3) 프로그램을 진행하며 스토리텔링을 활용하는 방법

자기 자신을 표현하는 강의 프로그램을 진행할 때 스토리텔링 기법은 유용하다. 예를 들어 키워드를 뽑아 자신의 이야기를 만들면서 자신을 발견하는 프로그램에 적용할 수 있다. 그러면 참여도도 높일 수 있고 내용도 풍성해진다. 스토리텔링은 진로 프로그램이나 소통 프로그램, 화합 프로그램에서 다양하게 활용할 수 있다.

리더십 커뮤니케이션

기업 교육에서 가장 수요가 많은 부분은 리더십과 커뮤니케이션이다. 각기 다른 분야인 것 같지만 사실은 같은 맥락으로 연결되어 있어서 하나의 카테고리로 보아도 무방하다. 기업이나 단체 등의 '조직'은 결국 사람과 사람이 모여서 일을 하는 곳이다. 그러다 보니 업무 외적인 문제가 업무에 영향을 미치는 경우가 비일비재하디. 당장 우리 일터를 생각해 보자. 업무 때문에 받는 스트레스가 많은가 아니면 관계로 인한 스트레스가 많은가.

실제로 컨설팅 기업의 임직원들을 대상으로 인터뷰를 해 보면 업무의 기술적인 문제로 애로 사항이 있다고 말하는 사람은 거의 없다. 대부분 상사와의 관계, 팀원과의 관계, 부하 직원과의 관계 등 관계로 문제를 겪는다. 위에서 말한 커뮤니케이션이 일반적인 '소통'에 관한 내용이라면 조직 커뮤니케이션은 주로 리더십이 해결책으로 제시된다. 여기서 리더란 임원이나 대표를 이야기하는 것이 아니라 자기 자신이 하나의 온전한 셀프 리더가 되어 주변에 영향을 미치는 사람을 뜻한다.

그래서 최근 리더십 커뮤니케이션 및 임원 리더십에 관한 교육에서는 코칭(Coaching)이 빠르게 확산되고 있다. 코칭은 답을 내려주는 전통적 교육 방식이 아닌, 대상자 스스로가 문제를 깨닫게 해주는 방식으로서 자기 인식을 돕는 커뮤니케이션 스킬이다. 그 효과를 본 많은 조직들의 입소문으로 코칭을 활용한 리더십 커뮤니케이션이 조직문화의 해결책으로 많이 알려지고 사용되고 있다.

강의 영역 확장하기

우리는 엄청난 변화의 시대 속에 살아가고 있다. 우리에게 필요한 지식들도 빠르게 변하고 있는데 동시대적으로 빠르게 변하는 지식의 경우 작년에 새롭게 알게 된 것이라고 하더라도 효용성이 반감되며 2년이 지나면 내용이 바뀌기도 하고 3년이 지나면 아예 쓸모없는 내용이 되기도 한다. 그만큼 강사는 새로운 환경과 담론의 중심에 있어야 하며, 시대가 요청하는 시각과 사유 그리고 태도에 알맞게 강의 영역을 확장해 나가야 한다.

필자(김)는 '진로'라는 주제로 강의를 한 지 6개월 만에 이 분야의 강의 영역이 무한대라는 것을 알게 되었다. 처음에는 무작정 직업큐레이터 자격증을 따고 70개가 넘는 직업의 직업체험 프로그램을 만들었다. 내가 할 수 있고 해야 하는 영역이 직업체험뿐이라고 생각했기 때문이다. 이렇게 직업체험 프로그램을 만들다 보니, 다양한 체험 프로그램과 직업에 대한 정보가 필요했다.

그런데 공부를 하던 중, 진로를 직업에만 한정하는 것이 얼마나 편협한 생각인지 깨닫게 되었다. "학생들에게 직업체험을 시키는 것이 과연 그들의 꿈과 끼를 개발하는 데 도움이 될까?"라는 의문도 들었다. 이런 의문은 아이들의 꿈과 끼를 찾기 위한 자기 탐색이 선행되어야 한다는 생각으로 이어졌고, 점차 자기 탐색과 진로독서 프로그램으로 강의 영역을 확장해 나갔다. 그다음은 4차 산업혁명 시대를 살아갈 청소년들을 위해 스스로 새로운 직업을 만드는 창직 프로그램을 만드는 쪽으로 이어졌다.

이런 식으로 주제만 확장하다가, 다시 강의 대상을 새로운 연령으로 확장했다. '진로'는 모든 세대의 고민이라는 점을 인식하게 되었고, 청소년을 대상으로 한 프로그램을 보완, 수정해 성인 대상 프로그램을 만들었다. 이는 다시 자활센터와 노인복지센터 등에서 진행하는 다양한 연령층을 대상으로 하는 강의로 이어졌다. 몇 줄로 요약하니 단기간에 이런 확장으로 연결된 것처럼 보이지만, 사실 몇 년의 세월과 노력으로 이뤄 낸 성과다. 물론 이러한 확장은 필자 본인의 능력으로만 일군 것이 아니라, 동료 강사들과 교육 기관들과의 협업으로 이룬 것이다.

본인의 강의 영역을 넓히기 위해서는 자신이 가지고 있는 강의 영역을 창직의 3원리를 이용해 구조화해 봐야 한다. 강의 영역을 확장할 때는 자신이 가장 잘하는 분야에서 시작해야 한다. 창직 또한 자신이 가장 잘하는 것을 찾아 새로운 직업을 만드는 것이다. 창직의 3원리는 발견, 융합, 세분화인데, 자신의 특기 강의를 창직의 3원리에 맞추어 정리해 보면 대상과 강의 분야를 확장해 나갈 수 있다.

다음 표의 예에서처럼 '자서전 쓰기 프로그램'은 책 만들기를 중심으로 강의했는데, 그러한 강의는 시대를 초월한다. 같은 주제의 강의라도 트렌드를 적용해 프로그램을 구성하면 청중들은 강의에 더욱 흥미를 느낀다. 단, 대상이나 연령에 따라 매체를 다양하게 선택하는 것이 중요하다. 예를 들어, 유튜브를 통한 1인 미디어 크리에이터 프로그램이 늘어나고 있는 상황에서 청소년이나 젊은이들을

창직 3원리를 활용한 강의 분야 확장 예

분야	의미의 재발견	세분화	융합
설명	그 시대가 요구하는 트렌드에 맞춰 강의를 업그레이드한다.	특기 강의를 대상과 분야를 세분화한다.	특기 강의와 새로운 분야를 합쳐서 영역을 넓힌다.
창직	미용사 ↓ 헤어디자이너, 헤어드레서	신발디자이너 ↓ 하이힐디자이너 운동화디자이너	아나운서 + 엔터테이너 ↓ 아나테이너
강의 영역	자서전 쓰기 강의 ↓ 1인 미디어 크리에이터 이론 교육	강의 대상 (청소년, 대학생, 성인, 시니어로 세분화)	스토리텔링 + 민주시민 강의 스토리텔링 + 기업가정신 스토리텔링 + 진로 스토리텔링 + 통일 교육

대상으로 하면서 책이라는 매체만을 고집하는 것은 좋지 않다. 예를 들어, 자서전 쓰기 프로그램을 영상 촬영과 편집하기로 변형하면 다양한 콘텐츠를 융합한 강의로 확장시킬 수 있다.

강의 영역을 확장할 때 한 가지 주의할 것이 있다. 융합을 통한 확장과 전환은 영역 전환이 아니라는 점을 명심해야 한다. 가령, 커뮤니케이션 강의가 주력 강의인 사람이 뜨개질이나 요리 분야로 강의 영역을 전환하는 것은 확장이 아니다. 융합을 통한 확장과 전환을 통한 영역의 확장은 다르기 때문이다. 자신의 적성에 맞는 강의 주제와 타깃을 알면, 그것에 맞춰 자신의 메인 콘텐츠에 트렌드와 흐름에 따라 문화기술적인 다양함을 융합하고 확장해 나아가는 것이 중요하다.

4장

강의력에
차이를
만들어 주는 것

옷차림, 말투, 태도가 만드는
강사 브랜딩

강사의 옷차림, 말투, 태도

강의업은 기본적으로 '강의'라는 '서비스'를 제공하는 업이다. 서비스의 품질은 고객의 경험을 통해 결정된다. 나의 교육을 듣는 교육생들은 내 강의를 통해 어떤 '경험'을 하고 싶어 할까? 그것이 바로 니즈(Needs)다. 그 니즈는 사람마다 다를 것이다. 어떤 사람은 비용이 들더라도 최고의 교육을 받고 싶어 할 테고, 어떤 사람들은 비용이 저렴하면서도 실속 있는 교육을 받고 싶어 할 것이다. 이들이 원하는 것은 총체적 가치로서의 서비스인데, 레스토랑에서 얻는 가치가 음식뿐만이 아니고 호텔에서 얻는 가치가 객실만은 아니듯, 교육에서 수강생들이 원하는 것도 강의 그 자체만은 아니다. 강사의 언어, 옷차림, 강의장 분위기, 심지어 식사나 간식조차도 학습 경험에 영향을 미치는 요인이다. 그런 이유로 강사의 옷차림, 말투, 태도 등을 교육 서비스의 중요한 한 분야로 인식하고 관심과 노력을 기울여야 한다. 주방에만 있던 요리사도 독립해서 자신의 레스토랑을 차리려면 요리뿐 아니라 인테리어나 접객 서비스 등을 배워야 한다. 마찬가지로 강사라면 강의 내용 외에도 총체적 교육 경험을 구성하는 요소들을 중요하게 생각해야 한다.

옷차림, 말투, 태도 등을 결정하는 기본적인 요인은 TPO다. TPO는 Time(시간), Place(장소), Occasion(상황)의 약자로서 적절한 시간과 장소, 상황에 맞춰 격식을 차려야 한다는 의미다. 예를 들어, 기업의 임원들을 대상으로 한 강의라면 최대한 격식을 갖춘 정장 스타일을 입는 게 좋겠다. 지금까지는 남성이라면 어두운 색, 단색 정장에 넥타이, 여성이라면 단색 H라인 원피스에 재킷과 같이 보수적인 스타일이 표준으로 인식되고 있다. 하지만 청소년들을 대상으로 한 교육에서는 이러한 복장이 오히려 부담스럽게 느껴질 수 있다. 캐주얼한 스타일이 더 맞는 경우도 있다.

세미나형 강의에서는 정장을 입어도 크게 무리가 없다. 하지만 강사가 이곳저곳을 많이 움직이며 진행해야 하는 워크숍에서는 활동성이 좋은 복장이 필요하다. 여성 강사의 경우 8시간 워크숍을 하이힐을 신고 진행하면 몸에 무리가 갈 수 있다. 대부분의 교육에서는 커뮤니케이션의 혼동을 막기 위해 방송에서 사용하는 표준어를 사용하는 것이 기본이지만 특정 지역에서 강의를 한다면 분위기를 부드럽게 하기 위해 그 지역의 언어를 조금 사용해 보는 것도 도움이 된다. 이처럼 언어와 복장을 선택할 때 가장 중요한 것은 TPO라는 점을 기억하는 것이 가장 중요하다.

2 혼자가 좋을까? 소속이 좋을까?

3년을 버티는 힘

필자(김)가 강의를 시작할 무렵, 잘나가던 선배 강사가 초보 강사들을 모아 놓고 이제부터 3년을 독하게 버텨라, 스스로에게 저금한다고 생각하고 그 3년 사이에는 집에 돈 가져갈 생각하지 말라며 한참을 조언했다. 듣는 초보 강사들은 한숨을 내쉬었다. 선배 강사의 훈화(?)를 들은 뒤에 강사 일을 그만둬야겠다는 사람들이 나올 정도였다. 이해한다. 3년 버틴다고 성공이 보장되는 것도 아니고, 그동안 돈 벌 생각도 하지 말라니! 하지만 첫술에 배부르는 일이 있을까? 세상 어디에도 그런 일은 없다.

'저 사람은 하루아침에 큰돈을 벌었다네', '눈을 떠 보니 스타가 되어 있어요'라는 말을 자주 듣는데 무슨 이야기냐고 반문할 수도 있을 것이다. 하지만 물밑 작업은 원래 바깥으로 보이지 않는다. 백조가 물에 떠 있기 위해 물밑에서 치열하게 발버둥을 치지만, 우리는 물위의 백조만 보고 우아하다고 말한다. 노력이 결실을 맺기 전과 후가 극명하게 갈리는 순간 우리가 흔히 하는 실수는 노력보다 결과에만 주목하는 것이다. 마치 백조의 물밑 상황은 생각하지 못한 채 물위 상황만 생각하는 것과 같다.

선배 강사는 왜 3년을 제시했을까? 2년 364일째까지는 안 되던 벌이가 3년을 꽉 채우면 거짓말처럼 결실을 얻는 것도 아닌데 말이다. 3년은 무엇을 의미하는 걸까? 3년은 우리가 강사로서 제 몫을 하기까지 걸리는 시간을 말한다.

1년 차에 자기를 알아 달라고 여기저기 문을 두드리고 다녔다면, 2년 차에는 먼저 연락이 오기도 하고, 3년 차가 되면 고정 강의처들이 생긴다. 강의를 얻고 강사로 자리 잡기까지 인내하며 품을 들이는 시간이 3년쯤 되는 것이다.

강사양성 과정은 보통 160~200시간 정도의 수업 참여를 요구한다. 처음에는 기대감으로 시작한 이들이 시간이 지날수록 점차 하나둘 빠져나간다. 남은 이들도 이 과정을 마치자마자 강사로 활동할 수 있을까 불안해하며 계속해 나갈지 고민하기 시작한다. 그런데 강사양성 과정을 마치자마자 여기저기서 강의가 물밀 듯이 들어온다면 당신은 그것을 소화할 수 있겠는가? 아마 강의 준비 과정에서 포기하거나, 강의를 망친 뒤 남 앞에 두 번 다시 서고 싶지 않다고 생각할지도 모른다.

베테랑 강사도 벌이에만 치중하면 곤란하다. 아무리 많은 강의료를 준다 해도 자신 없는 분야의 강의에 선뜻 응하면 안 된다. 자칫 서로 만족하는 강의를 진행하지 못할 경우 그동안 쌓은 공든 탑을 무너뜨릴 수 있기 때문이다.

필자(김)는 자녀가 성인이 된 뒤에 여성인력개발센터의 강사 양성 과정에 문을 두드렸기 때문에 그 과정을 끝내고 뭔가 할 수 있으리란 기대가 크지 않았다. 다만 도전조차 하지 않으면 후회될 것 같아 강의를 시작했고, 3년 고생하라는 조언 덕분인지 꽤 오랫동안 호된 시간을 보냈다. 주변에서 현역으로 활동하는 강사들의 말을 들어 봐도 별반 차이가 없다. 강의를 따내기 위해 몇 번을 찾아가고 담당자와 회의도 수차례 했으나 성사시키지 못하기도 했고, 겨우 생긴 강의의 강의료가 차비조차 되지 못하는 경우도 빈번하게 있었다. 초반 1년은 더 나은 강의를 위해 들이는 돈이 강의료보다 많은 때도 있었다. 당시 지인들은 아무것도 안 하는 게 돈 버는 일이라고 말했다. 필자(김) 스스로도 주말까지 짐을 싸 들고 나가는 자신을 보며 꼭 이렇게 까지 해야 하는가를 묻기도 했다. 그러다 보면 맥이 빠져서 회의감도 들었다. 하지만 이러한 회의감을 극복하는 것도 프로 강사에게 필요한 자질이라 생각했다. 스스로가 한없이 초라해 보일 때 더더욱 자신을 찬찬히 돌아보며 극복하려 노력했다.

어떤 사람들은 자신이 사람들 앞에서 유난히 수줍어한다고 걱정할 것이다. 또 어떤 사람은 다른 강사 지망생들보다 자신이 나이가 많다며 자신감을 얻지 못할 수도 있다. 그런가 하면 사람들 앞에 서면 목소리가 덜덜 떨리고 얼굴이 빨개져 고민인 사람들도 있을 것이다. 그런데 이러한 이유 때문에 강사가 되려는 마음을 접어야 할까?

'말을 잘 못하니 훌륭한 강사가 될 수 없다'거나 '젊은 강사를 선호한다는데 나는 이미 늙었으니 인기 강사 되긴 글렀다'는 말은 모두 틀린 말이다. 사람들 앞에서 긴장해 말을 잘 못하는 이들은 소규모 강의를 맡으면 된다. 모두가 대강당에서 수십, 수백 명을 향해 목소리를 높이는 연사가 되어야 하는 것이 아니다. 나이가 많아도 괜찮다. 나이가 많은 사람들은 젊은 사람들에 비해 자유롭게 쓸 수 있는 시간이 많을 수도 있고 연륜이 빚어낸 경험과 산지식을 갖추고 있기 때문이다.

인간의 성격이나 능력은 다양한 면모로 해석될 수 있다. 소심함은 적시에 사용하면 섬세함이 될 수 있고, 덜렁대는 모습은 타인에게 폐를 끼치지 않는 선에서라면 친근함을 줄 수도 있다. 깐깐함을 스스로에게 적용한다면 분명한 기준을 갖게 될 것이며, 무뚝뚝한 성격은 신뢰감을 줄 수도 있다. 그런데 많은 이들이 자신의 약점 자체에만 주목한 나머지 스스로의 가능성을 찾지 못한다. 이제 내 단점을 찬찬히 들여다보자. 그것이 정말 약점이기만 한지, 혹시 장점의 다른 모습은 아닌지 살펴보자. 그리고 그렇게 새로이 발견한 자신과 함께 회의감 혹은 슬럼프에서 벗어나자.

각자 생각하는 정상은 다를 것이다. 내게 정상인 곳이 다른 사람에게는 중턱도 못 미치는 곳일 수도 있다. 하지만 중요한 것은 산을 하나하나 넘을 때마다 다음에는 더 큰 산을 오를 수 있다는 마음가짐을 갖는 것이다. 오늘 이 산을 다 오르면 내일 또 다른 산에 오를 준비를 하는 이야말로 진정 성장하는 사람이다. 3년을 독하게 버티려고만 한다면 아마 1년도 버티지 못할 것이다. 그러니 여러분이 강사를 준비하는 3년은 독한 3년이 아닌 나를 채우며 만들어 가는 행복한 시간이길 바란다.

나 홀로 강사와 소속 강사

대부분의 강사들은 어떤 기관이나 회사 안에 소속되어 있기보다 프리랜서로 활동하기 때문에 여러 컨설팅 회사와 강사 커뮤니티에서 자유롭게 활동할 수 있다. 물론 특정한 기관에 소속되어 강의를 의뢰받는 경우도 많지만, 회사원이 회사에 소속되는 개념과는 매우 다르다. 소속된 단체를 통해 강의 기회를 얻을 수 있지만, 강의를 하다가 만난 사람들을 통해 다양한 경로로 직접 강의 요청을 받기도 한다.

사실 강사가 직접 교육 기관에 찾아가 프로그램을 제시하고 강의를 홍보하는 일은 생각만큼 쉬운 일이 아니다. 개인적으로 기관에 이력서를 낸다고 해도 소속 단체가 없다면 아무리 많은 경력이 있어도 강의를 맡기려고 하지 않는 곳도 있다. 강사에게 소속 단체는 현재 얼마나 활발한 활동을 하고 있는지 알려 주는 지표로 작동한다. 필자(김)는 현재 8개의 기관에 소속되어 있다. 8개 중 2개의 단체에서는 프로그램 연구를 함께하고 있으며, 다른 단체에서는 특별한 프로그램을 진행하지 않아도 정기적으로 강사들과 만나 소통하고 있다.

다른 강사들과 만나 소통하는 것은 굉장히 중요하다. 현재의 강의 동향이나 성격을 파악할 수 있을 뿐만 아니라, 여러 새로운 소식과 일거리를 나누는 하나의 장을 만들어 갈 수 있기 때문이다. 요즘은 기관에서 강의를 요청할 때 특정한 강사를 요청하기보다는 특정 프로그램을 요청하는 경우가 많기 때문에 최근 동향의 프로그램을 함께 연구하고 구성할 수도 있다. 이러한 모임이 구성되고 지속되면서 개개인의 강사들은 강의 시장을 이끌어 갈 주체가 되고 강의도 자연스럽게 나누어서 할 수 있게 된다.

그러므로 단체나 기관에 강사로 등록하거나 연구원 자격으로 지원해 보자. 또한 온라인상에서 강사들의 소모임도 많이 운영되고 있는데, 강사 관련 밴드에 가입하면 다양한 강의 관련 정보와 강사 모집과 관련된 글 등을 볼 수 있다.

강사와 강의를 연결해 주는 회사나 단체에서는 해당 주제를 강의로 잘 풀어내는 강사를 선호한다. 여기에 한 가지 더 추가하자면, 다른 강사들과 어울리는 것도 중요하다. 청중에게 자신의 지식과 생각, 정보를 전달하는 강사에게 의사소통 능력은 기본이기 때문이다.

필자(김)가 만난 강사 중에 강의력이 정말 뛰어난 사람이 있었다. 그런데 그는 자신의 능력을 지나치게 믿어, 강사들과의 모임에 나오지 않는 것은 물론, 자신이 참여하는 프로젝트 모임조차 참석하지 않았다. 한번은 3명의 강사가 강의를 동시에 진행하는 프로그램이 있었는데, 강의 당일에 일부 강의만 진행하고 다음 일정이 있다는 이유로 가 버린 강사가 있었다. 결국 그 강사는 비상식적인 행동으로 단체에서 퇴출되었다. 이러한 기본적인 예의도 지키지 않는 강사들이 꽤 있다. 이들은 강사로서의 자질을 스스로 의심해 봐야 한다.

더불어 강사는 끊임없이 자신의 강의를 업데이트하기 위해 노력해야 한다. 그러기 위해서는 연구 모임에서 다른 강사들과 함께 같은 목표를 가지고 지속적으로 공부하는 것이 중요하다. 그러나 한 연구 모임에 이름만 올리고 몸만 왔다 갔다 한다면 자신의 시간을 허비하고 아무것도 얻을 수 없을 뿐 아니라 다른 강사들에게 피해를 준다. 다른 강사들은 연구를 진행하기 위해 열심히 자료를 찾으며 공부를 해 오는데 혼자 아무것도 모르는 채 앉아 있다면 진행이 불가능하기 때문이다.

거듭 말하지만, 소속 모임에 참여하기 위해서는 공부를 열심히 해야 한다. 서로가 공부한 내용을 나누고, 강의한 내용을 나누는 모임인데 공부하지 않고 참여한다면 민폐를 끼치는 것이다. 연구 모임에 참여하다 보면 주제와 관련된 책, 기사 또는 논문을 찾아보며 공부하는 과정에서 성장하고 서로에게 자극을 주면서 앞으로 나아가는 좋은 기회를 얻을 수 있다. 또한 혼자서는 모르고 지나갔을 내용을 알게 된다는 것에 감사하게 된다. 또한 연구 모임이 활성회되면 연구 모임이 강의를 연결해 주는 단체 역할을 하게 되기도 한다.

필자(김)도 본인에게 맞는 단체를 찾기까지 우여곡절이 있었다. 어떤 단체는 강의 연결을 미끼로 재능기부를 강요하기도 했고, 함께 프로그램을 만들어 강의를 하자고 제안한 후 강사의 개인 프로그램과 콘텐츠들을 훔쳐 가는 경우도 있었다. 과제를 잔뜩 주고 일을 모두 해서 보내면 결국 강의 연결은커녕 연락조차 하지 않는 곳도 있었으며, 강의를 연결해 주겠다고 하면서 회비를 내라고 하는 단체도 있었다. 또 어떤 단체는 무료회원 가입을 시키고 강사들에게 자신들이 운영하는 자격증 과정을 듣는 조건으로 강의를 주겠다고 했는데, 과정이 모두 끝난 후 강의 연결은 해 주지 않았다.

이처럼 초보 강사들의 초조한 마음을 이용해 자신의 배를 불리는 기관이나 단체들도 많이 있다. 모든 것이 처음이기 때문에 강의할 수 있는 것만으로 좋을 수 있지만, 개인의 열정과 노동력을 이용하는 단체는 피하는 것이 좋다. 그러한 곳에서 얻을 수 있는 것은 전혀 없다. 정당한 노동에는 정당한 대가가 따라야 한다.

그러므로 처음 단체에 들어갈 때는 믿을 만한 단체인지 꼼꼼하게 따져 보고 가입하는 것이 좋다. 정기 모임이나 연구 모임에 적극적으로 참여하며 배우려는 자세로 다가가야 하지만, 무엇이 본인을 위한 것이고 무엇이 의미 없는 것인지 의심하고 따져야 한다. 보통 단체가 강의를 연결해 주는 경우에는 강사료의 10~30%까지 수수료를 요구한다. 이것은 단체에서 강사를 위해 강의처를 발굴하고 강의 담당자와 소통하는 것에 대한 비용이다. 그러나 그 이상의 수수료나 강사료를 주지 않는 경우에는 의심해 봐야 한다. 단체의 연결뿐만 아니라 강사들끼리 강의를 연결해 주면서 페이백(Payback)을 받는 경우도 있다. 강의 전에 수수료를 어느 정도 지불해야 하는지도 꼼꼼하게 따져 보자.

동료 강사 만들기

같은 주제나 대상으로 강의를 하는 강사들끼리 동아리, 연구 모임, 협동조합을 만드는 경우가 많다. 마음에 맞는 사람들을 같은 팀으로 만나는 것은 사실 쉬운 일이 아니다. 그래서 처음에는 마음에 맞지 않은 사람과 함께하느니 혼자 하는 것이 좋겠다는 생각이 들 수 있다. 하지만 강사는 혼자 하는 것보다는 여럿이 함께하는 것이 더 유리한 직업이다.

강사를 양성하는 기관에서는 참여자들이 학습 동아리나 협동조합을 만드는 경우 심화 학습이나 지원 사업 등 다양하게 지원을 해 준다. 특히 여성인력개발센터 같은 경우에는 동아리 모임이 활성화되어 있으며, 센터가 인큐베이팅 역할을 해 주기 때문에 든든한 지원군이 되어 주기도 한다.

종종 강사업을 혼자 했다면 여기까지 올 수 없었을 것이라고 고백하는 동료 강사들을 만난다. 좌절하는 상황에서 주변 강사들이 도움을 주기도 했고, 프리랜서로 활동하는 중에도 소속감을 가질 수 있어 큰 도움이 되었다고 말한다.

그래서 필자(김)는 강사 과정을 진행할 때 예비 강사들에게 꼭 그룹을 만들도록 권유하는 편이다. 그들은 강사로 활동하는 대목적은 같지만, 세분하면 모두 다르다. 사교, 봉사, 직무 능력 향상 정도, 수입 등이 모두 다르다. 모임을 구성할 때는 세부 목적까지 맞는 이들로 팀을 꾸리면 더욱 좋다. 이 같은 모임은 단순히 친목 도모가 목적이 아니기 때문에 모임을 통해 어떤 것을 함께 이룰 것인지 목적이 명확해야 한다. 그래서 가장 좋은 모임은 함께 공부하고 발전해 가는 모임이다. 구성원 개개인의 면면이 아무리 좋아도 모였을 때 시너지가 나지 않는 경우가 있는데 이러한 경우는 모임을 구성해도 오래가지 못한다. 상호 보완되는 관계를 추구해야 한다.

모임을 구성하면 서로 잘하는 영역도 달라 각자 잘할 수 있는 영역을 나누어 효과적으로 일을 진행할 수 있다. 혼자서 만능엔터테이너가 되는 것도 좋지만, 기획안을 쓰고, 동영상 편집하고, PPT를 제작하는 일을 성원들과 나누어 할 수도 있다. 프로그램 제안을 하거나 공모 사업에 지원할 때도 개인과 단체 모두 지원이 가능한 경우라면 개인보다는 단체로 참여할 때 선정될 확률이 높다는 점도 참고하자.

이러한 모임에 참여할 기회는 강의를 듣는 곳을 통해서일 수도 있고, 현역 강사를 대상으로 한 그룹에 초대받는 방식일 수도 있다. 강사를 대상으로 한 교육에서 이러한 정보가 활발하게 오가며, 강의를 들었던 교육생들이 따로 학습 모임을 만들기도 한다. 그러므로 강사를 대상으로 한 교육에는 될 수 있는 한 참여하는 것이 좋다. 단순히 강의만 들으러 가는 것이 아니라 새로운 만남도 중요하기 때문이다. 이런 곳에서는 강사들끼리 명함을 주고받기가 매우 자연스러워 새로운 커뮤니티가 형성될 수 있고 서로 정보도 교환하며 강의 아이템을 찾아볼 수도 있다. 강사가 참여할 수 있는 모임을 몇 가지 살펴보자.

1) 동아리

강사 동아리는 특정 집단에 대한 소속감과 공동 목적을 가진 공동체를 지향하는 집단이나 조직체를 말한다. 동아리는 누구나 법적인 절차 없이 만들 수 있다. 동아리는 스터디 모임의 성격을 가지고 시작했다가 협동조합이나 사회적기업으로 발전하기도 한다. 단, 특별한 절차 없이 만들 수 있기에 목적에 맞는 규칙을 만들고 시작하는 것이 좋다. 그래야 모임을 지속적으로 유지할 수 있다. 명확한 학습 주제와 함께 읽을 도서, 모임의 세부 규칙 등을 정하는 것도 좋다. 동아리는 친교 모임이 될 성향이 강하므로, 친교가 주요 목적이 아니면 친교와 지향하는 목적을 잘 조화할 수 있어야 한다. 때로는 프로그램을 함께 개발하는 과정에서 동아리가 구성되기도 한다.

2) 협동조합

협동조합을 설립하기 위해서는 여러 가지 법적인 절차를 밟아야 하기 때문에 신중하게 접근해야 한다. 협동조합 설립과 관련된 무료 강좌가 열리니 협동조합에 관심이 있다면 조합원 모두 강좌를 듣고 정관을 정하는 것이 좋다. 협동조합은 자발적으로 움직이는 조직이다. 그래서 운영을 하다 보면 누구는 일을 하는데 누구는 일을 하지 않아 갈등이 생길 가능성이 크다. 한 사람이 나태해지면 조직 전체가 역동성을 잃고 와해될 수도 있다. 그래서 정관을 만들 때 세세한 부분까지 신경 써서 만들어야 한다. 협동조합을 통해 강의가 들왔을 때 강의 분배나 강의안 작성, 프로그램 개발, PPT 제작 등에 대한 구체적인 매뉴얼까지 마련해 두면 일을 진행하는 데 많은 도움이 된다.

3) 사회적기업

사회적기업은 비영리조직과 영리기업의 중간 형태로 사회적 목적을 추구하면서 이익을 내는 기업을 말한다. 일반적인 기업의 최우선 가치가 돈이라면, 사회적기업의 최우선 가치는 사회적으로 유용한 가치의 창출이라 할 수 있다. 사회적기업 역시 설립 전에 사회적기업 관련 교육 과정을 듣고, 인큐베이팅 과정을 거쳐 설립하는 것이 좋다.

　이미 만들어진 사회적기업에 참여한다면 소규모에서 대규모로, 작은 목적 공유에서 점차 큰 목적을 공유하는 곳에 참여해 단계를 밟아 가며 신중하게 참여하는 것이 좋다. 각 개인도 모임에 참여해 보는 경험을 단계적으로 키워 나갈 필요가 있기 때문이다. 처음부터 큰 집단에 들어가면 체계를 맛볼 수는 있지만, 상대적으로 맡는 역할이 적고 모임의 전체를 파악하기 어려워서 훗날 자신만의 모임을 꾸리기 어려울 수 있다.

모임을 통해 소속감이 주는 안정감과 혼자서는 불가능한 일을 해 나가는 성취감을 맛보길 권한다.

3 강의료에 대처하는 우리의 자세

초보 강사의 강의료

필자(김)는 처음 강사를 시작했을 때 학생 100명을 대상으로 하는 1시간짜리 강의를 맡았다. 시간당 강의료가 평균보다 높은 10만 원이라, 다른 강사들의 부러움을 샀다. 하지만 당시 강의 주제가 아나운서 직업 강의였기 때문에 의상도 아나운서처럼 준비해야 할 것 같아 정장을 구매하느라 강의료보다 많은 돈을 지출했다. 프레젠테이션 만드는 데에도 오랜 시간을 투자했으며, 여러 번의 모의 강의를 하고 피드백을 받으며 가다듬었다. 강의를 위해 투자한 시간과 쓴 비용을 생각하면 강의료는 의미가 없어진 지 오래였다. 그런데 강의 날 즈음 메르스가 유행하기 시작했고 강의는 결국 취소되었다. 상심이 컸지만 강의를 위한 초기 투자라고 본다면 큰 손해는 아니었다. 강의 준비와 연습 과정에서 성장할 수 있었고, 취소된 강의 대신 그 학교에서 다른 강의를 할 기회를 몇 번 더 얻었기 때문이다.

강의를 시작하는 초보 강사들은 강의를 할수록 오히려 손해를 보는 것 같은 기분이 들거나 성취감을 얻지 못해 어려움을 느낄 수 있다. 그러나 무슨 일을 하든 초기에는 이와 비슷한 상황들을 경험하고 마주한다. 그러나 강의가 익숙해지고 경력을 쌓아 나갈수록 강의를 준비하며 투자하는 비용과 시간은 점점 줄어들 것이다. 초기에 스스로 생각했던 것만큼 성취하지 못하더라도 앞으로의 시간을 위해 노력해야 한다.

한 강사는 강사를 시작한 초창기에 부산에서 강의 의뢰를 받았다. 서울에 사는 강사는 강의 전에 강의 담당자와의 미팅, 인터뷰, 강의 기획회의 등으로 세 차례나 서울과 부산을 왕복해야 했다. 강의료보다 교통비가 더 많이 든 것은 물론이고 준비를 위해 쓴 시간도 만만치 않았다. 그런데 이 강사의 열정을 높이 산 담당자가 다른 회사의 강의까지 연결해 줘 다른 강의를 할 수 있는 기회를 얻을 수 있었다고 한다. 물론 모든 열정이 이 같은 보상으로 연결되지 않는다. 열정만을 강요하는 곳과 일하는 것은 문제지만 자신이 투자한 시간과 비용만큼 당장 돌아오는 것이 없어도 포기하지 않고 자신의 실력을 쌓아 나가는 자세도 중요하다.

초보 강사들은 교육비를 내고 일정한 과정을 밟으면 강의를 연결해 주는 업체에 등록하기도 한다. 수수료를 떼기 때문에 수입은 적지만, 강의를 할 수 있는 기회가 주어지는 장점이 있다. 필자(김)는 초보 강사 시절 업체에서 연결해 준 강의를 하기 위해 전국을 돌아다녔다. 수수료를 제외하고 받는 강의료는 시간당 3만 원 내외였지만 강의를 할 수 있는 기회를 잡고 그곳에서 좋은 인상을 심어 다

2019년 강사 수당(경기도 교육청 기준)

구분	지급 대상	기준 단가
특별 강사	- 해당 분야의 권위자로 해당 기관의 장이 인정한 자	기본료 200,000원 초과 150,000원
일반 강사1	- 대학 전임 강사 이상 - 대(중소)기업. 국영기업. 공사의 임원(이사급 이상) - 판·검사, 변호사, 변리사, 의사, 공인회계사 - 기술사 등 자격(면허)증 소지자 - 정부 출연 연구 기관 연구원 - 문화 · 예술 등 특별 분야의 전문 강사 - 4급(상당) 이상의 공무원(장학관, 교육연구관 포함) - 유 · 초 · 중등학교상 - 해당 분야의 전문가로 특별 강사에 해당하지 않는 자	기본료 160,000원 초과 90,000원

일반 강사2	- 대학 시간 강사
	- 대(중소)기업, 국영기업, 공사의 직원으로
	  1급에 해당하지 않는 자
	- 5급(상당)공무원(장학관, 교육연구관 포함),
	  교감, 장학사(교육연구사)
		기본료 90,000원
		초과 60,000원

일반 강사3	- 6급 이하 공무원 및 교육공무원 - 특별 강사 및 일반 강사 1, 2 이외의 자	기본료 80,000원 초과 50,000원
보조 강사	- 각종 실기, 실습 보조자 - 분반, 분임 활동지도	기본 40,000원 초과 20,000원
진행 강사	- 공모 연수 진행, 운영	시간당 10,000원

른 강의를 많이 소개받기도 했다. 지금도 강의의 종류와 상황에 따라 강의료가 높은 강의를 맡을 때도 있고, 낮은 강의료를 받는 강의를 맡을 때도 있다. 그렇기 때문에 합산해서 평균을 내 보면 초보 강사의 강의료와 경력 강사들의 강의료의 격차가 크지 않은 경우가 많

2019년 강사 원고료(경기도 교육청 기준)		
구분	단위	기준 단가
국문	- A4용지 1매당(글자 12포인트, 행간 160, 상하 여백 20mm, 좌우 여백 25mm) ＊시간당 2.5매 이내	150,000원
외국어	- A4용지 1매당(글자 12포인트, 행간 160, 상하 여백 20mm, 좌우 여백 25mm) ＊시간당 2.5매 이내	130,000원
사이버 강의 콘텐츠 제작	- 동영상 제작(10분)	150,000원
PPT	- 1면당 ＊시간당 9면 이내	5,000원

다. 그러나 경력이 많은 강사는 강의가 안정적으로 들어오기 때문에 자신의 기준에 따라 하고 싶은 강의를 고를 수 있다.

강사 강의료와 현실

통계청과 국세청 등 여러 기관의 조사에 따르면 2018년 현재 자영업자 월평균 수입이 200만 원에 미치지 못하고 있다고 한다. 또한 음식점 10곳 중에 9곳은 폐업하는 상황이라고 한다. 이런 상황에서 자영업에 뛰어든다는 것은 쉽지 않다. 다른 업종들과 달리 강사는 무자본 무점포로 큰 투자 없이 돈을 벌 수 있는 직업이다. 이러한 이점이 있으니 강사로 뛰어들면 무조건 돈을 벌 수 있을까?

　현재 강사업에 종사하고 있는 사람들의 수를 파악하기는 힘들지만 강사업계에서는 약 200만~250만 명으로 추산하고 있다. 여기에 일회성 강의를 하거나 프리랜서로 활동하는 강사 수까지 포함하면 강사의 전성시대라고 해도 과언이 아닐 만큼 그 수가 많다.

이러한 치열한 경쟁 시장에서도 노력 여하에 따라 많은 수입을 얻을 수도 있다. 스타 강사들을 보면 하루에 몇 개의 강의를 소화하고 평범한 직장인의 1개월치 월급을 받는다. 하지만 초보 강사는 1개월 동안 2~3건의 강의밖에 없거나, 재능기부를 요구받기도 한다.

강의를 늘리는 데에는 입소문이 중요하다. 강사의 평판은 강의를 통해 쌓이기 마련인 터라 스스로 자신의 가치를 증명해 나아가야 하는 셈이다. 강의로 내 실력을 증명하고 그것이 입소문으로 퍼지는 일이 어려울 수는 있지만 알아봐 주는 사람들이 있다면 자신의 노력에 대한 성과가 생각보다 빠르게 나타날 수도 있다.

강사 초기에 강의료에 상관없이 강의를 많이 다니는 것은 일종의 마케팅 전략이다. 강사는 강의를 통해 마케팅을 하며 자신을 알릴 수 있는 기회를 갖는다. 그렇기 때문에 강의료가 적거나 강의 장소가 멀다는 이유로 기회를 자주 놓치고 있다면, 강의를 할 수 있는 기회, 자신을 홍보할 수 있는 기회를 놓치는 것이나 마찬가지다.

강의료를 결정하는 요소

1. 강사에게 학사, 석사, 박사 등의 학위 또는 전문 경험이 있는가?
2. 강사가 쓴 출간 서적이 있는가?
3. 강사가 경쟁력 있는 콘텐츠를 가지고 있는가?
4. 강사가 교육생과 소통을 잘하고 강의 전달력이 좋은가?
5. 강사가 SNS나 다른 경로를 통해 강의를 알리는 활동을 열심히 하고 있는가?

강사를 모집하는 공고에서 공식적으로 강의료를 결정하는 요소는 학위다. 학사를 졸업한 강사보다 석·박사 학위를 취득한 강사에게 더 많은 강의료가 지급된다. 그러나 공식적으로 강의료를 측정하는 것 이외에 출간 저서가 있는지, 자신의 콘텐츠를 가지고 있는지, 교육생들의 선호도가 높은지, 오프라인에서뿐만 아니라 온라인에서도 사람들과 교류하며 정보를 활발하게 주고받고 있는지 등도 강의료를 결정하는 중요한 요소가 된다,

일반적인 강의료

미국 강사협회에 따르면 미국 강사들의 평균 강의료는 회당 4,500~7,000달러다. 원화로 계산하면 500~800만 원 정도 된다. 회당 수만 달러를 받는 경우도 흔하다. 미국은 강의료가 왜 이렇게 높게 책정될까? 미국에서는 강사가 강의를 준비한 시간, 강의 장소까지 오는 거리에 강의를 듣는 인원까지 계산해서 강의료를 책정한다.

지금까지 한국에서는 강의 참여 인원이나 거리, 준비한 시간을 고려하지 않고 시간당 강의료를 책정하기 때문에 비교적 적다. 참여자들이 많이 몰리는 인기 강사는 시간당 500~1,000만 원까지 강의료를 받는 경우도 있지만, 일반 강사는 시간당 몇만 원에서 몇십 만 원까지 받는 것이 보통이다.

강의 대상에 따라서도 강의료가 다르다. 기업 교육 강사는 시간당 25~50만 원 수준의 강의료를 받는 경우가 많은데, 지명도가 높은 강사는 시간당 수백 만 원까지 받는다. 일반 강사의 경우에도 기간이 짧은 특강일 경우에는 2시간에 약 100만 원을 받기도 한다.

학교 강의는 교육부가 지정한 외부 강사 강의료 기준에 따라 매년 다른 강의료가 책정되고, 자유학기제 강사의 경우 3~3만 5천 원 수준이다. 또한 특정 업체에 소속된 강사와 개인 사업자등록을 하고 활동하는 경우가 있는데, 교육 회사와 일을 하는 경우는 시간당 10~15만 원 정도를 받으며 여기서 수수료를 제한다. 컨설팅 회사의 소개로 강의를 하는 경우는 20~30% 정도의 높은 수수료를 내야 하는 경우도 있다. 처음 강의를 제의받을 때 제시되는 강의료는 세율

연도별 기타소득 필요경비율 및 원천징수 세율

	2018년 3월 31일까지	2018년 4월 1일~12월 31일	2019년 1월 1일부터
필요경비율	80%	70%	60%
원천징수 세율 (지방소득세 포함)	4.4%	6.6%	8.8%
과세최저한 (원천징수X)	250,000원 이하	166,666원 이하	125,000원 이하
분리과세 한도 (합산과세X)	15,000,000원	10,000,000원 이하	7,500,000원

출처: 국세청

소득이 25만 원인 경우 세금 및 수령액

	필요경비율	비과세	기타소득세	세금	수령액
2018년 4월 이전	80%	250,000	4.4%	11,000	239,000
2018년 4~12월	70%	16,6666	6.6%	16,500	233,500
2019년 이후	60%	12,5000	8.8%	22,000	22,8000

이 적용된 금액이 아니기 때문에 매년 법에 따라 변하는 세율을 알고 있는 것이 좋다. 2017년까지는 기타소득으로 분류되는 강사의 소득에 대한 원천징수세율이 3.3%이었다가 2018년 6.6%로 올랐으며, 2019년부터는 8.8%로 적용된다.

경우에 따라서는 무료 강의나 재능기부로 강의를 하게 된다. 처음에는 강의할 곳이 있다는 것만으로도 좋아서 무료라도 강의를 하지만, 계속 같은 조건으로 요청을 받으면 곤란하다. 이러한 경우에는 융통성을 발휘해 2시간의 강의료로 3시간 강의를 하고, 다음 강의부터는 3시간에 맞는 강의료를 받는 방법도 있다. 좋은 마음으로 강의료를 받지 않고 재능기부를 하는 것은 좋다. 때로는 필요할 때도 있다. 그러나 반복될 경우, 강사 개인에게도 어려움이 될 수 있고 강사 시장에도 좋지 않은 영향을 주므로 후배 강사를 위해서라도 평균 강의료를 받고 일하는 것이 좋다.

보통 경력과 강의료는 비례한다. 하지만 시간과 경력이 쌓였다고 해서 자연스럽게 강사로서의 가치와 함께 강의료가 오르고 강의가 많아지는 것은 아니다. 자신만의 콘텐츠로 강의를 하면 강의 시간과 강의료는 자연히 늘지만, 카피 강사에 머무르면 수입이 오히려 줄어든다. 계속해서 양성되는 강사들이 늘 뒤에 있기 때문이다.

강사의 첫걸음은 누구나 어렵고 힘들다. 그러나 실패 앞에서도 그다음 걸음을 위해 실력을 쌓으며 무르익을 때까지 노력하고 기다려야 하는 것이 강사의 자세다.

4 교육 담당자와 교육 대상자와의 관계와 소통 방법

교육 담당자와의 소통

소속 기관으로 강의가 들어오는 경우는 강사와 교육 담당자와 소통하기보다 기관에서 직접 교육 담당자와 소통하고 강의 준비와 관련된 내용만 강사에게 요청한다. 이러한 경우에는 강사가 교육 담당자와 미리 만나 소통하는 일이 많지 않다. 하지만 강사가 교육 담당자에게서 직접 연락을 받아 강의를 맡는 경우는 교육 담당자와 직접 소통해야 한다.

학교, 도서관, 기업 등에서 종사하는 교육 담당자 중에는 자신이 강사를 고용하는 입장에서 높은 권위를 획득한 것처럼 행동하는 사람도 있고, 강사로서 자부심을 느낄 정도로 대우를 해 주는 사람도 있다. 물론 교육 담당자는 강의와 강사를 결정하는 중요한 위치에 있다. 아무리 좋은 프로그램이고, 실력 있는 강사라도 교육 담당자와의 관계가 좋지 않으면 강의 기회를 얻기 어렵다. 그런데 권위적인 교육 담당자도 강의 만족도가 높으면 태도를 바꾸고 예의를 갖춘다. 그러므로 어떤 담당자를 만나더라도 강의를 열심히 준비해 청중과 스스로가 만족할 수 있는 강의를 해야 한다. 좋은 강의로 교육 담당자의 마음을 열면 신뢰를 얻어 지속적으로 강의를 할 수 있게 되기도 한다.

그러나 강사에게 지나치게 의지하고 기대하는 교육 담당자도 좋지 않다. 그런 경우 너무 많은 기대와 책임이 강사에게 떠안겨지기도 한다. 더불어 강사에게 모든 것을 맡길 수 있기 때문에 강사가 세세한 부분까지 일일이 챙겨야 할 수도 있다.

교육 담당자와 소통할 때는 먼저 이야기를 경청하고 이를 프로그램에 반영하는 것이 중요하다. 그런데 교육 담당자가 강의 경험이 있거나 강의를 기획해 본 경험이 있다면 크게 문제가 없을 수도 있지만, 초보 담당자들은 강의 시간 배분부터 실현 가능성에 대해 고려하지 못하고 너무 많은 것을 요구하는 경우도 있다. 그렇다고 해서 교육 담당자의 요구를 일방적으로 무시해서는 안 된다. 요구와 현실이 잘 들어맞지 않는 경우 강의할 내용을 충분히 설명하고, 시간대별 강의 계획안을 작성하고 제출해 피드백을 받는 과정을 통해 만족도를 높여야 한다. 대화와 설득의 과정이 생략된다면 강의 만족도와 서로에 대한 신뢰가 떨어지기 때문이다. 요구 사항이 지나친 경우 강의 시간을 늘리거나, 강의 회차를 늘이는 방법 등을 제안해 볼 수도 있다.

언젠가 급하게 맡은 강의가 있었다. 원래 정해진 강사가 있었지만 교육 담당자와 소통이 원활하지 않아서 강사가 급하게 바뀐 상황이었다. 필자(김)는 교육 담당자와 대화를 나누면서 왜 기존 강사가 강의를 포기했는지 이해할 수 있었다. 교육 담당자는 강의 시간으로 주어진 3시간 안에 도저히 할 수 없는 방대한 양을 고집스럽게 요구했다. 필자는 교육 담당자에게 불가능성에 대해 이야기하는 것을 포기하고 담당자가 요구하는 내용의 키워드를 정리해 보기 시작했다. 키워드를 정리해 보니, 의외로 연결되는 키워드가 많았고 정리하니 3개로 압축되었다. 압축된 내용을 기반으로 1시간에 하나씩 강의 계획을 구성했다. 이를 본 교육 담당자는 자신이 생각했던 강의를 재현한 것 같다며 무척 만족했으며, 지금까지도 지속적으로 강의를 요청하고 있다. 이처럼 교육 담당자가 무리한 요구를 해도 고민을 하다 보면 어느 정도 맞춰서 강의를 구성할 수도 있다. 단, 무리한 요구를 억지로 담아내면 강의의 질이 떨어질 수 있으니 잘 판단하고 진행해야 한다.

교육 대상자와의 소통

인기 강사의 기준은 무엇일까? 1년에 3억 원을 버는 수입이 많은 강사일까? 수입은 많지 않지만 강의 시간이 많은 강사일까? 수입이나 강의 시간 등을 기준으로 강사 순위를 정하기도 하지만, 좋은 강사의 절대적인 기준을 제시하기는 어렵다. 그렇다면 인기 강사는 누구일까?

인기 많은 강사의 강의를 들으러 간 적이 있다. TV 프로그램에도 자주 등장하고, 자신의 이름을 내건 책과 채널이 있는 유명한 스타 강사였다. 큰 기대를 품고 강의를 들었지만, 그 강사는 강의 내내 자신의 성공 스토리만 나열할 뿐이었다. 청중들의 호응은 싸늘했지만 강사는 꿋꿋하게 강의를 마쳤다. 그 강사가 처음부터 자기 이야기만 하는 사람은 아니었을 것이다. 스스로 성공했다고 생각하며 점점 청중과 소통할 이유를 찾지 못했을 것이다. 아무리 유명한 스타 강사라도 청중과 소통하고 서로 배울 마음이 없는 강사는 좋은 강의를 할 수 없다. 자, 청중과의 소통을 위해 강사는 어떤 것에 신경을 써야 할까?

첫째, 청중과의 소통에서 가장 기본이 되는 것은 눈맞춤이다. 강사 중에는 프레젠테이션 자료를 보면서 내용을 계속 읽기만 하는 강사들이 있다. 수많은 시선이 부담스러울 수 있겠지만, 좌우로 시선을 돌리며 청중들과 눈을 맞추어야 한다. 강의를 하다 보면 호응이 좋은 청중이 있다. 눈을 잘 맞추고 잘 웃어 주는 사람에게 먼저 시선을 주고 서서히 시야를 넓혀 가는 것이 좋다.

둘째, 질문을 던질 수 있어야 한다. 질문은 청중의 참여도를 이끌어 낼 수 있는 효과적인 소통 방법이다. 질문은 강의 초반에 라포(Rapport)를 형성하고, 긴장감이나 지루함을 더는 데 매우 좋은 방법이다. 라포는 상담이나 교육을 할 때 상담자와 상담을 받는 자 또는 교육자와 교육을 받는 자 사이의 공감대와 신뢰관계를 형성하는 것을 말한다. 이때 청중의 답변을 듣고 다시 한 번 정리해 주면, 청중은 이를 통해 강사의 언어로 생각을 정리할 수 있다. "훌륭한 답변입니다" 또는 "질문의 핵심을 잘 파악하셨네요" 등 칭찬의 말을 곁들이면 더 좋다. 엉뚱한 답변이라도 그만의 이유를 찾아서 칭찬을 해 준다.

셋째, 유머를 적절하게 사용하도록 하자. 유머는 소통하는 데에서 윤활유 역할을 한다. 또한 유머는 청중의 지루함을 줄이고 관심을 이끌기 위해 적극 활용할 필요가 있다. 하지만 유머를 지나치게 많이 사용하면 곤란하다. 강의와 관련 없는 주제로 무조건 웃긴 이야기를 하는 것은 의미도 없고, 청중의 소중한 시간을 빼앗기 때문이다.

학생 대상 강의를 하다 보면 시작부터 책상에 엎드려 있는 학생들이 있다. 온몸으로 강의를 듣지 않겠다는 거부 의사를 확실하게 보이는 것이다. 이런 학생들을 무시한 채 잘 따라오는 학생들 중심으로만 강의를 진행하는 것은 강사로서 자격 미달이다. 강의는 하나의 소통이다. 포기하지 않고 교육 대상자와 소통하려고 노력해야 한다. 수업을 하다 보면, 수업을 방해하거나 관심을 보이지 않던 학생도 수업 중후반으로 갈수록 참여도가 높아지기도 한다.

요즘은 TV에서도 강연 프로그램을 많이 볼 수 있다. <세바시(세상을 바꾸는 시간 15분)>, <강연 100℃>, <어쩌다 어른> 등 강의 프로그램이 많이 있다. 강의 현장을 찾지 않아도 TV나 인터넷을 통해 간편하게 인기 강사의 강의를 들을 수 있다. 그만큼 청중들의 수준도 많이 높아졌다. 이러한 청중들과 소통하기 위해서는 해당 분야에 대해서는 어떤 질문이 들어와도 만족스러운 답을 할 수 있는 강사가 되어야 한다. 또한 강사는 아는 것이 많더라도 그것을 청중에게 제대로 전달하지 못하면 불통의 강사가 될 뿐이라는 점도 잊지 말자.

5 여러 가지 교육 기법의 장단점

교육 담당자가 강사에게 "강의, 재미있게 해 주세요"라고 부탁하는 것은 레크리에이션이나 유머를 중심으로 한 강의를 해 달라는 뜻이 아니다. 강의 내용에 흥미 요소를 넣어 교육생들이 좀 더 내용에 몰입할 수 있게 해 달라는 요청이다. 그렇다면 왜 이런 요청이 나오는 것일까? 그것은 안타깝게도 많은 강의들이 너무 지루하게 이루어지고 있기 때문이다.

교육의 두 가지 요소

교육을 구성하는 기본적인 두 가지 요소는 내용과 형식이다. 내용은 '무엇을 전달 할 것인가'의 문제이고, 형식은 '어떻게 전달할 것인가'의 문제다. 전자를 콘텐츠(Contents)라 부르기도 하고, 후자를 교육 기법이라 부르기도 한다.

여기서 '내용'은 우리가 강의하고자 하는 영역을 말하는데 CS,

리더십, 커뮤니케이션, 경영전략, 기획, 동기 부여, 조직 활성화, 진로 등의 주제를 뜻하며, '형식'은 세미나, 워크숍, 퍼실리테이션, 액션 러닝, 게이미피케이션, PBL, 사례 연구, 롤플레잉, 디자인 씽킹 등의 교육 기법들을 말한다.

좋은 교육은 당연히 좋은 내용과 좋은 형식이 함께 조화를 이루어야 한다. 여기서는 형식으로서의 교육 기법을 중심으로 그 발전 방안을 살펴보고자 한다.

사람들은 왜 교육을 지루해할까?

교육생들이 교육을 지루해하는 이유는 내용이 지루하거나 형식이 지루하기 때문이다. 늘 익숙한, 똑같은 형태로만 교육하기 때문이다. 그렇다면 해결책도 간단하다. 교육 방법을 바꾸면 된다.

앞서 1장에서 살펴본 교육학에서 유명한 학습 효율성 피라미드를 보면 평균 기억율이 '가르치기' 기법을 활용했을 때 90%로 가장 높은 것으로 나타났다. 또 우리가 '주입식 교육'으로 알고 있는 '수업 듣기' 방법은 5%로 가장 낮은 효과를 보였다. 그렇다면 모든 교육을 학습 효과가 가장 높은 '가르치기'와 '연습' 기법으로만 하면 더 높은 효과를 낼 수 있을까?

현장에서 교육을 하고 있는 입장에서 보면 절반은 맞고 절반은 틀린 이야기다. 저 기법들 중 '어떤 기법을 선택해서 사용하느냐'보다 '어떤 기법들을 선택해서 설계하느냐'가 더 중요하다. 우리가 가장 나쁜 방식이라고 생각하는 주입식 교육(강의식 교육)도 상황에 따라서는 가장 효과적일 수 있기 때문이다.

사람이 정보를 받아들이는 양과 집중할 수 있는 시간에는 한계가 있다. 아무리 좋은 방식이라도 일반적으로 30~40분 단위로 강의 기법을 바꿔 주는 것이 효과가 좋다.

여러 가지 교육 기법

최근 전통적인 강의식 교육의 한계를 느낀 교육 기획자나 강사들이 새로운 교육 기법을 도입하기 위해 많은 노력을 기울이고 있다. 하지만 생각보다 성과가 나지 않는 경우도 많다.

특히 강사가 교육 목적과 잘 들어맞지 않는 특정 교육 기법을 고수할 때 그 성과를 내기 어렵다. 예를 들어 코칭 기법은 인원이 많으면 효율성이 떨어진다. MOOC나 플립 러닝은 IT 접근성이 익숙하지 않은 대상에게 적용하면 성과가 낮다. 처음 강의를 설계할 때부터 교육 목표를 명확히 세우고 그것을 내재화하기에 좋은 교육 기법들을 조합하고 활용해야 한다. 그렇지 않고 유행하는 교육 기법을 무작정 사용하게 되면 오히려 역효과를 불러온다.

여기서는 현장에서 느낀 몇 가지 교육 기법의 장점과 단점을 간략히 정리해 보고자 한다. 이에 대한 자세한 내용은 5장에서 다시 다루고자 하니, 여기서는 간단한 흐름만 살펴보도록 한다.

1) 강의식(세미나식) 교육

강의식(세미나식) 교육은 교수자가 한 방향(One-way)으로 설명하며 정보를 전달하는 방식의 교육이다. 흔히 '주입식 교육'이라 일컫는 강의부터 컨퍼런스나 세미나에서 연사들이 발표하는 방식, 온라인 동영상으로 콘텐츠를 전달하는 방식 모두 이 형태에 속한다. 앞서 학습 효율성 피라미드에서 살펴본 대로, 이는 교육 효과가 가장 낮은 형태다. 몰입도, 성과, 교육 효과, 재미도 떨어진다. 가장 큰 이유는 학습자의 참여가 거의 없기 때문이다. 그러다 보니 재미도 없다. 재미가 없다 보니 몰입도 안 되는 악순환으로 이어진다.

하지만 강의식 교육에도 장점이 있다. 이 하나의 장점 때문에 강의식 교육은 교수자들이 가장 많이 사용하는 교육 기법이다. 장점은 무엇인가? 예상하겠지만 제한된 시간 안에 가장 많은 정보를 전달할 수 있다는 점이다. 따라서 진도를 빨리 나가야 하는 교육이나 시험을 위한 문제 풀이를 하는 교육에서는 불가피한 방법이다. 만약 자격증 시험 대비 교육을 PBL(Problem-Based Learning, 문제 중심 학습)이나 게이미피케이션으로 진행한다면 굉장히 재미있고 이해도도 높일 수 있겠지만 절대 수험 기간 내에 진도를 마치지 못한다. 어찌 보면 강의식 교육은 정책 때문에 많이 사용된다고 볼 수도 있다. 제한된 시간 안에 많은 내용을 전달하고 빠른 속도의 진도를 요구하는 경우가 많기 때문이다.

2) 시청각 교육

시청각 자료(일반적으로 동영상 자료)의 가장 큰 장점은 사례나 예시를 압축해서 선명하게 보여 줄 수 있다는 점이다. 또한 강의 현장에서는 보여 줄 수 없는 상황이나 메시지를 전할 수 있기 때문에 주목도를 높일 수 있는 장점이 있다.

시청각 자료를 활요한 시청각 교육 기법의 단점은 자료 시청시간이 길어지면 강의 준비에 성의가 없어 보일 수 있다는 점이다. 시청각 자료를 20~30분 정도 틀어 놓으면 교육생들은 지루함을 덜 수 있겠지만 교수자의 역할은 크게 낮아진다. 경험상 사진 자료나 사례 샘플은 풍성할수록 좋지만 영상 자료의 경우 10분을 넘으면 곤란하다. 교수자의 역할이 낮아지면 교수자와 교육생 사이의 소통이 어렵고 강의의 의미가 퇴색될 수 있다.

한편 최근 신기술로 주목받고 있는 AR(Augmented Reality, 증강현실) 교육과 VR(Virtual Reality, 가상현실) 교육도 우수한 기술이기는 하나 오직 그것만으로 모든 교육을 커버하는 것은 바람직하지 않다. 디바이스를 이용한 교육은 보조적 도구나 수단이 되어야지 그 자체가 목적이 되어서는 안 된다.

3) 플립 러닝

교육에서 IT의 역할이 점점 커지고 있는 요즘, 플립 러닝(Flipped Learning)은 교육 기법이라기보다는 하나의 원칙이 되어 가고 있다. 이는 온라인과 오프라인을 거꾸로 뒤집는다(Flipped)는 의미이지만, 전통적 교육을 뒤집어서 변혁한다는 뉘앙스도 풍긴다. 그래서 최근 기업은 물론이고 학교에서도 플립 러닝을 도입하고자 하는 움직임이 유행처럼 번지고 있다. 하지만 이를 활용한 서구에서의 여러 성공 사례는 전해지고 있는데 반해, 아직 국내에서 그만한 성공 사례가 전해지지는 않고 있다.

플립 러닝의 한계점으로는 크게 두 가지가 있다. 첫째, 플립 러닝은 강의 전후에 교육생이 예습과 복습을 해야 하는데, 교육생들의 상황에 따라 예습과 복습이 제대로 이뤄지지 못하고 있는 상황이다. 특히 기업 교육에서는 교육생들을 연수원에 모아 진행하는데도 해당 강의 집중도를 높이기가 어려운데, 혼자서 예습과 복습까지 하기를 기대하기는 어렵다. 이는 기업에서 플립 러닝을 도입해 운영하고 있는 교육 담당자와 강사들의 공통된 애로 사항이다. 단순히 페널티를 주는 것은 근본적인 해결책이 아니며 어떻게 스스로 동기 부여를 할지 고민해야 한다.

둘째, 온라인과 오프라인 교육 간에 융합이 잘 이루어지지 않고 있다. 단순히 강의실에서 진행하는 강의 시간 전에 예습을 하고 강의 후 각자 복습을 하라는 것은 플립 러닝이 아니다. 이와 같은 예습, 복습 방법은 전통적 교육에서도 늘 강조하던 것이다. 플립 러닝의 핵심은 오프라인에서 모여 있을 때는 모두가 함께할 수 있는 액티비티 위주의 활동을 하고, 오프라인 강의 후 온라인에서 시간과 장소에 구애 받지 않는 최적의 환경에서 복습하며 최고의 효율을 낼 수 있도록 하는 것이다. 또한 오프라인 강의 내용과 같은 내용을 예습하고 복습하는 것이 아니다. 그런데 아직까지는 이러한 온라인과 오프라인 교육이 제대로 조화를 이루지 못하고 있다.

4) 게이미피케이션

게이미피케이션(Gamification)은 흥미 유발과 몰입도 면에서는 가장 뛰어난 교육 기법이다. 트레이시 지츠만의 논문[1]에 따르면 게임 러

---

1 Traci Sitzmann, <A Meta-Analytic Examination of the Effectiveness of Computer-Based Simulation Games>, Personnel Psychology, Vol.64., Issue 2, Summer 2011.

닝(Game learning)을 활용했을 때 과업을 완성하는 비율은 300%가 향상되고, 학습한 내용을 기억하는 비율은 90% 향상되며, 학습자들의 자신감과 개념 지식도 각각 20%와 11% 향상되었다. 기술 친화적인 지금의 젊은 세대에게 짧은 집중력만으로도 높은 효과를 낼 수 있는 게이미피케이션은 단연 훌륭한 교육 기법임이 틀림없다.

다만, 이것 역시 충분히 이해되지 않은 상태에서 오용되면 문제점들이 생긴다. 가장 큰 문제는 수단과 목적이 바뀌는 경우다. 게이미피케이션을 통해서 달성할 교육적 목표가 우선 되어야 하는데, 우선 '게임으로 만들고 보자'는 시도가 많다. 게이미피케이션의 본질은 교육에 게임적 요소를 넣어서 몰입감을 높여 교육의 성과를 올리는 것이지, 게임으로 교육 프로그램을 진행하자는 것이 아니다.

교육 기법은 수단이 되어야지 그 자체가 목적이 되어서는 안 된다. 교육 기획의 기본은 교육 목적을 달성할 수 있는 최적의 방법을 찾는 것이다. 교육 방법에 맞춰 적당한 교육 내용을 설계해서는 안 된다.

게이미피케이션을 제대로 활용하기 위해서는 교육 혹은 강의를 기획하면서 그 내용을 게임으로 같이 설계해야 하는데 여기에는 적지 않은 시간과 예산이 소요된다. 때문에 기업에서는 모든 강의 내용을 상황에 맞춰 게임 형태로 설계하기가 현실적으로 어려워, 일반적으로 보드게임이나 카드게임과 같은 솔루션을 가지고 있는 업체나 강사의 기존 콘텐츠를 사용하는 경우가 많다. 그런데 시중의 콘텐츠와 기업의 교육 목표가 일치한다면 다행이지만 그렇지 않은 경우 그냥 게임만 하다 끝나는 경우가 발생할 수도 있다. 이를 방지

하기 위해서는 연간 교육 계획을 중심으로 기업에서 주로 사용하는 핵심 교육 과정을 전문가와 상의해 별도 개발을 한 뒤 내재화를 하는 방법을 추천한다. 이 내용은 5장에서 더 자세히 다루고자 한다.

5) 퍼실리테이션

퍼실리테이션(Facilitation)의 장점은 방법 면에서 가장 민주적이고 워크숍으로만 진행이 되는 과정이라 교육생들의 참여도와 몰입도가 매우 뛰어나다는 점이다. 이러한 특징 때문에 교육의 '결과'뿐만 아니라 '과정'으로서의 의의도 크다. 때문에 조직 활성화나 커뮤니케이션 관련 교육을 할 때. 퍼실리테이션을 활용한 교육 또는 강의는 결과물의 완성도와 무관하게 그 자체로 큰 의미를 지닌다. 하지만 이 교육 기법에도 주로 두 가지 한계점을 보인다.

우선, 일반적으로 퍼실리테이션이 교육의 밀도가 낮다고 생각하는 경향이 있다. 예를 들어 어느 단체에서 네댓 가지 이슈를 정하고 이에 대한 합의점을 찾는 워크숍을 한다고 해 보자. 회의식으로 진행하면 30분이면 마칠 수 있는 것을 퍼실리테이션 교육 기법으로 진행하면 4시간 정도 걸린다. 물론 효과가 좋은 것은 인정하지만 시간과 비용이 예상보다 너무 많이 들어가 부담스럽다는 교육 담당자들을 더러 봤다. 결국 퍼실리테이션 교육 기법은 시간과 예산이 넉넉해야 제대로 활용할 수 있다는 한계를 지닌다.

둘째, 퍼실리테이션은 '의견을 합일화하는 과정'이지 '정답을 찾는 방법'이 아니라는 한계를 보인다. 퍼실리테이션 교육 기법에서는 '모두가 가장 좋다고 생각하는 방안'이 결론으로 도출되지만 그것을

'최고의 실행 방안'이라거나 정답을 찾아야 할 때, 그것이 꼭 정답이라고 말할 수는 없다. 그런 점에서 퍼실리테이션은 교육 기법으로도 사용되지만 회의 기법에 더 가깝다는 평을 받기도 한다.

따라서 퍼실리테이션은 ① 그 자체의 과정을 통해 팀워크와 커뮤니케이션을 강화하는 교육을 할 때, ② 다수의 참여자들에게 정답을 찾는 것이 아닌 각자의 의견을 말하고 취합하는 워크숍을 할 때 적합한 교육 기법이다. 물론 위에서 언급한 문제점은 퍼실리테이터(Facilitator)의 역량에 따라 극복할 수 있다.

6) PBL

PBL(Problem-Based Learning, 문제 중심 학습)은 실제 세계에서 나타나는 비구조화된 문제에 대해 교육생 스스로 의미 있는 해결 방법을 찾게 하는 교육 기법이다. 전통적 교육 기법과 다르게 PBL이 가지고 있는 큰 특징은 해답 자체가 아니라 문제를 다루는 과정을 중시한다는 점과 그 과정을 자기주도적으로 해결한다는 점에 있다.

예를 들어, 기업에서 조직 커뮤니케이션 활성화 교육을 진행하는 과정에서 전통적 교육 방식을 활용해 "이런 식으로 하면 커뮤니케이션에서 오해를 줄일 수 있다"는 정보를 제공하는 경우, 그것을 PBL을 적용해 교육한다면 상황을 제시하고 "그럼 이런 상황에서 상호간에 오해가 생기지 않게 커뮤니케이션을 할 수 있는 방법을 조별로 같이 찾아봅시다"라는 식으로 유도할 수 있다. 이 과정에서 교육생들은 현재 조직 상태에 대한 진단, 커뮤니케이션의 포인트, 개인의 차이 등에 대해 다양하게 논의할 수 있다.

7) 액션 러닝

액션 러닝(Action Learning)은 '구체적 경험—성찰적 관찰—추상적 개념화—계획 수립'의 프로세스로 알려진 데이비드 콜브(David Kolb)의 경험학습이론을 활용한 교육 기법으로 '행동으로 배우다(Learning by Doing)'라는 학습 원리를 바탕으로 실제 문제를 퍼실리테이터의 도움으로 팀 학습을 통해 해결한다. PBL과 유사한 부분이 많으나 PBL이 '문제'라는 동기를 강조한다면, 액션 러닝은 '행동'을 강조한다는 차이점이 있다.

8) 케이스 스터디

케이스 스터디(Case Study)는 '사례 연구'로 번역되며 주로 경영대학원의 MBA 과정에서 많이 사용하는 교육 기법으로 잘 알려져 있다. 진행 방식은 경영 현장에서 발생하는 사례(Case)를 배경지식과 통계 자료 등 서면으로 충분한 정보를 제공하고 그 내용을 바탕으로 본인이 그 사례 속 의사 결정자라면 어떤 판단을 할지 토론한다. 하버드나 스탠퍼드 같은 명문 경영대학원의 경우 전략은 물론 마케팅과 재무까지 거의 모든 강의를 케이스 스터디로만 진행하고 있는 것으로 유명하다.

　　PBL, 액션 러닝, 케이스 스터디는 조금씩 차이가 있지만 전체적으로 비슷한 점이 많다. 이 세 가지 교육 기법들의 장점은 교육생을 중심으로 강의를 진행하기 때문에 교육생이 활동 속으로 깊게 몰입할 수 있다는 점이다. 또한 기업 교육에서는 잠재적으로 일어날 수 있는 문제에 대해서 상황을 만들어 미리 시뮬레이션할 수 있다는 점도 장점으로 꼽을 수 있다. 이 세 가지 교육 기법들은 일방적 전달식 교육이 아닌 행동과 참여 중심의 교육 기법이기 때문에 단순한 교육 기법을 넘어서 하나의 지향적인 철학이 되어야 한다.

그런데 액션 러닝이나 PBL의 경우 퍼실리테이터의 역할이 매우 중요한데 이러한 퍼실리테이터 교육을 체계적으로 받은 교육자가 부족한 현실이다. 단순히 실습과 토론을 하는 것을 액션 러닝이나 PBL로 이해하는 경우도 많다.

케이스 스터디는 양질의 토론을 위해 사전에 준비해야 하는 사례 조사의 리소스가 상당해 활용하는 데 많은 어려움이 따른다. 하버드 대학교의 경우 케이스 하나를 개발하는 데 거의 1년을 투자하고 수천만 원의 예산을 쓴다고 한다. 국내의 경우 영문 자료는 해외의 케이스를 구매해서 진행하거나, DBR의 국내 케이스를 가지고 진행하는 경우가 대부분이다. 만약 교육을 진행하는 기업의 사례를 가지고 PBL을 진행한다고 했을 때 수개월과 수천만 원까지는 안 되겠지만 그래도 상당한 투자가 필요하다.

필자(최)는 모 대기업에서 케이스 스터디로 교육을 준비했을 때 담당 임직원 인터뷰와 문헌조사를 포함해 수 주간의 개발 기간을 갖고 진행한 경험이 있다. 문제는 그렇게 넉넉한 예산과 시간을 줄 수 있는 클라이언트가 많지 않다는 점이고, 그 정도 규모의 교육은 프리랜서가 수주할 수 있는 영역이 아니라 교육컨설팅 전문 업체와 함께해야 한다는 점이다.

또한 충분한 배경 정보를 설명해 주는 케이스가 아니고 단편적인 주제만 던져 놓는 토론은 교육하려는 내용과 토론 내용이 맞지

않는 경우가 많고, 포괄적인 문제 해결이 아닌 단순 문제 해결 아이
디어를 찾는 교육이 될 가능성이 높다.

9) MOOC

MOOC(Massive Open Online Courses, 온라인 대중 공개 수업)는 교육 기법
이라기보다는 기술에 관한 내용이지만 여기서 함께 다루고자 한다.
MOOC는 어찌 보면 교과서로 볼 수 있다. 텍스트로 되어 있는 책을
동영상이라는 콘텐츠로 만들어서 온라인 플랫폼에 올린 형태이기
때문이다. 하지만 교과서만 가지고 최고의 교육 성과를 낼 수 없듯
이 MOOC 콘텐츠만 가지고 교육 성과를 극대화할 수는 없다. 그래
서 플립 러닝이나 블렌디드 러닝(Blended Learning)이 존재하는 것이
다. 블렌디드 러닝은 온라인 교육과 오프라인 교육, 그리고 다양한
학습 방법을 혼합하는 교육 기법이다.

오늘날 하버드나 MIT와 같은 대학의 MOOC 프로그램은 콘텐
츠뿐만 아니라 튜터링 서비스를 포함하는 것이 일반화되었다. 다른
기관의 많은 과정들도 그렇게 서비스를 추가하면서 유료화하는 형
태로 빠르게 전환하고 있다. 이러한 상황에서 우리가 생각해야 할
점은 많은 기업들이 최근 수년간 앞다투어 이러닝 플랫폼을 구축하
는 데 굉장히 많은 돈을 썼지만 이 콘텐츠를 가지고 플립 러닝이나
블렌디드 러닝으로 활용하지 않는다면 교육생들에게 그냥 책 1권
던져 주는 것과 크게 다르지 않다는 점이다.

10) 코칭과 멘토링

과거 코칭(Coaching) 교육은 CEO나 임원 교육의 전유물이라는 생각이 많았지만 오늘날 코칭 기법을 활용한 조직문화 개발에 대한 수요가 점점 늘어나고 있는 추세다. 대규모 강의가 아닌 최대 20여 명 정도 이내의 그룹 코칭이나 그룹 멘토링 기법으로 실무 임직원 교육에도 활용할 수 있다.

코칭이나 멘토링(Mentoring) 기법의 가장 큰 장점은 대형 강의에서는 나오기 힘든 깊고 미세한 주제를 다룰 수 있고 심리적인 분야도 다루기 때문에 감정적으로 치유의 효과도 얻을 수 있다는 점이다. 하지만 이런 좋은 장점에도 불구하고 빠르게 확산이 되지 않는데는 주로 다음과 같은 이유가 있다.

우선 아무리 그룹으로 코칭이나 멘토링이 가능하다고 해도 인원이 많아질수록 효과가 반비례로 줄어드니 적은 인원으로 진행할 수밖에 없고 그로 인해 세미나나 워크숍에 비해서 비용이 다소 높은 편이다. 또한 일반 강의도 그렇지만 코칭은 코치의 영향력이 매우 높기 때문에 코치 개인의 역량 차이가 품질의 차이를 만들어 낼 수 있다는 점도 주의해야 할 부분이다.

강의 설계하기

지금까지 여러 교육 기법의 장단점을 살펴보았다. 그럼, 어떻게 하면 강의를 효과적으로 잘 설계할 수 있을까.

첫째, 강사의 설명을 최소한으로 줄이고 교육생들이 자기의 의견을 낼 수 있는 시간을 많이 갖게 하는 것이 필요하다. 다시 말하자면 플립 러닝은 단순히 온라인과 오프라인을 뒤집는 것이 아니다. 그것을 통해 교육의 주체가 교육자 중심의 탑다운(Top-down)이 아닌 수요자 중심의 바텀업(Bottom-up) 방식으로 전환되는 것이 더 큰 의의를 지닌다. 꼭 플립 러닝이 아니더라도 강의를 설계할 때 가능하면 설명보다는 실습 및 활동에 더 많은 시간을 할애할 수 있도록 편성하는 것이 중요하다. 무작정 실습만 시키고 교육자의 역할이 없다면 문제겠지만 적절한 가이드를 주어 가며 교육생들이 수업 활동에 몰입할 수 있게 한다면, 교육의 성과나 만족도가 높아진다.

둘째, 지식을 전달하지 말고, 교육생들 스스로 깨닫게 만드는 것이 중요하다. 이는 모든 교육의 기본 철학이 되어야 한다. 전통적 교육에서는 'What'을 알려 주는 수업이 많았다. 그렇기에 암기를 잘하는 학생이 좋은 성적을 받았고 창의력과 같은 능력은 우선순위에서 밀려났다. 하지만 그보다 더 높은 단계의 교육을 위해서는 'How'를 깨닫게 해 주어야 하며, 그보다도 더 고차원의 경험을 위해서는 'Why'를 알게 해 줘야 한다.

물고기 잡는 법을 알려 주는 것이 'What'이라면, 낚시법을 발견하게 해 주는 것을 'How'라고 볼 수 있다. 그리고 왜 물고기를 잡아야 하는지를 알려 주는 방식이 바로 'Why'다.

셋째, 오감을 최대한 활용하도록 한다. 일반적으로 교육 활동에서는 시각과 청각, 운동 감각의 세 가지를 감각을 가장 많이 사용한다. 우리가 노출되는 감각이 많을수록 정보를 받아들일 수 있는 채널이 많아지기 때문에 다양한 감각을 활용할수록 학습 효과가 더 높아진다.

예를 들어 영어 단어를 잘 외우는 사람들의 특징을 생각해 보자. 가장 힘들게 외우는 사람은 눈으로만 단어를 보고 있을 것이다. 그보다 조금 더 잘 외우는 사람은 입으로 말하면서 외울 것이고, 가장 잘 외우는 사람은 손으로 쓰면서 입으로 말하며 외우고 있을 것이다. 나아가 단어로 노래를 만들어서 흥얼거리거나 손으로 간단한 율동 같은 것을 만들어서 외우는 사람도 있을 것이다. 그들은 다양한 감각을 활용하면 암기가 더 잘 된다는 점을 알고 있는 셈이다.

나아가 촉각, 미각, 후각 등의 감각도 어떻게 교육에 적용시킬 수 있을지 고민해 보자. 요리 교육이라면 당연히 미각과 후각도 중요한 요소가 될 것이다. 마찬가지로 공간 인테리어나 스페이스 마케팅의 영역에서는 촉각(재질)이나 후각(향)의 요소도 충분히 활용할 수 있을 것이다. 오감 교육을 가장 잘하는 곳은 어디일까? 유아를 대상으로 하는 어린이집이나 유치원 같은 교육장이다. 아이들의 모든 감각을 최대한 활용할 수 있도록 해 주는 데 굉장히 탁월하다.

넷째, 교육생이 교육받은 내용을 가지고 스스로 브리핑하며 리뷰하는 시간이 필요하다. 앞에서 살펴본 '학습 효율성 피라미드'의 가장 높은 단계인 '가르치기'를 교육에 적용하면 효과가 높다. 필자(최)의 경우 모든 교육을 마치고 나면 마지막 5분 동안은 교육생들끼리 서로 짝을 짓고 그날 자신이 이해했던 내용을 서로에게 설명해 주는 시간을 갖는데, 이것이 굉장히 좋은 효과를 보였다. 강사가 직접 요약을 하지 않아도 교육생들 간에 가르치며 자연스럽게 정리가 되고, 또 스스로 설명하면서 정리할 수 있으니 강사가 직접 정리해 주는 것에 비해 지식의 잔존률이 높다.

다섯째, 하나의 방식이 아닌 다양한 기법들을 다양하게 사용하는 것이 좋다. 지금까지 다양한 종류의 교육 기법을 설명했지만 이 중에서 최선의 방법은 없다. 교육의 목적과 상황에 따라 가장 적합한 방식을 찾아서 사용하는 것이 좋다. 아무리 좋은 방식이라도 전체 교육을 똑같은 방식으로만 진행하면 굉장히 지루해진다. 개인적으로는 2시간 분량의 특강에서도 2~3개 정도의 기법을 다양하게 활용하며 진행하고, 8시간 정도 진행되는 워크숍의 경우 지루하지 않도록 여러 가지 기법들을 최대한 다양하게 사용하려고 노력한다. 우리가 지금까지 살펴본 교육 기법들은 하나씩 익히는 것만이 중요한 것이 아니라 이것을 어떻게 조합해야 할지가 더 중요하다.

5장

말로만 하는
강의는 끝났다

① 강의를 위한 프레젠테이션

이목을 집중시키며 강의 내용을 효과적으로 전달하기 위한 강의 도구로 프레젠테이션을 빼놓을 수가 없다. 많은 사람에게 정보를 효과적으로 전달하는 프레젠테이션은 일반적으로 빔 프로젝터를 이용해 청중에게 시각 자료를 제시하며, 그에 맞춰 발표자가 이야기하는 방식으로 진행된다.

시각 자료로는 간단하게는 텍스트, 표, 이미지, 동영상 등을 사용하며, 화면 전환 시 애니메이팅 기법을 가미하기도 한다. 프레젠테이션을 PPT이라 말하기도 하는데, PPT는 프레젠테이션 제작 프로그램인 파워포인트의 약어이므로 프레젠테이션과 구별하도록 하자. 파워포인트 외에 대부분의 문서 작성 프로그램에서도 프레젠테이션 기능을 제공한다. 이 장에선 각 프레젠테이션 제작 프로그램의 특성을 다루며, 효과적인 프레젠테이션을 위한 방법을 알아보자.

프레젠테이션 종류

1) 파워포인트(Power Point, PPT)

마이크로소프트사의 오피스 시스템 중 하나인 파워포인트(PPT)는 가장 대중적으로 이용되는 프레젠테이션 제작 프로그램이다. 오피스 워드, 한글 소프트웨어에 익숙하다면 충분히 독학할 수 있다. 문서를 입력하는 간단한 작업부터, 화면을 전환할 때 애니메이션 기술을 추가하거나 다운받은 동영상을 삽입하는 등의 기능을 사용할 수 있다.

초보 사용자가 접근하기 쉬우며 대중화된 프로그램이기 때문에 배울 수 있는 곳도 많다. 출시 시기마다 버전이 다소 다르며 최신 버전과 구 버전의 호환성이 낮다. 따라서 강사가 발표하는 곳에서 어떤 버전을 사용하는지 확인해 해당 버전으로 저장해야 하며, 동영상을 삽입하는 경우에도 해당 환경에서 제대로 작동하는지 사전에 확인해야 한다. 많은 강사들이 완벽한 프레젠테이션을 준비해 놓고 강의 장소의 컴퓨터와 호환이 되지 않아 당황한다. 따라서 미리 점검을 하고 프레젠테이션이 올바로 동작하지 않을 때를 대비하는 것을 추천한다. PPT는 팀 구성원끼리 작업을 공유해 공동으로 작업할 수도 있으며, 타 사용자로부터 보안을 위해 전달, 복사, 인쇄를 하지 못하도록 제한을 걸 수도 있다.

2) 피디에프(Portable Document Format, PDF)

어도비(Adobe)사가 만든 문서 파일 포맷 중 하나인 피디에프(PDF)는 대부분의 운영 체계에서 원본 문서의 글꼴, 서식, 이미지에 변형이 없고 그대로 유지되는 것이 큰 장점이다. 같은 정보를 담고 있는 다른 파일 저장 방식에 비해 용량이 작으며, 여러 페이지를 하나의 파일로 관리할 수 있다. 문서 내 검색도 쉽고, 원하는 페이지도 쉽게 찾을 수 있다. 제작한 PDF 파일의 편집과 인쇄 등에 제약을 걸 수도 있다. 따라서 배포 시에 불법 복제와 같은 문제에서 어느 정도 자유로워 공공기관과 연구소 등의 자료 배포 시에 흔히 쓰인다.

PDF를 제작, 편집할 수 있는 있는 아크로뱃(Acrobat)은 유료 프로그램이지만 뷰어 프로그램인 아크로뱃 리더는 무료이며 네이버와 같은 포털에서도 무료로 다운로드할 수 있다. 한글과 같은 문서 편집 프로그램으로 만든 파일을 PDF로 저장할 수도 있다. PDF 파일로 작성한 문서는 수정하기가 쉽지 않다. 아크로뱃을 이용해 제작한 것이 아니라, 이미지를 스캔해 PDF로 저장한 경우에는 수정 자체가 불가능한 경우도 있다. 따라서 수정할 내용이 없을 때 PDF로 제작하는 것이 좋다. 동영상은 하이퍼링크를 통해 첨부만 할 수 있다는 점도 제약이 될 수 있다.

3) 프레지(Prezi)

건축예술가 아담 솜러이 피셔(Adam Somlai-Fischer)의 아이디어로 개발되기 시작한 프레지(Prezi)는 클라우드를 기반으로 한 프레젠테이션 툴로 화면의 확대와 축소가 자유롭다. 고급 프레젠테이션 사용자로서 독창적이고 인상적인 프레젠테이션을 원한다면 프레지를 추천한다. 앞서 말한 PPT, PDF의 경우와 다르게 프로그램을 구매할 필요가 없이 인터넷을 통해 문서를 작성하고 저장할 수 있다. 제작할 때에는 인터넷이 필수이지만 제작 후에는 다운로드받아 인터넷이 없는 환경에서도 프레젠테이션을 할 수 있다. 흔히 입체적 PPT의 애니메이팅 기술과는 접근 개념이 다른 강력한 줌인, 줌아웃 기능, 회전 등의 애니메이션 효과로 시선을 사로잡기에 좋고 적절하게 사용하면 매우 근사한 결과물을 낼 수 있다.

PPT는 한 주제가 한 슬라이드에 담겨 차례차례 페이지를 넘기는 방식으로 제시되는데, 프레지는 큰 화면에 모든 정보가 구획별로 담겨 이 구획을 들여다보는 방식으로 제시된다. 상대적으로 역동적인 방식으로 내용을 전달하면서도 이러한 역동성에 비해 메뉴와 인터페이스가 직관적이고 단순한 편으로 사용자가 바로 적응할 수 있는 점이 장점이다. 프레젠테이션 제작 툴의 신흥주자로, 무료 제작 강좌가 많으니 참고하면 좋다.

4) 키노트(Keynote)

애플이 개발한 프레젠테이션 소프트웨어로, 초보자도 쉽게 접근할 수 있다. 3차원 애니메이션과 화면 전환 효과는 PPT와 차별화되어, 키노트(Keynote)가 처음 나왔을 당시 파장을 일으켰다. 다중 화면을 지원하고, PDF, 퀵타임, PPT 등의 파일 형식으로 저장할 수 있으며, 발표자와 청중이 보는 화면을 분리할 수 있다. 발표자용 화면에는 현재 슬라이드와 다음 슬라이드, 노트, 시간, 타이머 등을 보여 주는 모드인 프레젠터 도구가 있다. 다만 한국의 일반적인 PC 환경이 윈도우이기 때문에 키노트 사용이 다소 불편할 수 있다.

프레젠테이션 제작 요령

프레젠테이션을 제작할 때 하기 쉬운 실수는 모든 정보가 한 화면에 보여야 한다고 생각하는 것이다. 스크린에 띄워야 할 것은 '읽을거리'가 아니라 '볼거리'다. 정보를 많이 넣다 보면, 우선 글씨 크기가 작아지고 전달이 힘들어진다. 핵심어, 핵심 문장을 띄워 두고 나머지는 말로 전달하는 것이 기본이다. 이미지도 마찬가지다. 한 페이지에 너무 많은 이미지를 보여 주면 산만한 느낌만 줄 뿐이다. 페이지를 전환할 때는 애니메이션 효과도 통일하는 것이 좋다. 프레젠테이션에서 사용되는 폰트, 색상, 효과는 면접 보러 가는 날의 코디를 정하는 것과 같다고 생각하자. 내가 좋아하는 색깔과 좋아하는 디자인의 옷이 아니라, 간결하고 일에 적합한 인상을 줄 수 있는 것을 택해야 한다. 처음부터 디자인적 감각을 갖는 것은 어려우므로 프로그램에서 제시하는 서식을 사용하며 감각을 익히고, 잘 만든 프레젠테이션을 찾아보도록 하자.

프레젠테이션에 앞서 점검할 기본 사항 세 가지는 다음과 같다. '청중은 누구인가?', '그들이 강의에서 기대하는 것은 무엇인가?', '강의를 하는 이유는 무엇인가?'.

청소년이나 젊은 층들은 상대적으로 이미지를 정보로 빨리 받아들이며 화면 전환 효과의 화려함에 익숙하다. 하지만 시니어의 경우 어지러움을 느낄 수 있으며 오히려 애니메이션 효과가 많을수록 집중력이 떨어지는 경향이 있다. 어느 연령이든 정보는 핵심만 제시되어야 하며 글자가 화면 가득 있다면 지루하거나 산만해지기 십상이다.

다음 상황을 가정해 보고 세 가지 점검 사항에 맞춰 강의 프레젠테이션을 만들어 보자.

ⓐ 강의 대상
(예) 은퇴를 한, 혹은 은퇴를 준비하는 시니어
ⓑ 청중이 강의에서 기대하는 목적
(예) 대상자가 지금까지 살아온 삶을 정리해 보고 앞으로의 계획을 세우는 것을 돕는 강의
ⓒ 강의 목적
(예) 시니어의 자서전 쓰기를 돕고 미래 계획 설립을 위한 방안을 마련하는 목표

이러한 상황을 바탕으로 강의 기획안을 작성해 보면 프레젠테이션에 필요한 자료가 무엇인지 구상할 수 있다. 이때 영상이나 이미지 등이 요구된다면 강의에 맞게 수정, 편집해야 할 필요가 있다. 영상 자료의 경우, 자료를 찾기 힘들거나 편집에 자신 없다면 화면 캡처 내용을 제공하고 내용은 구두로 설명하는 것이 좋다. 자료를 모으고 강의 스토리에 맞게 도입, 발전, 마무리를 생각하며 배치하자.

프레젠테이션의 목표는 정보 전달을 보조하는 것이므로 예쁘고 멋지게 꾸미는 것보다 간결하며 통일성을 갖추는 것이 더 중요하다. 시각 자료는 강사에게도 강의 순서를 놓치지 않게 해 주며, 청중에게는 강의 내용을 이해하고 기억하는 데 도움을 주며, 흥미를 끌고 지루함을 덜어 줄 수 있다. 그러나 프레젠테이션은 보조 도구라

는 것을 항상 기억하여, 혹여 준비한 프레젠테이션 없이도 강의를
할 수 있도록 준비해야 한다.

프레젠테이션의 기본 구조

1) 강의 제목

똑같은 강의라도 제목을 어떻게 다느냐에 따라 청중의 수가 달라진
다. 그래서 네이밍이 중요하다. 강의 주제에 따라 일반형, 부정형, 질
문형, 명령형, 사례형, 숫자형을 사용한다면 눈길을 끌 수 있는 제목
을 만들 수 있다. 예를 들어 소통과 관련된 강의에 제목을 정해 보면
다음과 같다.

ⓐ 일방형으로 제목 짓기: '효과적인 의사소통 방법'

ⓑ 부정형으로 제목 짓기: '불통과 소통 사이'

ⓒ 질문형으로 제목 짓기: '당신은 통하시나요?'

ⓓ 명령형으로 제목 짓기: '통통 튀는 사람이 되고 싶다면 와라!'

ⓔ 사례형으로 제목 짓기: '불통의 아이콘 김 과장이 달라졌어요!'

ⓕ 숫자형으로 제목 짓기: '소통의 비법 다섯 가지'

2) 강사 소개

강사가 누구이며, 왜 이 자리에 서 있는지, 청중에게 어떤 것을 전달
할 것인지 짧게 전달하는 단계다. 청중에게 자신이 이곳에 있을 만
한 사람이며 청중을 도우러 왔다는 것을 명확하게 전달할 필요가 있

다. 신뢰를 주는 방식은 강사나 강의 대상마다 다를 수 있다. 초보 강사여서 이력이 많지 않아도 스스로가 준비된 사람임을 보일 필요가 있다. 겸손이 미덕이라지만 이때만큼은 넣어 두고 자신 있게 강의를 이끌어 갈 리더가 되어야 한다.

3) 프로그램 소개

청중 중에는 강의에 큰 관심을 갖고 기대하며 온 사람도 있지만, 친구 따라왔거나 별다른 목적 없이 온 사람도 있을 것이다. 강의 교재가 있다면 전반적으로 훑어보며 프로그램 진행을 확인했을 테지만, 강의에서 무엇을 할지 구체적인 정보는 없는 상태일 것이다. 따라서 강사를 소개한 뒤에는 강의가 어떻게 진행될 것인지에 알려 주는 것이 좋다. 그저 단순한 소개로 끝나는 것보다 강의에 대한 흥미를 유발할 수 있는 강력한 메시지를 주는 것이 좋다. 강의의 도입부인 만큼 흥미를 주자.

4) 강의 규칙 정하기

원활한 강의 진행과 주도권 확보를 위해 간단한 규칙을 제시하고 함께 지켜 나가기로 한다. 휴대폰을 무음으로 전환해 달라고 하고, 필요에 따라 사진 찍는 것을 자제해 달라고 한다. "휴대폰은 진동 또는 에티켓 모드로 변환합시다"와 같은 안내를 통해 바로 적용시킬 시간을 주는 것이 좋다. 이를 통해 강의 중 통화음으로 인한 방해를 예방할 수 있다.

5) 강의 본론

강의 주제에 맞는 핵심 키워드를 뽑아 보자. 핵심 키워드의 순서를 정해 강의 스토리 라인을 구성하고 슬라이드를 채워 보도록 한다. 폰트를 통일하고 주제 색상 역시 통일하는 것이 좋다. 배경 톤과 포인트 컬러를 정해 프레젠테이션의 이미지를 맞추고, 중요한 내용을 제시하는 경우처럼 강조가 필요한 상황에서도 표현은 통일하는 것이 좋다. 같은 수준의 정보는 일관성 있는 방식으로 전달해야 정보를 받는 입장에서 헷갈리지 않는다.

6) 내용 요약

강의한 내용을 정리하는 시간이다. 강의의 핵심을 요약하고 강의가 끝난 후에도 반드시 기억해야 하는 내용을 확인시켜 주도록 하자. 강의를 요약할 때는 강의 주제와 맞는 영상을 함께 감상하거나 강의 내용에서 중요했던 단어들을 나열해 본다. 어린이나 청소년, 시니어를 대상으로 하는 강의에서는 그 단어들을 사용해 빙고게임을 해도 좋다. 즐겁게 게임을 하며 그날 내용을 복습하는 일석이조의 효과를 누릴 수 있다.

7) 마무리

강의를 요약한 뒤에는 강의 소감을 나누는 시간을 갖는다. 함께 강의를 들은 이들끼리 유대감을 가질 수도 있고, 내용의 심화가 이뤄지기도 한다. 질문을 받는 것도 좋다. 강의를 마칠 때에는 청중에게 강의가 끝났음을 명확하게 알리고 인사까지 확실히 하도록 하자. 일회성 강의가 아니라면 다음 강의를 예고하며 마무리할 수도 있다.

위 순서를 참고해 프레젠테이션을 만들었다면 실전처럼 연습할 차례다. 연습을 해 보면 매끄럽지 않은 부분을 가려낼 수 있으며, 강의 내용을 복습하며 내 것으로 만들 수 있다. 다 만든 프레젠테이션은 더 이상 손댈 필요가 없는 완성물로 여기지 말고, 계속해서 수정하고 보완해야 할 과정물로 여기며 업데이트하도록 하자. 시각 자료는 새로운 것이 날마다 생길 수 있고, 적절한 예시라고 생각했던 자료도 시간이 흐르면 더 적합한 예시가 나올 수 있으므로 과거 자료보다 최신 자료에 더 집중해야 한다.

프레젠테이션 준비노트(예제)

주제: 나는 한 권의 책

슬라이드 번호	내용
1	**프로그램 제목이 들어간 표지 만들기**
2	**강사 소개** (진진진가 이미지로 만들기)
3	**프로그램 소개** (진행 사항을 도표로 만들어 소개하기)
4	**이미지로 규칙 정하기** (핸드폰은 꺼 주세요. 비난하지 말고 부조건 응원해 주세요. PT 찍지 말아 주세요. 강의가 끝난 뒤 질문 시간을 드리겠습니다. 등등)
5	**강사의 자서전 예제 보여 주기** (나의 어린 시절 사진 활용)
6	**연령대별로 키워드 뽑아 이야기 나누기**
7	**다른 사람들의 이야기 들어보기** (사례자가 만든 이야기 이미지로 보여 주기)
8	**가장 감명 깊은 이야기로 7단계로 자세하게 써 보기** (7단계 활동지 이미지 넣기)
9	**발표하기** (청중들이 모여 있는 이미지 넣기)
10	**마무리 영상 보여 주기** (어느 90대 노인의 후회)
11	**소감 나누기**

프레젠테이션 준비노트 (각자의 주제로 작성해 본다.)

주제:

슬라이드 번호	내용
1	
2	
3	
4	
5	
6	
7	
8	
9	
10	
11	

내실 있는 프레젠테이션 제작을 위한 팁

① 바탕

그림이나 무늬를 넣는 것보다 단색이나 옅은 그라데이션을 넣은 정도가 적당하고 페이지마다 통일성을 갖춘다.

② 색상

서너 가지 이내로 제한하는 것이 좋다. 이때 검정과 흰색 회색 등 무채색은 색상 수에 포함되지 않는다. 강의처의 로고나 강의처의 제품 로고, 강의처를 대표하는 색상 등을 테마로 삼을 수도 있다. 발표 주제와 상황에 맞는 색을 선정하는 것도 좋다. 예를 들어 환경 보호에 관련된 메시지를 담아야 하는 강의에서는 강렬한 색상보다는 초록이나 파랑 계열의 색상을 선택하는 것이 좋다. PPT는 그림을 그리는 것이 아니고 강의 자료로 활용하는 것이므로 최대한 색상 사용을 절제하고, 꼭 필요한 곳에 적절하게 활용하는 것이 좋다.

③ 글꼴

고딕체를 사랑하자. 요즘 다양한 서체가 나오고 있지만 특이하고 예쁜 서체가 많다고 다양한 서체를 사용해 PPT를 만드는 것은 피해야 한다. PPT에는 두 가지 이내의 서체만 사용하는 것이 좋다. 자폭, 자간, 어간, 행간 등도 맞추도록 한다. 화려한 PPT를 만드는 강사가 있는데 처음에는 눈길을 끌 수 있겠지만 시간이 지날수록 청중의 피로도를 높일 뿐이다.

④ 이미지

다양한 검색 이미지 사이트가 있는데 이미지를 검색할 때에는 해상도도 확인해야 한다. 모니터에서는 선명하게 보이는 이미지도 강의 때 사용하는 큰 화면에서는 해상도가 떨어져 전달력이 떨어질 수도 있기 때문이다. 또한 저작권도 신경 써야 한다. 자칫 잘못하면 저작권을 침해할 수도 있다. 특히 무료로 다운받아 사용할 때는 '재사용 가능' 또는 '수정 후 재사용 가능' 등 문제 소지가 없는 이미지를 사용하도록 한다. 청중의 이해를 돕기 위해 이미지를 활용하는데 너무 많이 사용하면 혼란스럽기만 하다. 특정 종교나 정치와 관련된 이미지를 사용할 때도 주의해야 한다. 그것으로 인해 청중에게 불편함을 줄 수 있기 때문이다.

⑤ 동영상

이미지처럼 강의에 도움이 될 수도 있지만 강의 주제와 맞지 않거나 메시지 전달력이 떨어지는 동영상은 오히려 강의를 망칠 수도 있다. 또한 동영상을 활용할 때는 강의장에 음향시설이 갖춰져 있는지도 꼼꼼하게 따져 봐야 한다. 음향시설이 좋지 않다면 동영상을 보여 주지 않는 것이 더 좋다. 시간도 적절한지 꼭 체크해 봐야 한다. 동영상 재생 시간이 너무 길면 강의 시간에 맞춰 적절한 시간으로 편집하는 것도 좋다. 동영상을 너무 많이 보여 주면 동영상에서 본강의 내용으로 전환하는 데 에너지를 많이 써야 하기 때문에 강사도 교육생도 피로도가 높아질 수 있다. 모든 효과는 과유불급이다. 최소로 사용해 내용을 강조하거나 이해를 돕기 위해서만 사용하는 것이 좋다.

⑥ 근거

강의를 듣다 보면 '카더라 통신'에서 나올 법한 이야기를 하는 강사들이 있다. 믿을 수 있는 이야기일까? 의문이 생긴다. 지나가는 말이라도 근거가 있는 이야기나 검증할 수 있는 사실만을 이야기하는 것이 중요하다. 근거는 설득력이 있고 스스로 충분히 설명 가능한 것이면 된다. 근거가 있는 말은 사실이 되고 근거가 없는 말은 단순한 주장이 되기 때문에 근거 없는 말을 하는 강사는 신뢰도가 떨어지기 마련이다. 신뢰를 주는 강의를 하기 위해서는 근거 있는 말과 정보를 제시하는 것이 좋다.

⑦ 통계 자료와 수치들

통계 자료와 수치들은 이미지로 제시했을 때 의미가 가장 쉽게 전달된다. 숫자가 담긴 표를 읽는 것보다 막대그래프를 보는 것이 효과적인 것과 마찬가지다. 또한 수치를 이미지로 상상할 수 있도록 표현해야 말하려는 바를 훨씬 잘 전달할 수 있다.

예를 들어, '콜라 1캔에 설탕이 39g 들어 있다'라는 내용을 전달할 때 교육생 입장에서는 '설탕 39g'이 어느 정도인지 선뜻 와닿지 않을 수 있다. 그런데 '콜라 1캔에 9.5개의 각설탕이 들어 있습니다'라고 표현하면 좀 더 쉽게 이해할 수 있다. 마찬가지로 '회사 공장 부지가 16만 2천 평입니다'라고 말하는 것보다 '공장 부지가 축구 경기장 18개 크기입니다'라고 표현하는 편이 낫다.

2 덜어 냄의 미학, 강의 큐레이션

강의에도 필요한 큐레이션

미니멀리즘은 제2차 세계대전 이후 등장한 예술과 문화적 흐름이다. 그 가운데 단순함과 간결함을 추구하는 미니멀리즘 미술은 캔버스 안에 담아낼 것을 최소화하고 단순화해 여백에서 무한한 가능성을 읽어 내도록 이끈다. 더하는 것이 아닌 덜어 냄의 미학을 펼치는 셈이다. 이러한 덜어 냄의 미학은 최근 젊은이들에게 인기를 얻는 애플, 무인양품 등의 제품에서도 추구되는 미학으로 단색, 심플한 디자인, 기능의 단순화 등에서도 나타나고 있다. 미니멀리즘의 이러한 경향은 우리 생활에도 영향을 미치고 있다. 집의 가구나 물건의 수를 줄이고, 소비를 줄이는 형태로 나타난다. 그러다 보니 많은 정보과 물건에서 내게 필요한 것을 선택하게 된다. 삶의 미니멀리즘에서 큐레이션이 행해지는 것이다.

큐레이션은 미니멀리즘과 마찬가지로 예술계의 용어였다. 미술관의 큐레이터가 하는 일을 상상하면 이해하기 쉬운 이 단어는 예술품 중에 뛰어난 작품을 선별하고 배치해 전시하기, 예술품에 대해 설명하고 나아가 소장하고 보호하기까지의 행위를 말한다. 이러한 큐레이션이 최근에는 인터넷 산업과 제조업, 커뮤니케이션 분야와 정치, 금융 산업에서까지 다각도로 쓰이게 되었다. 여러 브랜드의 제품들에서 선택한 제품들을 한데 모은 편집숍이 그 예 중 하나다. 이제 큐레이션은 단순히 선별하고 남기는 것에서 재조합하는 과정까지 확장되었다. 덜어 내고 남긴 것을 새롭게 조합해 의미와 가치를 창출하는 것이다.

이러한 큐레이션은 강의에도 반드시 필요하다. 강의 큐레이션을 할 때 가장 중요한 것은 '핵심을 추려 내는 방법'이다. 물론 청중에게 보여 줄 자료를 많이 가지고 있다는 것은 강사에게 장점이다. 하지만 그것을 어떻게 보여 줄 것인지 고민하지 않는다면 오히려 독이 된다. 산만한 정보들 사이에서 청중은 길을 잃게 되기 때문이다.

2시간짜리 강의를 맡은 강사는 그 2시간을 알차게 사용해 청중에게 그만큼의 값어치를 전해 주고 싶다고 생각한다. 이러한 마음 때문에 강사들은 너무 많은 자료를 준비하는 경우가 많다. 그러나 강사가 전달해야 할 것은 자료가 아니라, 그 자료를 꿰뚫는 핵심이다.

집 안에 아무것도 남겨 두지 않는 것이 큐레이션일까? 그렇지 않다. 집이 우리에게 주는 기능인 '보호'와 '재충전'은 여전히 충실하게 해내는 것들은 남기면서 그 외의 것을 덜어 내는 것이 큐레이션이다. 예를 들어 어떤 사람에게는 거실에 있는 러닝머신이 빨래 건조대 역할밖에 하지 못해 가장 먼저 버려야 할 물건이라면, 운동을 즐기는 사람에게는 그렇지 않다. 마찬가지로 집에서 요리를 하지 않는데도 유행하는 식기나 가전제품을 잔뜩 쌓아 두면 큐레이션에 반하는 행동이지만, 요리할 때 행복한 사람의 경우 그러한 것들을 처분하는 것이 큐레이션이 될 수 없다.

그렇다면 핵심은 계속해서 사용하는 물건은 남기고 쓰지 않는 것은 처분하는 것이다. 이와 같이 강사도 수많은 재료 중 적절한 것은 남기고, 나머지는 과감히 처분하는 용기가 필요하다. 또한 잘 쓰던 자료도 새로운 자료로 대체할 수 있어야 한다. 강의 대상과 목적, 강의 시간을 고려하며 늘 '선택과 집중'을 생각하는 것이다. 그리고 준비한 자료로 모의 강의를 해 보며 시간 내에 마칠 수 있는지 가늠하고, 질의응답을 할 수 있을 만큼 여유가 있는지 늘 확인해야 한다.

강의 중 지나치게 많은 정보를 전하면 교육생들은 그것을 미처 받아들이지 못하고 피로감에 시달린다. 컬럼비아 대학교의 쉬나 아이엔거 교수와 스탠퍼드 대학교의 마크 레퍼교수 팀이 진행한 '선택이 의욕을 저하시킬 때' 실험[1]을 살펴보자. 이들은 매장에 테이블 2개를 설치하고 한 테이블에는 잼 6개, 또 다른 테이블에는 잼 24개를 놓고 방문객이 맘껏 시식해 볼 수 있도록 했다. 사람들은 어디로 더 많이 몰렸을까? 24가지 잼 테이블에 더 많은 사람이 몰렸다. 양쪽 테이블에서 시식해 본 잼의 가짓수는 비슷했다. 그런데 구매는 완전히 달랐다. 6개 잼 테이블에서는 시식 고객의 30%가 잼을 구입했지만,

---

1 Iyengar. Sheena S,and Mark R. Lepper, 'When Choice is Demotivating; Can One Desire Too Much of Good Thing?', 《Journal of Personality and Social Psychology》, American Psychological Association, vol.76., no. 6, 2000.

24종류의 잼 테이블은 단지 3%만이 잼을 구입한 것이다. 너무 많은 선택지에 놓인 방문객들이 오히려 피곤함을 느끼고 잼을 구매하지 않은 반면, 6개의 선택지를 제공받은 방문객들은 그중에서 본인이 좋아하는 것을 확실하게 선택했다. 선택 가능한 수가 많으면 많을수록 좋다는 통념에 반하는 결과가 드러난 이 실험의 방문객들을 강의의 청중이라고 가정해 본다면 많은 자료 제시가 주는 폐해를 짐작해 볼 수 있다. 강사가 할 일이 바로 이 24개의 잼에서 6개의 잼을 큐레이션하는 것이다.

청중을 24가지 잼 사이에서 헤매게 하지 말자. 24개 잼을 모두 맛보아야 하는 것은 강사뿐이며, 나름의 기준을 가지고 양질의 잼 6개를 추리는 일은 강사의 몫이다. 이를 통해 청중의 흥미를 끌 수 있는 새로운 콘텐츠를 창조해야 한다.

3 누구나 좋아하는 게이미피케이션

캐나다의 사상가 마샬 맥루한(Marshall McLuhan)은 "놀이가 없는 사회나 인간은 하나의 공허한 자동기계와 같은 좀비 상태로 침몰한다"라고 이야기했다. 인간은 놀이를 통해 비로소 인간다움을 누릴수 있다는 말이다. 놀이가 없는 삶은 생각만으로도 지루하다. 놀이는 비생산적이고 소모적이며 잉여적인 것이 아니다. 인간은 놀이를 통해 어떤 것에 '몰입'되어 여러 가지 변화를 이룬다. 몰입은 인간에게 특별한 경험을 하게 한다. 강사도 강의안에서 청중들에게 몰입의상태를 경험하게 할 수 있다. 게이미피케이션을 통해 몰입을 극대화할 수 있다.

교육 게이미피케이션
놀이는 엔터테인먼트 분야뿐만 아니라 모든 분야에서 적극적으로 도입하고 있는 요소다. 놀이의 범위는 넓게 보면 재미를 주는 것 모두를 포함한다. 재미는 사람들에게 동기를 부여하고 친밀도를 느끼게 하는 힘을 가지고 있다. 삶 곳곳에 놀이의 요소들이 존재하는데 우리가 무심코 모으고 있는 쿠폰도 게임과 마케팅을 결합한 게이미피케이션이다.

앞서 살폈듯이 교육 게이미피케이션은 교육에 게임적 요소를 넣어 몰입도를 높여 교육 성과를 올리는 것을 말한다. 게이미피케이션은 교육생들뿐 아니라 강사에게도 재미를 준다. 자신의 강의에 학생들이 적극적으로 참여해 좋은 성과를 얻는 것은 강사에게 강의를 열심히 진행하고 준비하는 동기를 부여하기 때문이다.

기업은 새로운 것을 창조해 내는 인재를 원한다. 정신분석학자 칼 구스타브 융(Carl Gustav Jung)은 "새로운 것의 창조는 지성이 아니라, 놀이 충동에서 생겨난다. 결국 창조하는 마음은 좋아하는 대상과 함께 논다"라고 했다. 그래서 최근 기업 교육에서도 게이미피케이션은 중요한 이슈로 떠오르고 있다.

그런데 강의에 활용하는 게임이 모두 긍정적인 효과를 발휘하는 것은 아니다. 교육을 위한 게임이 되어야 하는데, 잘못하면 오직 재미만 있는 게임에만 그칠 수도 있기 때문이다. 재미있게 게임을 즐겼지만, 강의 내용은 전혀 기억나지 않고 게임을 한 기억만 남으면 그것은 교육에 게임이 접목된 것이 아니라 강의 대신 게임을 한 것에 불과하다. 그러므로 게임을 교육이나 강의에 도입할 때는 목적에 따라 어떤 효과를 낼 수 있는지에 대한 고민을 깊이 해 보아야 한다. 잘못 도입한 게임으로 몰입도와 재미를 끌었지만 학습 목표를 획득하지 못한다면 그 강의는 실패한 강의가 된다.

강의를 하면서 가장 만족도가 높은 강의를 생각해 보면 강사나 교육생들 모두 재미있고, 소통이 잘 되고, 기억에 오래 남는 강의일 것이다. 누가 시키지 않아도 재미있게 참여하는 교육, 서로 의견을 나누고 도우면서 소통하는 교육, 다양한 이벤트와 경험으로 기억에 오래 남는 교육이 진정한 게이미피케이션 교육이다.

강의에 재미를 더하는 게이미피케이션

게이미피케이션 방법으로는 여러 가지가 있지만 여기서는 아이스브레이킹, 스팟 등에 대해 살펴보기로 한다.

1) 아이스브레이킹

아이스브레이킹(Ice Breaking)이란 말 그대로 차가운 얼음을 깨는 것이다. 어색한 분위기를 해소하고 친밀감을 도모하기 위해 행하는 기법이다. 아이스브레이킹은 특히 강의 초반에 활용하면 더 좋다. 강의 초반에는 서로 어색한 경우가 많고 그 어색함을 빨리 깨야 강의 분위기를 자연스럽게 이끌어 갈 수 있기 때문이다.

강사 소개를 하며 아이스브레이킹을 활용할 경우 '이름으로 자기소개하기', '사진으로 자기소개하기', '키워드로 자기소개하기' 등의 방법이 있다. 먼저 '이름으로 자기소개하기'는 이름에 얽힌 사연을 이용해 자기소개를 하는 것이다. 이름 때문에 놀림을 받았던 경험이나 이름과 관련한 에피소드 등을 들려준다. '사진으로 자기소개하기'는 자신을 나타낼 수 있는 사진이나 자신과 닮은 동물이나 사물의 사진과 함께 자기소개를 하는 것이다. '키워드로 자기소개하기'는 자신을 나타낼 수 있는 키워드들을 뽑고 그것을 바탕으로 자기소개를 한다. 이 외에도 다양한 방법이 있고 강사 스스로가 새로운 방법을 생각해 낼 수도 있다. 그리고 강사의 자기소개는 강의 목표와 연결되면 더욱 좋다.

이러한 아이스브레이킹을 활용하면 강사와 교육생 사이의 친밀도를 높일 수 있고 강의 분위기를 부드럽게 만들 수 있다. 아이스브레이킹은 강사가 교육생들에게 자기소개를 할 때도 사용할 수 있고 교육생들을 조별로 나눠 교육생들끼리 해 보게 할 수도 있다.

2) 스팟

스팟(Spot)이란 막간을 이용해서 잠깐 주의를 집중시키거나 분위기를 전환하는 기법을 말한다. 스팟을 활용하면 강의장에 활력을 불어넣을 수 있다. 하지만 너무 많이 사용하면 오히려 강의의 집중도를 떨어뜨릴 수 있다. 점심 시간 직후 강의라든지, 강의 시간이 길어 졸음이 올 수 있는 시간이나 집중도가 떨어질 수 있는 상황에서 적당하게 스팟을 사용하면 효과를 볼 수 있다.

스팟에도 여러 방법들이 있는데 가장 간편하게 사용할 수 있는 것이 '박수치기'다. 강사가 박수를 쳐서 주의를 환기시킬 수도 있고 교육생들에게 박수를 치게 할 수도 있다. '집중게임'도 있는데 이는 단순한 그림이나 카드를 보여 주고 그와 관련한 간단한 퀴즈를 내는 것이다. 예를 들어, 그림을 잠깐 보여 주고 나서 '그림 속에 사람이 몇 명 등장하나요?'와 같은 질문을 던질 수 있다. 스팟에도 이 외에 여러 방법들이 있다.

3) 메시지를 주는 게임

'메시지를 주는 게임'은 말 그대로 게임 안에 강의와 관련된 메시지가 숨어 있는 게임이다. 수업 목표와 메시지를 게임이라는 하나의 활동으로 습득하게 한다. 이것은 교육생들을 자연스럽게 수업에 직접적으로 참여하게 해 수업에 집중도를 높이는 것은 물론 창의력을 향상시켜 주고 수업의 중요한 키워드와 메시지를 오래 기억하게 하는 효과가 있다.

예를 들어 교육생 한 사람에게 그림을 주고 다른 한 사람에게는 백지를 준다. 그림을 받은 사람은 그림을 설명하고, 백지를 받은 사람은 설명에 따라 그림을 그린다. 이때 그림은 수업 목표와 연관된 메시지를 담고 있게 한다.

4) 재미에 메시지를 더하는 버라이어티 교수법

TV 예능 프로그램의 진행자는 출연자의 참여와 재능을 이끌어 가는 역할을 한다. 버라이어티 교수법은 강사가 예능 프로그램 진행자처럼 교육생들의 참여를 이끌어 교육의 질을 높이는 교수법을 말한다. 버라이어티 교수법에서 강사는 진행자가 되고, 교육생은 출연자가 되는 셈이다.

이때 강사는 청중이 많은 이야기를 할 수 있도록 이야기를 끌어내는 촉진자 역할을 해야 한다. 강사가 말을 많이 하는 것이 아니라 청중이 말을 많이 하도록 해야 한다. 강사는 자신의 의견을 지나치게 주장하는 것을 주의하고 교육생들의 말에 귀 기울이고 방향을 이끌어 주어야 한다. 더불어 겸손한 자세로 모든 교육생들의 의견을 존중하고 배려하며 더욱 열정적인 참여를 유도해야 하는 한다. 또한 청중들의 이야기에 즉각적이고 올바른 피드백을 해 주어야 한다. 이러한 강의 방식에서는 교육생들이 어떤 이야기를 할지 모르기 때문에 촉진자 역할을 맡는 강사는 더 많은 공부와 연구를 해야 한다.

강의는 혼자 하는 것이 아니다. 과거에는 강사가 일방적인 교수법으로 혼자서 이끌어 가는 강의를 했다면 지금은 교육생들과 함께 강의를 만들어 가야 한다. 하나의 방송 프로그램을 만들기 위해서는 많은 사람들의 아이디어와 노동이 필요하다. 강사는 교육생들과 함께 강의를 만들어 간다는 생각으로 교육생들의 적극적인 참여를 이끌어 내 아이디어가 넘쳐 나는 재미있는 강의를 만들어 가야 한다. 게이미피케이션은 진행자의 좋은 도구가 되어 줄 것이다.

4 다양한 미디어 콘텐츠의 활용 방법

동영상 활용

강의에서 동영상을 활용하면 교육적 효과를 증대시킬 수 있다. 특히 동영상은 강의 도입에서 주제를 가볍게 전달하거나 실질적인 예시를 제시할 때 유용하다. 동영상을 활용한 강의에서는 청중의 순간 집중력을 끌어올리는 동시에 기존의 경험과 새로운 상상력을 이끌어 낼 수 있다. 강의 도입에 영상을 통해 강의의 전반적인 주제와 강의에 필요한 기본적인 지식들을 전달할 수 있으며, 강의 중간에 영상을 활용하면 흐트러진 집중력을 높이면서 분위기를 환기시킬 수 있다. 강의 마지막 부분에 더 생각해 볼 문제를 제시할 때도 동영상을 유용하게 활용할 수도 있다. 그러나 영상 자료의 교육적 효과에는 가장 중요한 조건이 있다. 그것은 바로 강의 주제에 적확한 영상을 준비하는 것이다.

많은 초보 강사들이 자주하는 실수 중 하나가 강의에서 영상 자료가 효과적이라는 말을 듣고 자신의 강의를 다채롭게 만들기 위해 무조건 영상 자료를 넣으려고 하는 것이다. 그러나 내용과 관련성이 부족한 영상을 강의에서 사용하는 것은 오히려 강의의 흐름을 끊어 놓는다.

학생을 대상으로 하는 강의에서 쉬는 시간에 유행하는 아이돌 그룹의 뮤직 비디오를 틀어 주는 경우도 있다. 아무리 쉬는 시간이라고 해도 강의와 아무 관련 없는 영상을 보여 주는 것은 어떠한 의미도 획득할 수 없다. 게다가 쉬는 시간이 끝나고 다시 강의를 이어 갈 때 강의 내용에 다시 집중하기 어렵게 만들기도 한다.

또한 아무리 동영상이라 해도 내용에 핵심이 없거나 10분 이상 이어지면 교육생들의 집중도는 떨어진다. 너무 딱딱하거나 지나치게 전문적인 내용도 교육생들의 이해를 방해한다. 강사가 동영상을 편집해 준비하지 않고 재생과 정지를 반복하는 경우도 있는데, 그러면 전문성이 떨어져 보여 신뢰를 얻기 어렵다. 동영상을 미리 편집해 파일로 저장해 가지 않고 강의 시간에 인터넷을 통해 검색해 보여 주려 할 경우 인터넷 연결 상황이 좋지 않아 우왕좌왕할 수도 있다. 하이퍼링크를 준비하지 않고 포털 사이트를 열어 키워드를 검색해 찾을 경우 인터넷 연결이 잘 안 되면 우왕좌왕할 수 있다. 동영상을 파일로 준비했어도 제대로 재생되는지 확인하기 위해 강의장에 30분 정도 일찍 가서 영상을 확인해야 한다. 또한 강의장이 너무 밝으면 영상이 잘 보이지 않기 때문에 조명을 조절하는 스위치 위치를 미리 알아 두는 것도 좋다. 강의에서 기기 문제 때문에 강의 시간이 지체되거나 흐름을 끊기면 곤란하기 때문에 여러 가지 부분을 미리 확인하고 준비하는 것이 좋다.

그렇다면 어떤 동영상을 활용할까? 어떤 강사는 몇 년째 강의 때마다 똑같은 동영상을 보여 준다. 고전 영화나 예술 작품을 설명하는 것도 아니고 실질적 정보를 전달하기 위한 동영상임에도 불구하고 새로운 변화가 없다. 날마다 새로운 동영상이 쏟아지는 시대에 아무리 좋은 동영상이라고 해도 몇 년째 같은 자료를 고집하는 것은 강의 준비가 부족하다는 것을 보여 줄 뿐이다.

예를 들어, 미래 산업 또는 미래 직업에 대한 강의를 할 때 5년 전 동영상을 보여 주면 어떻게 될까? 그 강의는 자연스럽게 과거 산업 또는 과거 직업을 소개하는 강의가 될 것이다. 동영상 자료는 활자나 사진 자료보다 더욱 동시대적이다. 물론 강의 준비를 위해 날마다 쏟아지는 새로운 동영상들을 모두 확인하라는 것은 아니다. 평소에 자신이 접하는 영상 미디어만이라도 주의 깊게 살펴보자. TV나 영화를 보면서도 강의에 활용할 만한 내용이 있는지 염두에 두고 살피고 메모하는 습관이 중요하다. 드라마나 영화, 그리고 CF에도 강의에 활용하기 좋은 내용들이 많기 때문에 그냥 지나치지 말고 강의를 염두에 두고 본다면 많은 도움이 된다. 처음에는 모든 것을 자신의 강의와 연결 짓기가 어려울 수도 있겠지만, 계속하다 보면 익숙해지고 흥미를 가지게 된다.

사진 또는 그림 활용

'백문이 불여일견'이라는 말이 있다. 한 번 보는 것이 백 번 듣는 것보다 낫다는 말이다. 메시지를 전달할 때 구구절절 긴 글보다 사진

한 장이 더 효과적일 수 있다. 특히 프레젠테이션을 만들 때 자주 사용되는 내용과 관련된 이미지들은 의미 전달을 돕고 더불어 전문성을 돋보이게 한다. 이렇게 강의를 준비하다 보면 사진이나 그림을 넣고 싶은데 이미지 검색으로도 적당한 그림을 찾을 수 없어 시간을 허비할 수 있다. 본인의 강의와 사진의 관련성을 높이기 위해서는 평소에 강의에 필요한 사진을 직접 찍어서 사용하는 것도 좋다.

매순간 더 좋은 강의를 위해 고민하고 있으면 그동안 주변에서 보이지 않던 것들이 보이게 된다. 강의 준비 시간도 항상 부족한데 자료를 찾기 위해 주변을 무작정 돌아다닐 수는 없다. 때문에 일상에서 자료를 구하는 습관을 들일 필요가 있다. 결국 좋은 강사가 되는 것은 마음가짐에 달려 있다고 볼 수 있다.

이제 실질적으로 필요한 이미지를 찾을 수 있는 방법에 대해 알아보자. 강사들이 주로 많이 이용하는 것이 구글 이미지 검색이다. 언어에 따라 검색되는 결과가 달라서 한글 검색보다 영문으로 검색할 때 더 많은 이미지를 얻을 경우가 있다. 언어 사용자가 많은 언어일수록 사용자가 많기 때문에 자연스럽게 더 많은 검색 결과가 나오는 것이다.

상징적인 이미지가 필요할 때는 픽토그램을 사용하면 좋다. 픽토그램은 그림을 뜻하는 'picto'와 전보를 뜻하는 'telegram'의 합성어로 사물, 시설, 행동 등의 의미를 쉽게 알 수 있도록 만든 그림 문자 혹은 시각 디자인을 말한다. 언어가 통하지 않아도 의미 있는 내용을 시각화해서 그림 하나로 전하고자 하는 의미를 전할 수 있다. 다음은 활용도가 높은 픽토그램 사이트들이다.

https://thenounproject.com

https://www.flaticon.com

https://www.iconfinder.com

인포그래픽 활용

인포그래픽은 'Infomation'과 'graphics'의 합성어로 정보, 수치, 지식 등을 쉽게 전달할 수 있도록 시각적으로 표현한 것이다. 그동안 인포그래픽은 수학적 그래프나 다이어그램의 형태가 많았는데 지금은 다양한 분야와 형태의 인포그래픽이 만들어지고 있다. 정보나 수치 등을 효과적으로 전달하려 할 때에 인포그래픽을 활용하면 좋다.

<참고> 인포그래픽 제공 사이트

http://info-graphics.kr

http://www.yonhapnews.co.kr/photo09/7120000001.html

http://inside.chosun.com

http://www.datanews.co.kr

http://www.infographicworks.com

http://dailyinfographic.com

http://visual.ly

http://www.videoinfographics.com

http://infographickorea.com

http://www.infocreative.co.kr

그런데 문서 자료들과 마찬가지로 동영상과 사진, 그림, 픽토그램과 같은 영상과 이미지 자료들에도 저작권이 있다. 인포그래픽 역시 마찬가지다. 따라서 자료들을 활용할 때에는 저작권을 침해하지 않도록 주의해야 한다. 저작권이 소멸된 퍼블릭 도메인(Public Domain)의 경우 저작권 표시를 하지 않고 영리 목적으로도 사용할 수 있으며 이미지를 변경해도 되지만 그 외의 이미지들은 저작권 표시를 하면 사용할 수 있는 것들도 있고 저작권 표시를 하더라도 사용에 여러 제약이 따르는 것들도 있다.

5 교육생의 참여를 유도할 수 있는 강의 도구

지식을 전달하기만 하는 강사는 더 이상 설 자리가 없다. 이제 강사는 촉진자 역할을 해야 한다. 촉진자는 참여자의 적극적인 참여를 이끌어 내야 한다. 참여를 유도할 수 있는 도구가 있다면 타의에 의해 어쩔 수 없이 자리에 앉아 있는 참여자까지 적극적인 참여자로 이끌어 낼 수 있다. 강의에서 많이 활용하고 있으며, 강의 만족도가 높은 강의 도구에 대해 알아보자.

그림 카드 활용

시중에 수많은 그림 카드가 있다. 현실적인 그림을 담은 카드도 있으며, 비현실적인 그림을 담은 카드, 도형으로만 이루어진 카드도 있다. 그림 카드를 활용하면 이야기를 쉽게 이끌어 낼 수 있고, 좀 더 다양한 이야기를 할 수 있다는 점이 장점이다.

필자(김)가 만난 교육생들 가운데 특히 청소년들은 발표도 잘

하지 않으려 들고, 이야기를 끌어내기가 쉽지 않다. 발표를 잘 하는 학생도 있지만 강의 시간 내내 입을 굳게 닫고 있는 아이들도 있다. 그런데 그림 카드를 활용하면 학생들이 카드를 뒤적이며 이야기를 떠올리고, 다양한 이야기를 내놓는다. 그래서 필자(김)는 영화를 본 후 느낌을 묻거나 강의에 대한 소감을 물을 때도 그림 카드를 활용한다. 영화에 대한 소감을 물으면 '재미있었다', '슬펐다' 등 단편적으로 이야기하는데, 영화를 본 느낌을 카드를 골라 말해 보라고 하면 다양한 소감이 다각도로 나온다. 그림 카드는 사람들의 생각을 열고 입을 열게 하는 매력이 있다. 시중에 다양한 그림 카드들이 나와 있으니 강의 주제에 맞게 활용하면 좋다.

사진 활용

사진 카드는 시중에 판매되는 것을 사용할 수도 있지만, 필요한 이미지를 직접 찍어서 활용할 수도 있다. 필자(김)는 여행이나 생활하며 찍은 사진을 활용하고 있다. 사진을 직접 찍어 사용하면 그림 카드에서는 찾을 수 없는 나만의 이미지를 만들 수 있어서 좋다. 일회성 강의가 아닐 경우, 똑같은 이미지 카드만 활용하면 교육생들이 싫증을 낼 수도 있다. 이럴 때 이미지 카드와 사진을 적절하게 활용하면 더욱 좋다.

단어 카드 활용

추상어 카드나 감정이나 가치관과 관련한 단어 카드 등 단어 카드도 많이 있다. 강의 내용에 맞게 사용하면 좋다. 강의를 하다 보면 교육생들이 감정을 표현하는 데 익숙하지 않는 이유가 감정 단어를 잘 모르기 때문인 경우가 많다. 특히 청소년들은 모든 감정을 '대박'이라는 단어로 표현하는 경우를 볼 수 있다. 영화나 동영상을 교육생들에게 보여 주고 어떤 느낌이 드는지에 대해 감정 카드를 골라 발표하는 방식도 효과가 좋다.

단어 카드도 강사가 직접 만들어 사용할 수도 있다. 직접 만들면 내 강의에 잘 맞는 좀 더 다양한 카드를 준비할 수 있다.

영화 활용

영화는 활용도가 높은 강의 도구 중 하나다. 강의 목적에 맞는 영화를 선정해 보여 주면 강사가 주로 말로 전달하는 강의보다 더 효과적일 수 있다. 영화를 보는 것만으로 끝나는 것이 아니라, 영화와 주제를 연결해 토론식으로 강의를 이끌어 가면 풍성하게 의견을 교환할 수 있다. 영화를 강의에 쓰려면 일단 강의 주제에 맞게 편집해야 한다. 영화 전체를 보면 좋겠지만 2시간 정도 되는 영화를 보고 토론까지 하려면 시간도 시간이지만 많은 에너지가 필요하다. 강의 주제에 맞는 장면을 약 2~3분 편집해서 사용하는 것이 좋다. 한 편의 영화에도 강의 주제에 맞는 좋은 장면들이 다수 들어 있다. 평소 영화를 볼 때에도 강의에 활용하면 좋은 영화와 장면을 메모해 두면 좋다.

단, 영화를 사용할 때에도 저작권과 사용 가능 여부 등 확인해 저작권을 침해하지 않도록 주의해야 한다.

6장

강사의
말하기와 글쓰기,
알리기

무엇을 말하고, 어떻게 표현할 것인가?

1

강사의 표현

강사의 언어는 말과 글을 통해 전달된다. 요리사는 음식으로 인정받고, 운동선수는 기록으로, 회사는 매출로 인정받듯이, 강사는 스스로의 말과 글을 통해 평가받는다. 특히 말은 강사에게 교육생과 소통하는 가장 강력하고 중요한 수단이다. 강사는 강의장 밖에서도 말로서 평가받는 경우가 부지기수다. 강의처와 미팅을 할 때, 가정에서 자녀를 교육할 때, 사석에서 친구와 대화를 할 때도 강사는 '말'이 자신의 재산임을 알고 신중하게 여겨야 한다.

강사에게 말과 함께 글도 생각을 표현하는 중요한 도구다. 강의 기획은 '생각하기―글쓰기―말하기'의 단계를 거친다. 말하기의 전 단계인 글쓰기가 안 되어 있는데 말만 잘 할 수는 없다. 설령 잘한다 할지라도 말 그대로 '말만 잘한다'라는 평가를 받기 쉽다. 알맹이가 담겨 있지 않기 때문이다. 물론 이 글쓰기를 잘하기 위해서는 '생각하기' 단계가 잘 정리되어 있어야 한다. 언변은 화려하지만 그 내용에 깊이가 없는 사람이 있다. 이런 경우가 말하기의 앞 단계가 단단하지 않은 경우다. 그런 기초를 잘 세우기 위해서라도 말하는 것이 직업인 강사는 글을 쓰는 일을 게을리하면 안 된다. 수중 발레 선수들이 화려한 수면 위의 수중 발레 경기를 위해 물속에서 쉴 새 없이 발을 차야 하는 것과 마찬가지로, 1시간 만에 그리는 그림을 위해 20년을 꼬박 연습해야 하는 화가와 같이, 강사는 1시간의 강의를 하기 위해 '읽고 생각하고, 글쓰기'를 꾸준히 하며 기초 체력을 다져야 한다.

강사에게 글을 쓰는 기회는 다양하게 존재한다. 우선 강의 현장에서 쓰이는 교안이나 교재, 슬라이드에 담는 문장 한 줄, 어휘 하나가 모두 강사의 글쓰기다. 교육 담당자나 교육생들에게 쓰는 이메일도 모두 마찬가지다. 이러한 글쓰기를 구성하는 문장과 표현, 구성이 교육생들과의 소통 결과에 영향을 미칠 수 있다. 강사가 SNS에 쓴 글도 강사를 평가하는 요소가 된다. 온라인에서 횡설수설 중언부언하는 강사의 글을 읽은 뒤, 그 강사가 하는 강의를 기대할 수 있을까? 이렇듯 활자를 이용한 모든 활동이 글쓰기의 영역이라고 생각하면 강사가 신경 써야 할 것은 정말 많다.

강의 기획이 '생각하기—글쓰기—말하기'의 단계를 거치는데 이를 다시 내용과 형식으로 구분할 수 있다. 생각, 사상, 감정은 내용이 되고 말하기와 글쓰기는 형식이 된다.

그 가운데 내용에서 가장 중요한 것은 강사만의 통찰 즉, '인사이트(Insight)'다. 강사만이 말할 수 있는 독창적 관점의 인사이트를 지녀야 한다. 인터넷에서 조금만 검색하면 누구나 찾을 수 있는 정보를 전달하는 강의에 비용을 지불할 사람은 많지 않다. 사람들은 다른 사람들이 알지 못하는 그 강사만이 알고 있는 지식과 노하우를 알고 싶어 하고 그것을 위해 돈을 지불한다. 따라서 시중에 나와 있는 책이나 다른 강연의 내용을 짜깁기해서는 강사로서 오래 살아남을 수 없다. 그렇다고 나만의 새로운 이론을 만들거나 세상에 아직 알려지지 않은 정보나 사실을 발견해야 한다는 이야기가 아니다. 기존의 재료를 강사가 자신의 것으로 소화한 뒤 자신의 경험을 토대로 해석하고 독창적인 인사이트를 구조화해 내용을 만들어야 한다. 그러면 그것이 강의의 뼈대를 이루게 된다. 이 뼈대를 토대로 살을 붙여 나아가야 한다. 뼈대도 없는 상태에서 장식만 달다 보면 사상누각이 되고 만다.

형식에서 중요한 것은 무엇일까? 형식에 해당하는 말하기와 글쓰기 가운데 글쓰기에 대해 살펴보자. 글쓰기는 크게 문학적 글쓰기와 실용적 글쓰기로 나뉘는데 이 둘은 각각 목적이 다르다. 우선 문학적 글쓰기는 작가의 사상이나 감정을 스토리나 표현, 문장, 어휘 등을 통해 전달함으로써 독자들에게 '감동'을 주는 데 목적이 있다. 시, 소설, 수필, 에세이 등이 여기에 속한다. 실용(비문학) 글쓰기는 크게 정보 전달과 설득을 목적으로 하는 글이다. 문학적 글쓰기를 제외하면 모두 비문학 글쓰기다. 신문기사, 자기소개서, 설명문, 칼럼, 연설문 등 모든 것이 여기에 속한다. 업무 현장에서 사용하는 '비즈니스 라이팅(Business writing)'도 여기에 속한다. 비즈니스 라이팅에는 이메일, 보고서, 공문, 기획서, 제안서, 품의서 등이 있다.

또한 문학적 글쓰기는 공급자(작가) 중심의 글쓰기를 하고, 실용적 글쓰기는 수요자(독자) 중심의 글을 쓴다. 이는 예술과 상품의 차이이기도 하다. 작가도 독자를 전혀 염두에 두지 않고 글을 쓰지는 않지만 작가가 지닌 정체성이나 가치관, 개성을 뒤로 하고 독자들이 원하는 글만 쓴다면 그것은 문학 혹은 예술이라 보기 어렵다. 예술이라면 작가가 가지고 있는 독창성 혹은 오리지널리티(Originality)에 공감하는 독자들의 반응 혹은 인바운드(Inbound)가 모이는 구조다. 예술에서는 이러한 오리지널리티가 중요한데, 작가가 자신의 개성이나 특색 없이 트렌드만 좇는 글을 쓴다면 대중성은 잡을 수 있겠지만 자신의 색깔은 잃어 오래 사랑받고 기억되기는 어려울 수 있다.

실용적 글쓰기, 그 가운데 비즈니스 라이팅은 이와 반대다. 철저히 수요자 중심의 글을 써야 한다. 보고서라면 보고서를 읽는 사람이 궁금해 할 내용을, 마케팅을 위한 글이라면 잠재 고객들이 알고 싶어 할 내용을 써야 한다. 물론 비즈니스 라이팅 역시 오리지널리티가 없으면 죽은 글쓰기라 할 수 있겠지만, 그럼에도 불구하고 독자의 니즈(Needs)에 초점을 둔 글쓰기가 문학적 글쓰기와의 차이를 구별 짓는 가장 큰 포인트다. 따라서 강사가 강의 교안을 만들거나 이메일을 보내거나 소셜미디어에 글쓰기를 하는 경우 등 모든 경우의 글쓰기를 할 때는 우선 이것을 생각해야 한다. '내 글을 읽는 사람은 이 글을 통해 무엇을 알고 싶어 하는가?' 이 질문에 대한 답을 찾아야 비즈니스 라이팅을 제대로 쓸 수 있다.

강의 교안은 해당 강의 주제를 통해 교육생들이 알고 싶어 할 내용을 파악해 그에 대한 해결책을 알려 주는 방식으로 설계되어야 한다. 이메일을 쓸 때도 받는 사람에게 필요한 내용이나 궁금해 할 내용을 중심으로 써야 한다. 페이스북이나 블로그에 글을 쓸 때에도 '사람들이 이 글을 읽으면서 기대하는 바가 무엇일까?'를 끊임없이 물어봐야 한다. 이것이 독자, 고객 중심의 비즈니스 글쓰기를 하는 사람에게 기본적으로 요구되는 습관이다. 이 원칙들을 지키면 글에 힘이 실리고 글이 생명력을 얻게 된다.

그런가 하면 강의 경력은 오래되었지만 똑같은 강의안을 사용하는 강사는 강의 숙련도는 높을지 몰라도 콘텐츠는 죽은 상태다. 경험은 늘어나는데, 이것이 교안에 반영되지 않고 그대로 머물러 있기 때문이다. 강사는 끊임없이 공부해야 하는 존재다. 하지만 자신이 공부한 내용이 반영되어 점점 개선되는 강의 교안이 아니라면 생명력이 없는 교안이라 할 수 있다.

힘 있는 글쓰기는 지식과 경험이 시간에 비례해 축적되었을 때 발현된다. 따라서 그런 글쓰기를 해야 한다면 강사는 당연히 지식을 꾸준히 학습하고, 그것을 자신의 경험에 녹여 재구성하는 작업을 축적해야 한다. 그것이 통찰의 뼈대가 된다. 뼈대가 세워지고 난 후에야 장식을 달 수 있다. 뿌리에 줄기가 나오고, 줄기가 뻗어 나야 거기에서 가지가 나올 수 있는 것이다. 뿌리는 고사하고 줄기나 가지도 나오지 않았는데 열매를 얻을 수는 없다. 반면 깊은 뿌리에서 빨아당긴 풍성한 영양분으로 단단한 줄기를 통해 자란 과실은 건강할 수밖에 없다. 이것이 통찰의 과정을 거친 글의 힘이요, 말의 힘이다.

2 화려한 수식보다 강력한 인사이트를 가져라

강사에게 필요한 인사이트

앞서 언급한 인사이트(insight)는 안을 의미하는 전치사 'in'과 보기, 시각을 의미하는 명사 'sight'가 합쳐진 말로, 통찰력이라는 뜻을 지닌다. 좀 더 풀어 보자면, '안을 들여다본다'는 이 말은 기계의 작동 원리를 파악하는 것일 수도 있고, 누군가의 행위에 대한 심층적 분석을 제시하는 것일 수도 있으며, 어떠한 문제 상황을 분석해 해결의 실마리를 제시하는 행위 따위를 뜻하기도 한다. 이러한 통찰력, 인사이트의 순간을 정신 분석에서는 '아하경험(Aha experience)'이라 부른다. 이해하지 못했던 의미나 상관관계가 순간 이해되면서 '아하' 하고 탄성을 내뱉게 되는 경험에서 비롯된 것이다.

사람들은 자신에게 뭔가 결여되어 있다고 느낄 때 자신의 삶에 만족하지 못한다. 그리고 변화하고 싶어 한다. 하지만 어떻게 해야 할지 모를 때, 외부에서 그 방법을 찾는다. 때로는 책이나 영화 한 편을 통해서, 또 좋은 강의가 그 방법이 될 수 있다. 책의 한 구절, 영화 속 장면 하나, 그리고 강사가 전달한 메시지가 삶에 '아하경험'을 불러오고, 이전의 삶과 조금 다른 방향의 시야를 열어 준다. 이때 전달되는 것이 인사이트, 즉 메시지다.

그렇다면 강사는 자신만의 인사이트, 메시지를 어떻게 전달해야 할까? '화려한 수식'을 줄여야 한다. 강사에게 화려한 수식은 볼품없는 내용을 가리기 위한 재밌는 말, 멋있는 말, 그럴싸한 말일 수 있다. 화려한 수식을 사용하다 보면 스스로가 강의를 잘한다고 착각하기 쉽다. 하지만 명확하게 꾸미기란 어렵기 때문에 꾸미면 꾸밀수록 뜻이 숨어 버리는 경우가 더 많으며, 없는 메시지를 있는 척하는 메시지로 바꿔 놓기도 한다.

인사이트는 내부를 들여다보는 것이므로 인사이트를 갖고 무언가를 살펴볼 때, 결론만이 아니라 원인을 봐야 한다. 어느 기업에 강의를 가서 '밥 먹기의 중요성'을 전해야 하는 강사라면 단순히 밥 세끼를 꼬박꼬박 챙겨 먹는 것의 중요성만을 설파해선 안 된다. 밥을 제때 못 먹는 이유가 무엇일지 인사이트 있게 바라보는 것이 먼저다. 다음과 같은 이유를 생각해 볼 수 있다. 일터에서 식사 시간이 제대로 보장되지 못하는 것은 아닐까? 이를테면 다음 근무자와의 교대 시간을 위해 식사 시간을 포기해야 하는 경우, 하루 할당량을 채우기 위해서 밥 먹을 시간을 뺄 수 없는 경우, 꼭 받아야 하는 전화를 기약 없이 기다리는 경우 등이 있을 수 있다. 이런 경우에 인사이트 있는 강의 내용은 직원들에게 밥을 제때 먹으라고 말하는 것이 아니다. 기업의 사장, 고위공무원, 자영업자들을 향해 직원들의 식사 시간을 보장해야 한다고 강변해야 한다. 식사를 제때 충실히 하는 직장생활이 직원들의 삶의 만족도를 높여 결과적으로 일의 효율이 증대된다는 상관관계를 통찰하는 것, 이것이 바로 인사이트다.

그렇다면 강의가 화려해지는 이유는 무엇일까? 사람들을 주목시키고 싶기 때문이다. 많은 강사들이 초반에 사람들의 이목을 집중시키지 못해 좌절하곤 한다. 그래서 여러 가지 부가적인 스킬들을 계발하는데, 이를테면 화려한 프레젠테이션을 준비해 이목을 집중시키는 방법에서부터 간단한 마술로 눈길을 끌거나, 쉴 새 없이 웃기기도 한다. 웃음이 떠나지 않는 강의는 분위기가 화기애애해서 좋다. 그러나 강사가 사람들을 웃기는 데 집착하면 곤란하다. 그저 분위기만 훈훈하고 재미있었다고 교육생들에게 도움이 되는 것이 아니다. 물론 강사에게 쇼맨십은 필요하다. 하지만 쇼맨이 되어서는 안 된다. 우리의 목표는 메시지 전달이기 때문이다.

친구들과 쉬지 않고 말할 수 있는 사람들은 많다. 하지만 사람들 앞에서 10분 동안이라도 쉬지 않고 말할 수 있는 사람, 그것도 조리 있게 말할 수 있는 사람은 많지 않다. 강사는 10분 동안, 그 이상을 잘 말할 준비가 되어 있어야 한다. 그러기 위해서 강사는 오랜 시간을 들여 자신의 메시지를 숙성시켜야 한다. 뭔가를 전달하기 위해서는 마라토너처럼 꾸준히 달려야 한다. 몇 주, 몇 개월간 자료를 조사하고 프로그램을 만드는 여정을 떠나고 돌아온 뒤에야 비로소 사람들 앞에 설 수 있다.

화려한 수식과 꾸밈을 과감히 거둬 내고 '핵심'만 보여 주는 것이 바로 메시지를 명료하게 전달하는 방법이다. 하지만 메시지를 잘 전달하기 위해 메시지를 적당히 꾸미고 단장하고 돋보이게 수식하는 일은 꼭 필요하다. 적절한 수식은 교육생들이 메시지를 받아들일 준비를 하도록 돕는 역할을 한다. 화려하고 지나친 수식이 아니라 적절한 수식을 사용하도록 하자.

3. 책을 읽지 않고 밀도 있는 강의를 하기는 어렵다

다양한 경험이 필요한 강사의 책 읽기

글쓰기와 말하기의 과정을 가지와 열매의 관계라고 한다면, 뿌리와 줄기의 관계는 무엇일까? 줄기는 '생각하기'의 단계이고, 생각의 재료인 '경험하기'가 뿌리다.

여기서 경험이란 현실에서 받아들이는 모든 종류의 경험을 의미한다. 기쁨, 슬픔, 희망, 절망과 같은 감정도 있을 수 있고 결혼, 입원, 다툼, 퇴사, 여행, 연애와 같은 행위도 있을 수 있다. 중요한 것은 이러한 경험의 자산이 통찰력의 재료가 된다는 점이다. 그래서 청소년과 청년은 물론이고, 중년들도 가능한 많은 경험을 해야 한다. 다양한 경험들이 화학적 결합을 일으켜야 새로운 결과물이 나오기 때문이다.

여러 연구에 의하면, 이질적인 배경을 가진 사람들이 모여 만든 결과물이 훨씬 더 창의적이라고 한다. 예를 들어 기계공학을 전공한 공대생 4명이 만든 회사와 미대, 음대, 경영대, 인문대 등 각기 다른 전공을 가진 4명이 만든 회사가 있을 때, 후자의 회사가 내놓은 아이디어가 더 창의적이라고 한다. 개인도 똑같은 경험보다 이질적인 다양한 경험을 하면 그 자체로 강력한 무기가 될 수 있다.

하지만 요즘은 다양한 경험을 하기가 힘든 시대다. 청소년들은 입시에, 대학생들은 학점과 취업에, 직장인들은 승진에 집중할 수밖에 없기에 자신의 진로와 관련이 없는 일에 시간을 쓰기가 어렵다. 물론 공대생들끼리 모여 만든 회사의 기술력이 더 우수할 확률이 높다. 하지만 일을 할 때, 깊이도 중요하지만, 폭이 중요한 부분도 있다. 전문성이 필요한 부분이 있는 반면 창의성이 필요한 부분도 있다. 이를 모두 갖추려면 최대한 다양한 경험들을 많이 쌓아야 한다.

하지만 현실적으로 한 사람이 직접 경험할 수 있는 일에는 시간적 · 자원적인 제약이 따른다. 이렇게 우리가 직접 경험할 수 없는 것들을 채워 줄 수 있는 것이 바로 간접 경험이며, 가장 좋은 간접 경험은 독서를 통한 경험이다. 그래서 강사는 누구보다 책을 열심히 읽어야 한다.

물론 책 이외에도 간접 경험을 쌓을 수 있는 다양한 형태들이 있다. 다른 강사의 강의를 통해 배울 수도 있고, 유튜브를 비롯한 인터넷 동영상이나 영화 등을 통해 간접 경험을 넓힐 수 있다. 그럼에도 불구하고 독서가 필요한 이유가 있다. 독서는 비판적 성찰을 통해 사고 능력을 향상시킨다. '읽기'란 수동적으로 보는 것을 의미하지 않는다. 글쓴이의 생각이나 의도, 글쓴이가 전달하고자 하는 정보나 지식을 일방적으로 수용하는 과정이 아니라, 독자가 작가의 의도를 자신의 경험이나 지식을 바탕으로 의미를 새로이 재구성하는 행위를 말한다. 이러한 독서를 통해 여러 경험을 늘리고 생각을 다질 수 있어야 한다.

강사가 세상의 수많은 책 가운데 자신이 주로 강의하는 분야의 책을 골라내고 꾸준히 읽는 것은 대단히 중요하다. 그런데 강사는 자신이 강의하는 분야 외의 다른 분야의 책들도 소화해야 한다. 강사는 다양한 교육생들 앞에서 이야기를 하는 사람이기 때문에 각 대상에 맞는 강의를 하기 위해서는 여러 분야의 책들도 챙겨 읽어야 한다.

독서는 좋은 강의를 할 수 있게 하는 가장 큰 선생이자 발판이다. 책은 사유를 확장해 주는 것은 물론, 강사로서 살아가는 기본적 자세를 알려 준다. 새로운 지식을 습득하는 능력, 정보를 처리하는 능력, 여러 분야를 응용하는 능력은 모두 독서를 통해 형성된다. 특히 다양한 분야의 책을 읽으면서 본인의 강의에 어떻게 적용할까 생각하며 항상 접근하는 습관은 강사에게 필수 조건이다.

트렌드에 민감한 강사의 책 읽기

강사는 사람들 앞에서 '말'을 하는 직업이다. 강사가 어떤 언어를 사용하느냐에 따라 강사 신뢰도가 달라진다. 또한 강사의 말에는 강사가 쌓은 지식의 깊이가 드러난다. 그런데 말을 하다 보면 말하고자 하는 바를 어떤 단어로 표현하면 좋을지 모를 때가 있다. 어떤 강사는 자신의 관념 속에 있는 어휘만 자기도 모르게 습관처럼 쓴다. 습관적으로 나오는 단어는 과거의 단어일 가능성이 크다. 그런 단어나

문장만 구사하다 보면, 현재 강의 교육생들과 소통이 어려울 수 있다. 강사와 교육생들이 비슷한 연령대라면 괜찮을까? 그래도 문제가 있다. 강의 주제의 새로운 어휘, 트렌드와는 거리가 먼 강의를 하게 될 수도 있다.

말의 홍수, 지식의 홍수 속에서 살고 있는 사람들을 대상으로 강의를 하려면 강사가 새로운 트렌드에 뒤처지면 안 된다. 교육생들은 자신이 가지고 있는 지식의 확장을 위해 강의에 참여한다. 지식은 계속 바뀌고 있는데, 이미 버려진 정보와 어휘를 가지고 강의를 한다면 경쟁에서 밀릴 수밖에 없다. 경쟁에서 살아남기 위해서는 끊임없이 자기 계발을 해야 한다. 그 자기 계발의 기본이 독서다. 세대별로 각기 사랑받는 책들을 찾아보는 것도 좋다. 요즘 청소년들에게 인기 있는 책을 보면 청소년들과 소통하기 쉽고, 시니어들이 관심을 두는 책을 보면 그들의 고민을 알 수 있다.

강사를 위한 독서 실천 방법

독서를 실천하고 습관으로 만들기 위해 우선 시간을 정해 꾸준히 읽을 것을 권한다. 시간을 정하고 꾸준히 읽다 보면 독서 습관은 자연스럽게 형성된다. 틈이 날 때마다 손에서 책을 놓지 않아야 하는 것은 당연하지만, 그와 별개로 날마다 독서의 시간을 정해 그 시간만큼은 반드시 책을 읽어야 한다는 규칙을 세워 보자. 그러면서 독서 습관을 들이면 자신의 독서 목표와 계획을 수립하고 측정할 수 있게 된다. 예를 들어 단행본 1권을 읽는 데 보통 이틀이 걸리는 사람이 매주 2권의 책을 읽는 독서 시간을 잡았다면 이 사람은 1개월에 8권,

1년엔 100권 가까이 읽을 수 있게 된다. 그럴 경우 100권을 어떤 종류로 나눠서 읽을지에 대한 계획도 세울 수 있다.

둘째, 다양한 분야의 책을 편식 없이 읽어야 한다. 자신이 아는 분야에 관련한 책은 깊이를 늘리는 데 도움이 된다. 하지만 새로운 관점은 자신이 모르는 분야에서 생겨난다. 그렇기에 편식하지 말고 다양한 분야의 책을 읽는 것이 중요하다. 필자(최)의 경우 경영대학원에 다닐 때 도서관 대출 기준이 2주에 10권이었다. 이에 맞춰서 편식을 피하고자 보통 경제경영서 4권, 역사서 2권, 문학서 2권, 사회과학서 2권 정도로 규칙을 정하고 읽었다. 이렇게 1개월에 20권씩 대학원 과정 내내 꾸준히 읽은 것이 현업을 하는 지금도 굉장히 도움이 되고 있다.

셋째, 반드시 독서 일지를 작성하고 공유한다. 독서의 경험 역시 다른 학습 경험과 마찬가지로 망각 주기를 가지고 있다. 취미나 휴식을 위한 읽기도 있지만 강사처럼 목적을 위한 읽기를 하는 사람이라면 자신이 시간을 내어 읽은 책의 내용이나 감상이 오래 기억되고 스스로의 성장에 도움이 될 수 있도록 그것을 글로 정리해 보는 훈련이 필요하다. 그리고 그것에 대한 피드백을 받고 습관으로 만들 수 있도록 블로그나 페이스북 같은 SNS 등을 통해 공유하는 방안도 추천한다. 이를 통해 '읽기—생각하기—쓰기'의 과정을 정렬할 수 있으며, 독서의 경험을 자신의 지식으로 축적할 수 있다.

넷째, 북클럽과 같은 독서 모임에도 참여해 보자. 자신이 읽은 책의 내용을 바로 강의에 적용할 수 있으면 좋겠지만, 처음부터 그러기가 어렵다면 독서 모임에 참여해 같이 읽고 토론하는 경험을 가져 보는 것도 유용하다. 그러면 '읽기—생각하기—글쓰기' 과정의 마지막에 말하기 과정까지 추가되는 것이다. 특히나 독서의 습관이 잡히지 않은 사람이라면 약간 강제적인 장치를 통해 읽는 자극이 필요하기도 하는데, 매번 독서 목표를 세우고 같이 읽는 모임이 있다면 이러한 습관을 만드는 데 도움이 된다.

이러한 습관을 통해 독서를 하고, 그 경험을 통해 쌓인 지식은 강의를 만들 때 굉장히 도움이 된다. 단순히 사례나 예화를 얻는 것에서 그치지 않고 전반적인 사고의 폭을 넓혀 준다. 똑똑한 사람에서 지혜로운 사람으로 만들어 준다. 또한 독서는 사람을 겸손하게 만든다. 이러한 강력한 효과가 있는 것이 바로 독서다. 강의를 잘하기 위해서는 강의를 많이 해 보는 것보다, 강의 준비를 더 많이 해 보는 것이 좋다. 그 강의 준비에서 가장 중요한 것이 바로 독서다. 콘텐츠가 빈곤한데 말만 잘한다고 좋은 강사가 되지 않기 때문이다.

4 강사의 글쓰기는 어떻게 하는가?

강의 교안처럼 교육생들에게 직접적으로 제시하는 글쓰기 외에도 교육 담당자와 소통하기 위한 수단으로서의 글쓰기도 필요하다. 또한 이력서, 강의 제안서, 이메일, SNS, 심지어 문자 메시지 등도 글을 통해 전달된다. 각각의 특징과 작성 방법에 대해 알아보자.

이력서

강의처에서 강사의 이력서를 보내 달라고 하는데 강의 업계에서는 전통적 양식의 문서형 이력서 대신, 슬라이드로 만든 카탈로그형 프로필이 더 많이 쓰인다. 공공기관에서는 문서형 이력서를 요구하는 경우도 있다. 하지만 형식의 차이가 있을 뿐 경력을 기술하는 방법은 대동소이하다.

앞서 살폈듯이 비즈니스 글쓰기를 할 때는 수요자의 입장에서 생각해야 한다. 그렇다면 우리의 이력서를 받아 보는 사람은 우리의 이력서를 통해 무엇을 가장 알고 싶어 할까? 아마도 어떤 강의에 전문성이 있고, 그 전문성을 보장할 수 있는 경력이 있는지 궁금할 것이다. 그러니 이력서를 작성할 때 그 부분에 초점을 두고 작성해야 한다.

너무 기본적인 내용이지만, 이름, 생년월일, 주소, 연락처 등의 기본 인적 정보는 오타 없이 정확히 적어야 한다. 문서로 된 자신의 정보를 보내는 공적인 목적을 가지고 있기 때문에 여기에서 발생하는 실수는 신뢰도에 큰 영향을 미칠 수 있다. 특히 주소나 연락처에 변동이 있을 경우 예전 내용을 업데이트하지 않았는지 꼼꼼히 확인해야 한다.

강사들 중에 대학교 때 전공과 현재 강의 분야가 일치하지 않는 경우가 더러 있다. 그런 경우 교육 담당자가 이력서만 보고도 해당 강사가 이 교육에 전문성을 어떻게 갖추었는지 잘 알 수 있도록 어필하는 것이 필요하다. 예를 들어 공대를 졸업했지만 인문학 강사를 준비하는 강사가 있다면, 비록 전공 분야는 다르지만 공대 재학 중 들었던 인문학 관련 강의를 수강했던 경험을 어필하기 위해 수강 강의 리스트를 적으면 좋다. 최근에는 학교 강의 외에 MOOC에서 받은 온라인 수료증(Mico-degree)이나 연수 과정에서 취득한 수료증(Certificate)도 적극적으로 활용하는 추세다. 또한 강사들은 민간 교육도 굉장히 많이 듣는데 이러한 수료 교육 과정 리스트도 포함하도록 한다. 다만 특정한 지향점 없이 이것저것 닥치는 대로 듣는다는 인상은 역효과를 일으킬 수 있다. 강의 주제의 영역에서 크게 벗어나지 않는 것을 중심으로 기재하면 좋다.

강사들은 이력서 대신 다음과 같은 강사 카드를 작성해 제출하기도 한다.

강사 카드 예시

강 사 카 드

1. 강사 인적 사항

소속	직위	성명	주민등록번호
계좌번호		강의에 사용할 교육 기자재	주소

2. 강사 소개 카드

강사명		강의 일시	
수업명			
수업 주제			
학력			
경력			
저서·논문			
연락처			

프로필

강사가 사용하는 프로필은 개인의 이력 사항뿐만 아니라 자신의 상품으로서의 커리큘럼을 포함한 강의 제안서 형태를 띠는 것이 일반적이다. 이력서와 프로필의 가장 큰 차이는 이력서는 객관적 사실만을 나열하는 것에 반해, 프로필은 자신의 브랜딩을 포함해야 한다는 점이다. 제품으로 치면 하나의 카탈로그를 만드는 것과 비슷하다. 이러한 브랜딩 작업을 위해 강사는 자신과 자신의 강의를 설명할 수 있는 핵심 키워드를 만들고 이를 사용해 광고 문구와 같은 메시지도 만들어야 한다. 예를 들어 '홍길동 강사의 소통 강의'보다는 '관계를 개선하여 조직을 성장시키는 공감 커뮤니케이션'과 같은 내용이 훨씬 더 유리하다.

또한 일반 이력서처럼 단순히 자신의 이력을 나열하는 것만이 아니라, 해당 강의에 얼마만큼 준비된 전문가인지를 구체적인 사례와 함께 보여 줄 수 있어야 한다.

자기소개서

강사는 항상 강의 본내용을 시작하기 전에 청중들에게 자신을 소개해야 한다. 강의 장소에 따라, 청중에 따라, 강의 주제에 따라 자신을 소개하는 방법이 달라질 것이다. 어떤 강사는 자신을 소개를 하는데 부유했던 어린 시절, 시간 날 때마다 다녔던 해외여행 이야기 등 강의와 관계없는 자기 자랑을 10분 동안 늘어놓기도 한다. 또한 어떤 강사는 자신의 저서나 활동 내용을 끊임없이 나열하기도 한다.

강사가 자신을 적절하게 소개할 수 없다면 그 강의는 성공하기 어렵다. 물론 다양한 장소와 청중을 위해 각기 다른 자기소개 방식을 만들고 외우는 것은 어렵겠지만, 분위기를 파악하고 자신을 설명하는 능력은 중요하다. 겸손한 자세를 기본으로 자신을 내세우는 나만의 방식을 만들기 위해서는 자기를 소개하는 글을 몇 개 만들어 보는 것이 좋다.

자기소개서를 쓰기 위해서는 먼저 자기소개서에 넣을 재료를 모아야 한다. 즉 주제에 맞는 자기소개서를 구성할 소재를 발굴하는 것부터 시작해야 한다. 예를 들어 진로를 주제로 강의하기 위해 자기소개서를 작성한다면 자신이 진로를 찾아가는 과정의 이야기에서 소재를 찾는 것이 좋다. 소재를 찾았다면 소재의 우선순위를 정해야 한다. 소재들을 연결해 이야기로 만들기 위해 하나로 연결할 때는 시간 순서를 무시하고 우선순위에 따라 스토리 라인을 만든다. 스토리 라인을 토대로 자기소개서 7단계에 맞추어 쓰면 쉽게 쓸 수 있다.

자기소개서 7단계는 '동기—도전—갈등(어려움)—갈등 해결(극복 과정)—결과—결과 분석—새로운 방향 제시'로 구성된다. 다음의 자기소개서 7단계를 통해 '내가 왜 강사를 하게 되었는지'에 대해 써 보는 연습을 해 보자.

자기소개서 7단계 예시

	단계	내용
1	동기	아이들만 키우면서 전업주부로 생활하면서 지금 도전하지 않으면 평생 집에서 TV 리모컨만 끼고 살겠다는 생각이 들었다.
2	도전	고양여성인력개발센터 직업큐레이터 과정에 신청했고, 면접을 통해 국비 지원을 받아 직업큐레이터 과정을 듣게 되었다.
3	갈등	전업주부로 오래 있다 보니 사회의 변화에 민감하지 않아 배경지식도 부족했고, 나이도 교육생들 중 가장 많아 잘할 수 있을까?란 의문이 들었다.
4	갈등 해결	교수님께서 추천해 준 책을 바로 읽고, 다른 사람들이 걸을 때 뛴다는 생각으로 과제를 하기 위해 자료를 수집하고, 새벽까지 과제에 집중했다.
5	결과	제출한 과제가 좋은 평가를 받아 1등으로 선정되었고, 직업큐레이터 과정이 끝나지 않았는데 강사로 선정되어 강의를 할 수 있는 기회를 얻게 되었다.
6	결과 분석	직업체험 강의를 위주로 하다 보니 진로와 관련된 다양한 프로그램을 만들어야겠다는 생각을 하게 되었다.
7	새로운 방향 제시	다양한 콘텐츠를 배워서 청소년의 진로뿐만 아니라 전 연령대를 대상으로 진로 프로그램을 만들고, 강의 분야를 넓혀 가야겠다.

강의 제안서

강의 제안서를 작성할 때 가장 중요한 것은 고객이 원하는 것이 무엇인지 정확히 짚고 이에 대한 내용을 가시적으로 보여 줄 수 있느냐 하는 것이다. 똑같은 치수로 나온 기성복을 입었을 때와 내 신체 사이즈에 맞는 정확한 치수의 맞춤복을 입었을 때의 만족도가 달라지듯이 그것 또한 달라진다. 필자(최)의 경험상 주문에 대한 최적화된 내용이 영업 성공률에 큰 영향을 미친다.

강의 제안서는 크게 '교육 개요―커리큘럼―강사 프로필'의 형태로 구성된다. 개요 부분에서는 인원, 시간, 장소, 교육 목표, 기대 효과 등의 정보를 넣고, 커리큘럼에는 강의 시간표를 작성한다. 프로필에는 이력과 경력 외에도 유사 강의 실적이 들어가야 강의 신뢰도를 높일 수 있다.

프로필은 별도의 문서로 유통하는 경우도 있지만 보통 강의처에서 요청이 오면 강의 기획서와 함께 제출하는 경우가 많다. 그래서 보통 하나의 슬라이드 문서로 구성할 경우 프로필, 제안서, 강의 기획서의 구분이 크게 없다. 3개의 내용을 하나의 문서에 같이 쓰기도 하는 것이다.

강의 제안서는 그 자체를 문서로 만들었다고 해서 완결되는 것이 아니다. 강의 제안서 작성은 제안 활동의 큰 흐름 안에서 이루어지는 부분인데 제안 활동은 일반적으로 구매자 분석, 제안 내용 설계, 세부 내용 조사, 제안서 작성, 제안서 전달하기 단계로 진행된다.

1) 구매자 분석

구매자 분석은 교육을 의뢰한 강의처의 니즈를 분석하는 단계다. 그들이 어떤 문제점을 해결하고 싶어 하며 현재 상황은 어떠하고 이를 해결해 도달하고자 하는 목표 지점은 어디이고 무엇인지 확인하는 단계다. 기술적으로 분석하는 도구도 있지만 잠재 고객인 담당자와 충분한 커뮤니케이션을 통해 확인하는 것이 가장 중요하다. 강의처에서 먼저 요청이 온 경우라고 하더라도 이 단계에서 선제적이고 적극적으로 문제를 분석해야 더 좋은 질의 교육을 설계할 수 있다.

2) 제안 내용 설계하기

구매자 분석을 통해 그들의 문제점을 발견했다면, 그 문제를 해결하기 위한 솔루션을 설계한다. 같은 문제라도 이를 해결할 수 있는 방법은 다양하게 존재할 수 있다. 예를 들어 조직 내에 상급자와 하급자 간의 소통 부재로 업무 효율성이 떨어지고 있다는 문제가 있을 때, 이를 소통으로 해결할 수도 있고 코칭 또는 리더십으로 해결할 수도 있다. 다양한 방법 중에 고객에게 가장 좋은 솔루션을 선택하는 윤곽을 보여 줘야 하는 단계가 제안 내용을 설계하는 단계다.

3) 세부 내용 조사하기

제안 내용의 큰 설계를 마치면, 다음으로는 그 내용에 맞춰 세부 내용을 조사해 디테일을 채운다. 제안 활동의 구매자 분석→제안 내용 설계→세부 내용 조사는 교육공학에서 말하는 ADDIE모형의 분석(Analysis)→설계(Design)→개발(Development)의 과정과 동일하다. 세부 내용 조사 및 개발 단계에서는 커리큘럼을 완성하고 디테일한 부분의 사항까지 정리하도록 한다. 디테일의 범위는 깊을수록 좋다.

4) 제안서 작성하기

위와 같은 내용이 정리되면 그때 제안서 작성에 착수한다. 보통 제안서를 작성하면서 아이디어를 정리하는 경우가 많은데 이는 좋지 않다. 내용을 먼저 기획한 후 그 기획의 내용을 슬라이드에 옮겨 넣는 단계가 작성의 과정이다. 제안서 작성은 앞에서 말한 비즈니스 글쓰기의 원칙에 따라 수요자 중심으로 하도록 한다.

<제안서 쉽게 쓰기1> 다섯 가지 질문에 답하기

① 왜 그 강의를 들어야 할까?

왜 많은 제안서 중에서 내 제안서를 뽑아야 할까? 객관적인 시선으로 자신의 제안서를 다시 한 번 보면서, 프로그램의 장점을 명확한 언어로 설명할 수 있게 된다.

② 한마디로 뭐예요?

교육 담당자는 사실 이 분야의 전문가가 아닌 경우가 대부분이다. 교육 담당자들은 '나는 전문가도 아닌데, 내용이 너무 길어서 무슨 말인지 모르겠어요. 한마디로 정리해 주세요'라는 요청을 자주 하는 편이다. 자신의 강의 혹은 프로그램을 비전문가에게 한마디로 설명할 수 있도록 해 보자. 이것은 강의명 또는 프로그램명을 정하는 것과도 관계가 있다. 대부분의 교육 담당자가 제목을 통해 강의의 전체적 성격을 이해하려고 하기 때문이다.

③ 어떻게?

어떤 방법으로 강의를 진행할 것인가? 강의 장소는? 인원은? 재료나 넓은 공간이 필요한가? 예산은 적절한가? 여러 가지를 고려해 강의 방법을 고민해야 한다. 대부분의 실제 강의가 구성대로 진행되지 않기 때문에 즉각적이고 즉흥적인 강의 진행 능력이 요구되기도 한다. 여러 변수를 줄이기 위해서는 제안서를 꼼꼼하게 작성해야 한다. 제안서를 꼼꼼하게 작성할수록 예상치 못한 변수는 줄어든다.

④ 강의 성과는?

교육생들은 강의를 들은 뒤 어떤 효과를 얻을 수 있을까? 강의를 듣기 전과 들은 후 무엇이 달라질까? 내 강의로 기대되는 효과를 예상해 봐야 한다. 강의 성과는 항상 강의 목표와 관계있기 때문에 ①번과 연결해 생각해 보는 것이 좋다.

⑤ 강의 비용은?

제안서에는 강의료, 재료비 등 강의에 필요한 비용을 제시해야 한다. 물론 교육 담당자들은 비슷한 강의들 중 가장 예산이 적게 투입되는 것을 선택하겠지만 여기에 집착하면 좋은 강의를 구성하기 힘들다. 적절한 비용을 계산하고 제시하기 위해서는 전체 사업비나 운영비를 염두에 두고 판단하는 것이 좋다. 같은 분야의 강사들에게 조언을 얻는 것도 좋다. 민감한 문제일 수 있으니 주의해서 문의한다.

5) 제안서 전달하기

제안의 단계에서 제안서 작성보다 더 중요한 것이 제안서의 전달과 유통이다. 고객접점순간(MOT: Moment of Truth) 관리를 통해 영업의 성공률을 높이고 기존 및 잠재 고객 관리(CRM: Customer Relation Management)를 통해 만족도를 높여서 재구매가 일어날 수 있는 시스템을 구축하는 것이 중요하다. 제안서를 전달하면서 제안 활동을 마감한다는 생각을 하는 강사들이 더러 있는데, 그 이후가 훨씬 더 중요하다.

　일반적인 제안의 과정은 위와 같지만, 이 중에서 교육 과정을 개발하는 단계는 교육공학에서는 ISD모형을 통한 ADDIE모형이 가장 일반적이다. ADDIE모형은 분석(Analysis), 설계(Design), 개발(Development), 실행(Implementation), 평가(Evaluation)의 첫 글자를 딴 단계를 말하는데 교수 체제 개발 모형으로서 교육 체계 수립에서 교육 과정 개발에 이르는 단계를 아우르는 과정이다. 여기서 분석, 설계, 개발의 단계는 위에서 말한 제안의 단계와 동일하다. 분석의 단계에서는 요구 분석 및 정보 및 자료 수집, 학습자 분석, 환경 분석, 직무 및 과제 분석을 실시하고, 설계의 단계에서는 수행 목표 명시, 평가 계획 수립, 교육 내용의 구조화 및 계열화, 교수 전략 및 매체 선정을 다룬다. 개발의 단계에서는 교수 자료 개발, 교재 개발, 파일럿 테스트를 다루고 이렇게 개발된 과정은 실행의 단계로 넘어간다. 실행은 실제 운영과 관련한 부분으로 강의 진행, 교재 발주, 행정 처리, 교육 운영 준비 등의 내용이 포함되고 이 부분의 진행이 강의처를 통해 운영된다고 해도 운영상의 중요 포인트들은 언급해 둘 필요가 있다. 마지막은 평가의 단계로서 반응 및 학습 평가, 업무 활용도 평가, 학습자 변화 정도 평가를 통해 본 교육이 실제적으로 얼마나 도움이 되었는지에 대한 결과를 객관화해 자료로 보관한다.

<제안서 쉽게 쓰기2> 제안서 그림 그리기

제안서를 작성하는 또 다른 방법은 시작하기 전에 제안서의 골격을 만드는 방법이다. 처음에 제안서를 쓰기 위해 흰 종이를 보고 있으면 너무 막막하기 때문에 큰 키워드를 나열하면서 전체적인 골격을

만드는 것도 하나의 방법이다. 처음부터 너무 세세하고 꼼꼼하게 제
안서를 작성하다 보면 금방 에너지가 빠질 수도 있기 때문에 건물을
지을 때 골격을 먼저 세우는 것처럼 제안서의 뼈대를 세워 보자. 더
불어 내 머릿속에 그려진 큰 골격을 도식화해서 상대방의 머릿속에
도 나와 똑같은 그림이 그려질 수 있도록 한다.

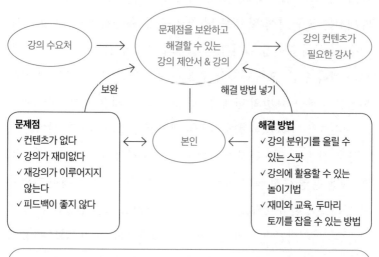

위의 도식은 '그레마스의 행위소 모델'을 응용해 만든 것인데
교육 담당자와의 미팅을 통해 알게 된 문제점과 원하는 방향을 알고
난 후 거기에 맞춰 도식화를 해 본 것이다. 문제점과 해결 방법을 도
식화해 만들면 강의 방향을 어떻게 잡아야 하는지 큰 그림이 그려진
다. 이런 도식은 내 머릿속에만 있는 것이 아니라 교육 담당자에게
도 인지시켜야 한다.

이메일

최근 메신저나 SNS 등 다양한 커뮤니케이션 수단이 증가하면서 여러 가지 채널이 소통에 활용되고 있다. 이것들도 마찬가지로 사용하는 방법 자체는 비즈니스 커뮤니케이션의 기본 규칙에 맞춰서 쓰면 된다. 중요한 것은 어떤 채널을 어떤 목적으로 사용하느냐다. 또한 적절한 커뮤니케이션 매너를 갖추는 것이 신뢰에 큰 영향을 미친다는 점을 잊지 말아야 한다.

비즈니스 커뮤니케이션의 기본은 이메일이다. 최근에 카카오톡이나 슬랙(Slack)과 같은 커뮤니케이션 메신저를 통해서 일을 하는 강의처들이 많다. 하지만 메신저는 기본적으로 문장 단위의 짧은 글을 위주로 소통한다는 점, 커뮤니케이션의 기록 보관이 용이치 않다는 점, 휘발성 메시지가 불필요하게 남발되어 업무 집중도를 해친다는 점에서 불편하다.

이메일은 한 가지 주제에 대해 정리된 의견을 공유할 수 있고, 이렇게 공유된 내용은 기록물로서의 법적인 근거도 될 수 있기 때문에 업무와 관련한 중요한 커뮤니케이션은 이메일이나 대면으로, 이와 관련한 의사결정은 결제로, 빠르고 캐주얼한 커뮤니케이션은 메신저로 하는 것이 좋다.

업무와 관련한 일반적인 커뮤니케이션 매너는 중요한 내용을 간략히 정리해 이메일로 보낸 뒤 메신저나 유선으로 송부 여부를 알리는 방식이다. 이메일 발송 뒤 전화를 거는 것도 불편해 하는 분들이 많이 있으므로 일반적으로는 문자로 보내는 정도면 된다. 무작정 만나자고 찾아가는 것은 상대방의 시간을 뺏는 것이기 때문에 좋은 방식이 아니다.

　　이메일 작성 순서는 'OPAC'을 기억하면 된다. 이는 Opening—Point—Action—Closing의 약자다. Opening은 서두로서 일반적으로 바로 본론을 적는 서양식 비즈니스 이메일에 비해서 우리 문화에서는 간단한 인사나 개요를 적어서 상대방이 해당 이메일에 호감을 갖고 집중할 수 있도록 만든다. Point는 두괄식으로 핵심을 말하는 부분이다. 이메일의 목적과 상대방이 알아야 할 내용을 적는다. Action은 Point로 강조한 부분에 대해 수신인이 어떻게 행동해야 하는지를 공유한다. 회신을 요청하거나 처리를 부탁하는 내용 등이 여기에 포함된다. Closing 단계에서는 전체 내용을 요약하고 부가적인 내용을 인사와 함께 적는다.

　　이메일을 포함해 비즈니스 커뮤니케이션에서 가장 중요한 것은 피드백의 속도다. 개인적으로는 피드백 속도는 업무 능력을 가늠하는 잣대라고 생각하고 있는데, 실제로 이메일 회신 속도와 업무 능력은 대체로 비례한다고 느낀다. 일을 잘 못하는 어느 회사의 실무자는 보낸 지 며칠이 되어도 묵묵부답인데 반해서, 하루를 분 단위로 쪼개서 일하는 어느 성공한 CEO는 그 바쁜 와중에서도 반드시 몇 시간 이내에 답장을 보낸다. 커뮤니케이션의 속도가 업무의 능력이라는 문화가 내재화되어야 한다.

5 나와 내 강의를 알리는 방법

"자, 지금부터 강사로서 제 경력을 시작하겠습니다"라고 선언한다고 일이 바로 들어올 리는 없다. 아무도 없는 깊은 산속에 식당을 하나 열었다고 해 보자. 그곳을 알아서 찾아올 사람은 아무도 없다. 적어도 그곳에 식당이 있다는 것을 아는 사람들 중에서 한 번 방문해 보고 싶은 욕구가 있는 사람이어야 찾아와서 돈을 지불하고 음식을 먹을 것이다. 그렇게 들른 식당의 음식과 서비스가 마음에 들면 다시 찾아오거나, 다른 사람에게 소개를 하기도 할 것이다. 그렇게 입소문이 나다 보면 테이블이 하나둘씩 채워지면서 마침내 모든 테이블이 만석이 되는 숲속 맛집이 된다.

이러한 과정의 첫 번째는 이 깊은 숲속에 식당이 있다는 것을 사람들에게 알리는 것이다. 지인들에게 연락을 해서 알리는 것을 '세일즈'라 할 수 있겠고, 불특정 다수에게 정보를 노출시켜 알리는 것은 '매스(Mass) 마케팅'에 해당한다. 우선 식당에 대한 정보를 알아야 찾아올 것이 아닌가.

세일즈는 우리 서비스가 필요한 잠재 고객의 리스트를 만드는 것에서부터 시작된다. 이때 우리 서비스가 꼭 필요하지 않은 사람들도 리스트에 넣으면 그만큼 불필요한 수고가 더해진다. 예를 들어 부모를 대상으로 하는 교육인데, 대학의 교육 담당자를 넣는다거나, 창업과 관련한 교육인데 기업의 담당자를 넣는 것은 별로 도움이 되지 않는다. 취업이면 대학생, 부부 상담이면 기혼 커플, 사회적 경제면 협동조합이나 소셜 벤처와 같이 명확하게 연관된 대상을 우선 설정한다. 리스트가 작성되면 앞서 설명했던 제안서와 제안 활동의 단계에 따라서 영업 활동을 실시하고 그 과정과 결과를 꼼꼼히 관리한다.

마케팅의 경우 크게 온라인 마케팅과 오프라인 마케팅으로 나눌 수 있다. 각각의 장단점이 있지만 회사의 자금이나 시간이 부족한 1인 기업이나 작은 회사의 경우 온라인 마케팅을 먼저 시작하고, 그다음에 오프라인으로 확장하는 방안이 유용하다.

마케팅의 전 단계에서 필요한 것은 고객 설정이다. 내가 목표로 하는 고객의 범위를 한정하고 그들이 모여 있는 채널에 접근해야 한다. 예를 들어 특정 지역의 주부를 대상으로 한다면 맘 카페, 관심 주제에 따라 모여 있는 사람들을 찾기 위해서는 동호회, 아니면 광역으로 접근하려면 페이스북이나 구글과 같은 서비스에 유료 광고를 집행하는 것이 효율적이다.

강사가 자신의 마케팅 자료를 만들고 일일이 사람을 만나서 전한다고 생각해 보자. 얼마나 많은 시간과 비용이 낭비될 것인가. 온라인 마케팅은 그런 수고를 극적으로 줄여 준다. 예를 들어 페이스북에 유료 광고 10만 원을 집행했다고 해 보자. 그럼 페이스북이라는 알고리즘이 나를 대신해서 만 명 이상의 사람을 만나 주는 셈이다. 다이렉트 세일즈나 오프라인 마케팅이 고객 충성도나 전환율에서 더 높은 것은 사실이지만, 강사에게는 무리다.

만약 특정 지역을 중심으로 한 공개 과정을 진행할 예정이라면, 오프라인 마케팅도 효과적이다. 오프라인 마케팅은 보통 온라인 마케팅을 제외한 옥외 광고나 지하철, 버스, 전단지, 현수막 등의 광고를 모두 합쳐서 오프라인 마케팅으로 말한다. 물론 작은 회사나 개인이 TV 광고나 지하철 광고 등을 집행하기에는 한계가 따른다. 다만 아파트 단지나 회사 건물 등을 중심으로 전단지를 나눠 주거나 현수막을 다는 등의 활동은 여전히 적지 않은 효과를 보인다.

이렇게 다양한 마케팅 전략이 존재하기에 강사는 자신과 고객에게 맞는 채널과 방법을 먼저 결정한 후 그에 따른 마케팅 활동을 해야 한다.

SNS를 통한 강의 마케팅

초보 강사로서 이제 막 시작하려고 하는 이들에게 가장 막막한 것이 바로 홍보일 것이다. 어떻게 나를 알릴 것인가? 강사로서 특별한 이력도 없고, 강의로 이어질 만한 인맥도 없다면 도대체 어떻게 해야 할지 한숨부터 나온다. 일단 카카오톡의 프로필 사진을 흰 칠판을 뒤로 하고 강의하는 모습으로 바꿔 본다. 상태 메시지에도 '강의 문의 환영' 이렇게 한 줄 넣어 보자. 괜히 쑥스러운 마음에 머쓱해질지도 모른다. 물론 딱히 이것만으로 카톡을 통해 강의 의뢰가 오리라고 기대할 수 있는 것은 아니다.

그다음은 명함이다. 이름 석 자 외에 프로필에 뭘 넣어야 할지 감이 안 잡힌다. 이제는 24시간 운영하는 배달 전문 식당의 전단지에 김밥, 라면에서 시작해 돈가스, 동태찌개, 제육볶음, 설렁탕, 칼국수 따위의 온갖 메뉴가 차 있는 것이 부러울 정도다. 하지만 너무 속상해하지 말자. 시작은 누구나 그렇다! 처음부터 유명 강사로 시작하는 이는 없다. 인맥으로든 신문 광고를 통해서든 학교며 관공서며 명함을 돌려 겨우 잡은 첫 강의가 두 번째 강의를 부르도록 노력하는 수밖에 없다.

앞서 말한 대로 카카오톡 프로필도 바꿨고, 명함도 만들었으니 이제 한국강사협회나 한국기업 교육학회 등의 단체, 그리고 강사 대상 세미나에 참석해 다른 강사들과 교류하도록 하자. 어떤 분야를 강의하는 누구라고 자신을 명확히 소개하며 명함을 주고받자. 직접적으로 강의와 연결되지 않더라도 같은 주제에 관심이 있는 사람들끼리 모여 스터디 그룹을 만들 수도 있다. 강의와 간접적으로 연결된 인맥을 만들어 간다고 생각하자.

결국 모든 것이 사람과 사람 사이의 관계성 속에서 일어나는 일들이다. 그리고 현대에는 잘 발달된 사회관계망서비스(SNS)가 있다. SNS의 종류와 성격을 살펴보고 강의를 홍보하는 플랫폼으로서 어떤 식으로 활용할지를 살펴보자.

1) 페이스북
페이스북은 보통 실명을 기반으로 출신 지역, 학교, 직업 등의 구체적인 프로필을 설정해 관련도가 높은 인물들을 서로 추천해 준다. 기본적으로 친구신청을 보내면 친구를 맺을지 말지를 선택할 수 있으며, 친구는 아니지만 팔로우를 하는 방식으로 사람들의 글을 구독할 수도 있다. 이런 페이스북의 특징을 활용해 대중들이 나를 팔로잉(Following)하여 나의 팬으로 만들 수 있다는 점이 페이스북의 가장 큰 장점이다.

타임라인이 개인 간 소통을 목적으로 한다면 페이지는 좀 더 공신력 있는 채널의 역할을 수행한다. 개인 프로필이 친구 한도 5,000명을 두는 것과 다르게 페이지는 무제한 팔로워 즉, 친구를 둘 수 있다는 점과 광고 상품을 통해 전략적으로 노출을 강제할 수 있다는 점도 페이스북의 특징이다.

2) 트위터

140자의 단문 메시지를 타임라인 방식으로 팔로워들에게 띄울 수 있다. 게시글은 올리는 활동을 '트윗한다'고 하며, 타인의 트윗을 내 팔로워들에게 보내는 것을 '리트윗한다'고 표현한다. 전송된 트윗은 사용자의 프로필 페이지에 표시되고, 그 사용자를 팔로우하는 사용자들의 타임라인에 뜨게 된다. 트위터는 간단한 글을 쓰고 손쉽게 피드백을 주고받을 수 있는 특징으로 실시간 이슈가 급속히 유포되는 특성이 있다.

3) 인스타그램

이미지 중심이기 때문에 교육과 관련한 텍스트를 많이 담기는 어려우나 강사의 퍼스널브랜딩의 목적으로는 유용하다. 특히 최근 젊은 층에서는 페이스북보다 인스타그램의 사용자가 더 많게 나타날 정도로 활발한 활동이 이루어지고 있는 만큼 자기 홍보를 위해 인스타그램을 활용하는 것은 필요하다고 볼 수 있겠다.

4) 블로그

이름을 알리기 좋은 방법으로 신문이나 잡지에 기고하는 방식도 있다. 강의를 직접 광고하는 방식이 아니라 본인이 강의하는 주제의 전문가로서 지면에 기고를 하는 것이 바로 나를 알리는 광고가 된다. 이를 위해 당장 강의가 없더라도 강의 관련 콘텐츠는 계속해서 만들어 나가는 것이 좋다. 특정 매체에 기고하는 방식이 부담스럽다면 블로그를 추천한다.

블로그는 일종의 1인 미디어다. 블로그의 주인은 자신의 생각을 자유롭게 쓸 수 있고 이를 사람들과 자유롭게 나눌 수 있다. 블로그를 관리하는 운영자의 색깔, 즉 콘텐츠를 일괄적으로 보여 주기에 용이하다. 포털 중에서는 네이버, 다음 등이 블로그 서비스를 제공하며, 블로그 전문 웹서비스인 티스토리, 블로거닷컴, 워드프레스닷컴, 타이프패드, 이글루스 등에 가입해서 개설할 수도 있다.

개인 홈페이지를 만드는 것은 편집이 까다롭고 다른 사용자와의 의견 교류도 힘든 반면, 블로그는 지정된 형식에서 원하는 것을 선택해 메뉴바의 위치, 글이 보이는 형태 등을 지정할 수 있으므로 접근성이 좋다. 본인의 전문 분야나 콘텐츠를 포스팅하거나, 저작권을 침해하지 않는 선에서 정보를 공유하고, 다른 콘텐츠를 리뷰하는 방식으로 검색 유입을 늘릴 수 있다.

이와 같은 특징 때문에 강사가 자신의 강의 정보를 정리하고 사진을 저장하는 용도로 사용하면 유용하다. 카테고리화 되어 정리된 정보는 검색도 쉽고, 스스로 자료의 위치를 기억하기도 쉽다.

저작권을 위한 주의 사항

인터넷으로 자신을 홍보할 때 지켜야 할 사항이 있다. 바로 지적재산권이다. 2011년 법령 개정으로 지식재산권으로 명칭이 바뀌었으나, 여전히 지적재산권으로 많이 쓰인다. 앞서 이미지 사용과 관련한 저작권 침해에 대해서도 언급했지만 타인이 열심히 촬영하고 편집한 자료를 복사하고 붙여 넣기를 하는 것도 지식재산권을 침해하는 행위다. 출처를 밝히는 것만은 부족하며 저작권자의 허락을 얻어야 저작권 침해가 아니다. 구체적인 저작물의 유형 및 내용, 그리고 범위마다 저작권 위반이 적용되는 방식도 조금씩 다르므로 여기에서 모든 것을 다루기는 어렵다. 여기서는 몇 가지 중요한 사항을 살펴보며 저작권을 침해하는 일이 없도록 주의하자.

① 타인의 글, 강의 등에 참여해 알게 된 내용을 공유하고 싶다고 해서 원본과 강의안을 직접 올리면 안 된다. 본인이 배운 것들을 직접 작성한 것과 또한 본인의 개인적인 주장, 느낀 점 등을 첨가해야 한다.
② 신문 기사는 저작권이 특히 엄격하다. 절대 포스팅하면 안 된다. 해당 링크를 직접 걸어 놓을 수는 있다.

③ 책을 리뷰할 때는 내용 발췌보다는 본인의 감상 혹은 분석을 위주로 해야 한다.

④ 영화나 드라마, 예능 프로그램 등의 영상을 공유하는 것은 저작권 침해에 속한다. 영리를 목적으로 하지 않았다 하더라도 블로그 자체는 공개된 것이기에 지식재산권의 법률 적용 대상이 된다. 국내에 번역되지 않은 외서 역시 보호 대상이다. 일부든 전부든 판권을 가진 자의 허락 없이 무단 배포, 번역하는 것은 금지되어 있다.

지금까지 강의를 시작하고, 준비하고, 확장하기 위한 여러 내용을 함께 살펴봤다. 이어지는 '부록'에는 선배 강사의 실패담이 담겼다. 이 책의 내용이 강의를 시작하고 확장하는 데 도움이 되기를 희망한다. 미래의, 지금의 모든 강사분들을 응원한다.

<부록>

선배 강사의
실패에서 배우다

시범 강의를 하라고?

강의 개설 시 관련자 앞에서 모의 강의를 요청받았다. 못하면 강의를 할 수 없게 될까 봐 매우 긴장했다.

⇨ 막상 해 보니 10분 정도의 시연일 뿐이었다. 관련자가 단지 강의 전반을 파악해 자기가 뭘 준비해야 하는지 알기를 원한 것이었다.

수업 자료를 지하철에……

한국어 강의를 할 때의 일이다. 1급(초보) 강의는 준비해야 할 것이 많았다. 한국어 강의 선생님들의 가방만 봐도 1급인지 6급인지 알 수 있다는 말이 있을 정도였다. 어느 날 아침 강의에 가는데, 그날따라 짐도 많고 지하철에 사람도 많았다. 내릴 역에서 간신히 내리고 보니, 지하철에 가방 하나를 놓고 내린 것이었다. 짐을 찾고 가기엔 강의에 늦을 것 같아 우선 강의장으로 향했다.

⇨ 그림 카드는 칠판에 그리고 쓰는 방식으로 했고, 계획했던 수업을 게임으로 즉석으로 대체해 진행했다.

청주가 아니라 용인시

'용인 흥덕초등학교 교사 대상 연수로 학교로 와 주세요.'

강의 의뢰를 받고 연수 장소를 확인했다. 마침 그날은 장호원에 있는 교육 연수원에서 연수가 있어서 서둘러 시간을 맞추면 시작 전 도착을 할 수 있겠다고 생각했다. 차에 오르자마자 내비게이션으로 흥덕초등학교 검색해 바로 길 안내에 따라 운전하기 시작했다. 모르는 길이 나오는데도 새로 만들어진 도로이겠거니 하면서 40여 분을 달렸다. 그런데 느낌이 이상했다. 뭔가 잘못되었다는 생각이 들기 시작한 것은 충청북도 음성이라는 도로 표지판을 보고 나서부터였다. 황급히 갓길에 차를 세우고 비상등을 켠 채 내비게이션을 다시 검색했다. "이런!"

내비게이션에 검색된 흥덕초등학교는 충청북도 청주시에 있는 학교였다. 다시 용인에 있는 흥덕초등학교를 검색해 몰았다.

⇨ 간신히 연수 시간에 맞춰 도착했다. 헉헉거리며 연수를 시작하며 내 실수를 참가하신 선생님들께 이야기하니 "종종 그런 연락도 오고 그런 실수를 하신다"고 하시며 오히려 공감해 주신 덕분에 그날의 연수 분위기는 훈훈했다. 그날부터 강의 의뢰가 오면 장소를 정확히 물어보는 습관이 생겼고, 미리 내비게이션으로 검색해 주소가 맞는지 재차 확인하는 습관이 생겼다.

✳

10시간짜리를 2시간 강의로!

2시간짜리 강의 의뢰가 들어왔는데 강의처에서 요구하는 내용은 10시간에도 할 수 없는 방대한 양이었다. 일반 강의도 아니고 실습을 겸해야 하는 강의라 요구 조건에 충족하기가 무척 힘들었다.

⇨ 강의 의뢰를 한 선생님과 전화로 소통을 다시 해 가장 시급한 문제가 무엇인지 알게 되었다. 전화 통화 후 다시 강의 계획서를 작성했고, 문자로 다시 피드백 받으며 2시간짜리 강의 계획서를 만들었다. 통화도 여러 번, 계획안도 여러 번 수정했지만 만족도 높은 강의를 해 뿌듯했다.

✲

강의 주제만 3번 바뀌다

강의처에서 '소통'을 주제로 의뢰를 받아 제안서를 보냈는데, 다시 리더십으로 요청을 해 왔다. 그래서 다시 제안서를 보냈는데, 이번에는 갈등 관리에 대한 주제를 원했다. 이렇게 주제도 여러 번 바뀌고 계속 제안서만 보내게 되었다. 결국 강의가 이루어지지 않았다.

➲ 몇 개월 뒤 관계자한테서 연락이 왔다. 미안한 마음에 자신이 아는 사람에게 제안서를 보여 주었고, 그쪽에 강의를 연결해 주었다. 진심은 통한다고, 열심히 요구에 응하는 모습을 보고 감동했다는 이야기를 들었다. 지금도 그 관계자는 다른 곳에 강의가 있으면 연결해 주고 있다.

✲

강의 경험도 없는데 자료도 안 주고

처음에 강의를 시작했을 때 강의를 하고 싶은 마음에 무조건 할 수 있다고 했다. 10명이 함께 들어가는 강의라 당연히 협회에서 자료를 줄 것이라 생각하고 신청했는데, 강사가 직접 만들어서 하라는 것이었다. 강의 경험도 없는데 6시간짜리 강의를 어떻게 해야 하나 잠도 오지 않았다.

➲ 6시간을 어떻게 구성하나 막막했는데 인터넷도 찾아보고 책도 읽어 보면서 전체적인 그림을 그릴 수 있었다. 경험이 없기 때문에 일단 6시간 수업을 구성하고 경험이 많은 강사에게 물어보고 수정했다. 밤을 새우면서 고민했던 결과, 다른 강사보다 결과물도 잘 나오고 좋은 평가도 받았다.

※

도로 위에서 아찔했던 경험

강의할 곳을 내비게이션으로 찾아보니 1시간 정도 걸리는 곳이라, 1시간 30분 정도 여유를 두고 집에서 나갔다. 그런데 그날따라 사고가 나서 길이 꽉 막혀 차가 움직이지 않았다. 차를 버리고 뛰어가고 싶은 심정이었다. 입이 빠짝빠짝 마르고 아무 생각도 나지 않았다.

⇨ 함께 강의하는 동료 강사에게 전화를 해서 오늘 강의 때 봐야 할 동영상을 먼저 교육생들에게 보여 달라고 부탁했다. 결국 강의 시간 10분 정도 늦게 도착했고, 다행히 교육생들이 영상을 먼저 본 터라 강의 시간을 맞춰 끝날 수 있었다. 그때만 생각하면 지금도 아찔하다.

※

확인하지 않은 강의료

5회 연속 강의를 제안받아서 강의했다. 다른 것은 다 물어봤는데 강의료를 물어보지 않았다. 강의 장소도 멀어서 힘들게 가서 강의했는데, 나중에 강의료를 확인해 보니 생각지도 못한 적은 강의료였다. 그렇게 적은 강의료라면 강의를 하지 않았을 텐데 후회가 되었다.

⇨ 그 뒤로는 강의를 제안받으면 강의료를 꼭 물어본다. 그리고 적정 강의료가 되지 않으면 강의를 할 수 없다고 말한다. 강의료가 적은 곳일수록 강의료를 말하지 않고 강의를 부탁한다. 강의를 하기 전에 강사료는 꼭 물어봐야 한다.

✳

아무리 자신 있는 강의라도 확인 또 확인

옆에서 툭 치면 바로 나올 정도로 자신 있는 강의였기 때문에 준비가 필요 없다고 생각했다. 강의 자료도 USB에 당연히 있을 것이라 생각하고, 강의장에 갔는데 USB에 강의 자료가 없었다. 여러 번 한 강의이긴 해도 PPT 없이 강의하는 것은 쉽지 않았다. 그날 강의를 완전히 망쳤다.

⇨ 그 뒤로 아무리 자신 있는 강의라도 늘 연습하고 세심하게 살핀다. USB도 꼼꼼하게 챙기고, 이메일과 클라우드에도 내용을 따로 저장한다.

✳

아는 척했던 실수

강의를 하다 보면 생각보다 다양한 질문과 마주하게 된다. 초보 때는 모르는 질문에도 아는 부분만 설명했다.

⇨ 이제는 모르는 것은 모르겠다고 말한다. 감춘다는 사실을 교육생들이 다 알기 때문이다.

✳

잘못 전달한 강의 내용

강의 중 역사 정보를 틀리게 전달했다. 뒤늦게 깨달았지만 강의 시간에 말하지 못했고 지나가며 했던 말이니 다들 잊어버리기만 바랐다.

⇨ 그 뒤로는 강의 톡방을 개설해 강의 내용을 피드백 및 보강하고 있다.

적절하지 않은 수강생들의 발언

강의 중에 교육생들의 입에서 사회적 약자에 대한 혐오 발언이 문제 의식 없이 나올 때 가장 곤란하다. 어디서부터 말해야 할지, 어떻게 말해야 할지, 무엇을 말해야 할지가 어렵다.

⇨ 잘못된 것은 단호하게 짚고 넘어가는 편이다. 대부분 수긍하지 만, 간혹 말도 안 되는 답변을 들을 때도 있다.

공격적인 질문

공격적인 질문을 받을 때가 종종 있다. 또는 다 알고 있으면서 강사 를 테스트하기 위해 질문하기도 한다.

⇨ 강의를 준비할 때 공격적인 질문에도 대비할 수 있도록 꼼꼼하게 준비해야 한다. 하지만 모든 질문에 대해 준비한다는 것은 불가능하 다. 난해한 질문이나 전문성이 필요한 질문을 하는 사람은 답을 알 고 있는 경우가 많다. 그럴 때는 "선생님의 좋은 말씀 감사합니다. 선 생님께서 질문하신 상황에 대해 선생님께서 가지고 계신 전문 지식 이 있다면 말씀해 주시겠어요?"라고 질문자에게 질문에 답을 할 수 있는 기회를 준다. 역으로 물어보고 역으로 질문자를 높여 주는 방 법이다.

문자 욕설

청소년 강의 중 휴대폰 번호를 공개했는데 '미친놈'이라는 문자가 왔다.

⇨ 어떤 학생이 보냈는지 확인해서 잡아내고 싶은 마음도 잠시, 몇 주간 볼 학생들인데 첫날부터 휘둘리고 싶지 않았다. 맡은 바를 열심히 하다 보면, 따라올 학생들은 따라올 것이라고 생각하고 마음을 다잡았다. 본인이 하는 강의 성격상 강의 구성원들의 적극적인 참여가 필수적이므로 이제는 본인이 진실된 마음으로 강의를 하러 와 있음을 보여 주기 위해 노력한다.

✳

관심 없는 학생들

학생들이 전혀 관심조차 보이지 않고, 강사가 앞에 있는데도 화장을 하고 돌아다니며 전혀 강의에 집중하지 않았다. 무슨 말을 해도 듣지 않고, 본인이 소리를 크게 하면 더 큰 소리로 떠들었다. 어떻게 강의를 진행해야 할지 난감했다.

⇨ 학생들이 흥미를 이끌 수 있도록 강의 구성을 바꾸었다. 빈 카드를 활용해 함께할 수 있는 게임을 만들고, 게임에 메시지를 담아 강의했다. 학생들이 좋아할 수 있는 동영상도 편집해 보여 주고 소감을 서로 나누며 강의했다. 마침내 참여도를 높일 수 있었다.

✳

강의 자료를 계속 수정하며 진행한 강의

청소년 대상 리더십 강의를 제안받아 그전에 했던 프로그램이 있어 강의 자료를 조금 수정하고 준비를 했다. 강의를 갔는데 전에 했던 학생들과 많이 차이가 났다. 학생들이 거의 활동에 참여하지 않았고, 발표조차 하지 않았다. 땀을 삐질삐질 흘리며 1부 수업을 겨우겨우 마쳤다.

⮑ 1부 수업이 끝나고 쉬는 시간 10분 동안 강의 자료를 수정했다. 1시간 강의를 하고 10분 동안 다음 강의 자료를 수정한 것이다. 점심시간에도 점심을 먹지 않고 강의를 계속 수정했다. 그렇게 계속 수정하면서 강의를 했고, 수준에 맞는 강의를 할 수 있었다.

*

재료가 없다니!

마시멜로와 스파게티로 팀 빌딩을 하는 강의를 해야 하는데 재료를 챙겨 오지 못했다. 가방에 넣었다고 생각했는데 재료가 없었다.

⮑ 강의처에 A4 용지를 부탁했고, A4 용지를 말아서 높이 쌓는 것으로 바꾸어 강의를 무사히 진행할 수 있었다. 그다음부터는 트렁크에 웬만한 재료는 여유분까지 넣고 다닌다.

*

"그건 다 알고 있는 건데요!"

강사들 대상으로 콘텐츠 개발 관련 강의를 제안받았다. 청중이 몇 명인지 어떤 주제로 하면 되는지에 대해 간단하게 묻고 강사들이 강의에 쓸 만한 활용법을 준비했다. 강의를 시작했는데 "그건 다 알고 있는 건데요"라고 말하는 사람도 있고, "그런 활동이 강의에 무슨 도움이 되느냐"라며 부정적인 반응을 보이는 사람도 있었다.

⮑ 강사들을 대상으로 하는 강의라 처음부터 긴장을 했는데, 긴장한 모습이 청중들에게 보였던 것 같다. 강사는 청중을 압도하는 카리스마가 있어야 했는데, 긴장했기 때문에 자신 없는 태도가 드러난 것 같았다. 강의를 망치고 1개월 동안 그 생각에 사로잡혀 있었다. 연습을 많이 해서 자신감이 생겨야 카리스마도 생길 수 있기 때문에 더

욱 강의 연습에 몰입했다.

＊

강의 중에 조는 사람들

강의 시작한 지 얼마 되지 않아 조는 사람이 생겼다. 억지로 수업을 끌고 가다가 점심을 먹고 나니 그 후엔 밥 먹은 직후라 잠이 온다며 또 존다. 깨워서 진행하다가 오후가 되니 이젠 체력이 떨어졌다며 또 존다. 오전은 오전이라고 졸고 오후는 오후라고 존다. 내 강의가 재미가 없기 때문일까. 신경이 많이 쓰였다.

⇨ 강의에 몰입이 되지 않기에 지루해하는 원인도 있으나 물리적으로 졸음이 쏟아지는 환경도 있다. 그것을 가지고 탓을 하기보다는 그 상황을 해소해야 한다. 지금은 강의 중간이라도 모두 일어나 스트레칭을 하는 방식으로 몸을 움직이게 하고 있다.

＊

강의 중에 핸드폰을 만지작거리는 사람들

대놓고 강의 중에 핸드폰만 쳐다보는 사람들이 있어서 강의 진행에 집중하기가 어려웠다.

⇨ 우선 강의의 내용과 전달을 흥미롭게 만들도록 노력하는 것이 첫 번째라고 생각했다. 교육생들이 교육에 집중하도록 휴대폰이나 노트북은 꺼내지 않는 그라운드 룰을 시작 전에 같이 약속하고 들어가는 방법을 쓰기 시작했다.

＊

내가 정확하게 잘 설명할 수 없는
모르는 내용의 질문을 해 당황한 경우

질의응답을 받지 않을 수는 없으니 자유롭게 질문을 받는 편인데 본인도 잘 모르는 굉장히 전문적인 주제나 이론적인 내용을 질문하는 경우가 있다. 거짓말을 할 수도 없고 모른다고 하기엔 전문성이 떨어져 보일 텐데 하는 걱정이 들었다.

⇨ 경험을 통해 모르는 것을 솔직히 인정하는 것이 거짓말이나 포장을 하는 것보다 훨씬 낫다는 것을 알게 되었다. 지금은 내가 정확히 모르는 부분을 이야기하고, 그 내용은 따로 찾아서 메일이나 전화로 꼭 답변 드리겠다고 약속한다.

✻

교육 중에 교육생과의 언쟁

토론식 교육을 하고자 자유로운 질의응답 시간을 마련했는데 교육생이 엉뚱한 질문을 해서 본인이 제대로 지적을 하자 기분이 상했는지 목소리가 높아졌다.

⇨ 잘못된 언행은 어디서든 상대방에게 예의가 아니다. 잘못된 언행에 대해 객관적으로 지적하기 시작했다. 단 절대 감정적으로 대응하지 않도록 노력한다.

✻

갑자기 말썽을 부리는 노트북

노트북에 강의 때 사용할 유튜브 영상도 있고 실습 시 배경 음악으로 틀 음악도 준비해 왔는데 인터넷은 접속이 안 되고 음향시설도 제대로 안 되어 있어서 소리도 안 나왔다. 시청각 자료가 핵심인 강의였는데 정말 막막했다.

⇨ 컴퓨터 상태, 인터넷 연결 상태, 음향 상태, 교재 상태 등을 미리

교육 담당자와 충분히 커뮤니케이션하며 더블 체크하는 습관을 들였다.

✳

쉬는 시간에 자꾸 개인적인 질문을 하러 찾아오는 교육생들

내내 서서 움직이며 강의하느라 10분 쉬는 시간이 간절했는데 그 시간에 교육생들이 찾아와서 이것저것 질문해 잠깐도 쉬지 못했다. 다리가 아파서 다음 시간 강의 때는 힘든 표정을 숨길 수가 없었다.

⇨ 강사 휴게실이나 복도처럼 교육생들과 물리적으로 구분되어 있는 장소에서 휴식을 한다. 개별 질문에 답하는 것은 좋지만 4시간 이상 장시간 진행되는 워크숍에서는 체력 안배도 중요하기 때문이다.

✳

잘못 가지고 온 강의 교안

뭔가 이상하다는 생각이 들었는데 슬라이드 파일이 예전 버전이라 순간 앞이 막막했다. 이 버전은 문제가 있어서 대대적으로 고친 파일이 있는데 잘못 챙긴 것이다.

⇨ 이메일, 웹하드, USB, 노트북에 복수로 저장을 한다. 인터넷이 안 되거나, USB를 막아 놓거나 기타 문제가 생겨도 다른 옵션을 통해 사용할 수 있도록 다양한 장소에 최신 버전을 저장해 놓는다.

✳

눈을 마주치치 않는 교육생들

교육생들과 아이컨택(Eye contact) 하는 것이 중요하다고 배웠는데 정작 다들 시선을 피하는 것 같다. 자신감이 없어지고 괜히 허공에 대고 대본 읊는 것 같은 느낌이 든다.

↪ 교육생의 몰입은 강사의 몰입도와 정확하게 비례한다는 것을 알게 됐다. 강사가 집중하는 만큼 교육생도 집중한다. 강사가 먼저 더욱 적극적으로 교육생의 눈을 돌아가며 맞추면 교육생들도 같이 맞추게 되어 있다. 박수도 두 손이 맞아야 소리가 나듯 아이컨택도 두 눈이 맞아야 한다.

＊

수시로 질문을 남발하는 교육생들

선한 의도와 호기심으로 하는 것은 알겠는데 너무 질문이 잦아 50분 강의 시간 중 10분이 그 질문에 대한 답을 하는 데 쓰일 정도여서 전체 강의에 지장이 있다는 생각이 들었다.

↪ 지금은 강의에 지장을 줄 정도라고 느껴지면 질의응답은 강의 말미 주어진 시간에 모아서 하겠다고 규칙을 말한다. 또는 그 질문의 내용을 앞으로 할 교육 내용에 녹여서 같이 설명한다.

＊

교육의 참여도가 너무 부족해
질문에 대한 답변도 하지 않는 경우

나름대로 참여형 교육을 해 보고자 토론까지는 바라지도 않고 강사의 질문에 답변이라도 해 주면 좋겠는데, 다들 눈은 동그랗게 뜨고 있지만 정작 입은 벌리지 않았다. 우리 교육 문화의 특성이라고 생각해도 강사에겐 너무 힘든 상황이었다.

↪ 교육생들에게 순서대로 발언권을 주었더니 처음에는 강제적이라 느끼는 사람도 있었겠지만 차츰 나아졌다. 모두가 교육 내내 공평한 발언권을 갖게 되면서 만족도도 높아졌다.

*

분임 토의(조별 토론)를 하는데 시늉만 내는 교육생들

뜨거운 토론이 일어나길 기대했는데 잡담만 하는 것 같고 토론은 1분만에 끝내고 이내 스마트폰을 보거나 딴짓을 했다.

⇨ 토론 테이블에서 할 룰을 정해서 공유하고 실행하도록 했다. 어떤 주제로 어떤 순서에 따라 각자 몇 분씩 돌아가면서 말할 것인지를 정해 놓고 그대로 하도록 하니 토의가 진행되기 시작했다.

*

분임 토의(조별 토론)를 하는데 조장의 리드 능력에 편차가 큰 경우

어떤 조는 활기차고 적극적인 리더가 거의 보조 강사 수준의 퍼실리테이션 기술을 보여 주는 곳도 있지만 어떤 곳은 리더가 어떻게 진행해야 할지도 몰랐다. 인원도 많은데 일일이 가르쳐 줄 수도 없고 난감했다.

⇨ 조별 토론에 앞서 토론의 룰과 더불어 조장의 권한과 역할에 대해서도 명시화하기 시작했다. 경험이 없는 사람도 룰에 따라 하면 누구든지 할 수 있도록 미리 준비했다.

*

강의를 일찍 마치자고 자꾸 건의하는 교육생들

3일차 교육의 마지막 날이었던 터라 다들 몸이 피곤한 건 이해하겠는데, 그래도 주어진 교육 시간이 있는데 교육생들이 자꾸 빨리 마쳐 달라고 건의했다. 강의 시간을 내 마음대로 조정할 수 있는지 의문이었다. 그렇다고 교육 담당자에게 질문하자니 프로페셔널하게 비춰지지 않으리라는 걱정도 들었다.

⇨ 교육의 시간은 기본적인 강사의 계약 사항이라는 것을 인지했다. 보통 강의료는 시급에 맞춰 계산되기 때문에 20~30분 줄이는 것도 1시간 계약의 절반을 하지 않는 것과 같다. 지금은 부득이한 사정이 생겨서 점심 시간이나 휴식 시간을 줄이고 일찍 마치는 방법은 제한적으로 사용할 수 있지만 그렇지 않은 경우 주어진 강의 시간은 반드시 준수한다.

✳

강사로서 딱히 할 일이 없는 실습 위주의 교육

어떤 실습은 한 번에 30분 정도 걸리는 것이 있는데 강사가 개입할 것도 별로 없어서 사실 편하기도 하다. 하지만 실습이 교육의 대부분을 차지하게 되자 이렇게 해도 되는 건지 의문이 들었다. 너무 교육을 쉽게 하는 것 같은 생각도 들었다.

⇨ 사실 실습의 시간이 강사에게도 굉장히 많은 에너지를 필요로 한다. 직접 말을 하는 것은 아니지만 모든 교육생들의 행동과 언행을 꼼꼼히 관찰해야 하기 때문이다. 강사의 관찰과 피드백이 없는 실습은 방임이라는 것을 알게 되었다.

✳

다른 강의에서 만났던 교육생

다른 강의에서 만났던 교육생을 강의 중에 또 만났다. 어색함을 깨고자 공개적으로 반갑게 인사하고 우리의 인연을 다른 사람들에게 이야기해 주었다. 그런데 교육과 실습이 진행되면서 미묘한 분위기가 느껴졌다.

⮑ 모든 교육생은 동등한 조건에서 교육을 받아야 한다는 점을 알게 되었다. 강사와 특정 교육생이 더 가깝다는 것은 그렇지 않은 교육생들에게 배타심이나 소외감을 느끼게 할 수도 있어서 이후에는 주의하고 있다.

✻

시간 조절에서의 실수

시간 조절을 잘못했다. 3시간이나 더 해야 하는데 이미 실습이 끝났다. 정말 앞이 캄캄했다. 남은 분량을 질질 끄는 것도 한계가 있지 20~30분 정도면 모르겠는데 3시간이나 더 남으면 상황에서 정말 난감했다.

⮑ 각 시간과 모듈별 진도를 정해 놓고 정확히 그 범위 안에서 진도를 나가도록 하고 있다.

✻

교육생들의 이해도 수준

대략적으로 교육생들의 직급이나 나이 대에 대해서는 사전에 안내받았으나 사전 지식의 수준까지는 알지 못해 어느 정도 난이도로 설명해야 할지 감이 오지 않았다.

⮑ 강의 시작하기 전에 아이스브레이킹을 겸해서 주제와 관련한 미니퀴즈를 몇 개 준비하기 시작했다. 재미를 위해 같이 풀어 보기도 하지만 이를 통해 해당 주제에 대한 전반적인 이해도를 측정하고 이에 따라 강의의 톤과 매너, 난이도를 조정할 수 있게 되었다.

✻

분위기를 어색하게 만든 아이스브레이킹

어색함을 깨고자 아이스브레이킹을 준비했는데 오히려 분위기가 더 서먹해졌다. 안 하느니만 못한 시간이었다. 괜히 무리하게 옆 사람들과 친하도록 했더니 서로 어색해하고 얼굴이 빨개진 사람도 있었다.

⇨ 기법에 따라 현장 분위기를 고려해 진행하는 것들이 있다는 것을 알게 되었다. 여러 기법은 익히고 현장 상황에 맞는 것들을 바로 사용할 수 있는 민첩성을 발휘하기 시작했다.

✻

부족한 교보재 수

실습을 진행하고 있는데 교보재가 부족했다. 수량을 따로 배분하지 않고 자유로운 분위기에서 쓸 수 있도록 놔뒀더니 준비한 교보재들을 생각한 것보다 다들 너무 많이 사용한 모양이었다.

⇨ 지금은 조별로 수량을 분배해 놓고 시작한다. 각 단계별 사용해야 하는 자원의 수량을 공지하고 중간중간 체크하도록 한다. 간식도 마찬가지다. 준비해 온 간식을 한 번에 꺼내 놓으면 금방 다 없어진다. 오전, 오후나 시간 단위로 조금씩 꺼내야 조절할 수 있다.

✻

사회적으로 민감한 주제로 갑자기 어색해진 분위기

사례를 즉석에서 만들어 현장감을 주려다가 정치 · 종교 · 젠더문제와 같은 민감한 주제를 다뤄 봤는데 놀라거나 반대 의견을 표현하는 사람들도 있지만 대부분 그 직후 교육에 집중을 하지 않게 되었다.

⇨ 지금은 사회적으로 공감대가 나뉘어 있는 소재는 반드시 필요한 것이 아니면 언급하지 않는다. 특히 정치, 종교, 젠더, 소수자 이슈, 인종 등과 같이 상식적으로는 옳고 그름이 있음에도 소수의 반대 의견이 있는 예민한 주제는 피하는 것이 좋다는 것을 알게 되었다.